MERIAN
erzählt
London

Herausgegeben von
Andreas Hallaschka

Hoffmann und Campe

Redaktion und Textauswahl: Martin Tschechne

1. Auflage 2014
Lizenzausgabe

www.hoca.de
Einbandmotiv: mbbirdy/Vetta/Getty Images
Satz: Dörlemann Satz, Lemförde
Gesetzt aus der Utopia und der Trade Gothic
Druck und Bindung: GGP Media, GmbH, Pößneck
Printed in Germany
ISBN 978-3-455-50340-1

HOFFMANN
UND CAMPE

Ein Unternehmen der
GANSKE VERLAGSGRUPPE

INHALT

Martin Tschechne: Vorwort 7

So ist London – Eine Weltstadt, tausend Dörfer

Karl-Heinz Wocker: London Way of Life 11
Justin Cartwright: Zwischen vorgestern und übermorgen 18
Alan Isler: Starker Strom 27
Rudolf Walter Leonhardt: Sehen allein genügt nicht 37
David Nicholls: Unbegreiflich liebenswert 43

Streifzüge durch die Metropole –
Jeder Stadtteil ein eigener Kosmos

Raphael Honigstein: Der Rock-'n'-Roll-Basar 53
Will Self: Heute hip: Clerkenwell 58
Chris Petit: Mein Soho 65
Andreas Weber: God save the green 76

Die Einwanderer – Fremde in London?
Nein: Sie sind London!

Matthias Matussek: Von Delhi nach Athen 85
Hanif Kureishi: Deine Zunge in meinem Rachen 94
Sandra Naidoo: Sag deiner Mutter, dass ich mich wasche 122

Londons Töchter und Söhne –
Genies, Exzentriker, Lebenskünstler

Julia Grosse: Der feine Lord 131
Tom Hodgkinson: Die hohe Kunst des Müßiggangs 137
Stephen Spender: Virginia Woolf und Bloomsbury 144

***After hours* – Vom guten Leben in London**

John Peel: Yeah Yeah Yesterday 151
Susanne Kippenberger: Jamie Oliver 161
Matthias Politycki: Cheers, mate! 167
Thilo Bode: Die Seasons 172

London kreativ – Die schönen und die starken Künste

Hans Pietsch: Die mit dem Hai und dem Ei 181
Martin Tschechne: Der anonyme Artoholiker 186
Simon Worrall: Farben aus purem Licht 191

Das große Geld – Finanzmarkt London

Florian Hanig: Glänzende Geschäfte 203
Kathrin Sander: Zittern, bis der Hammer fällt 211
Karl Grün: Wo man anderer Leute Geld zu Geld macht 219

***Royalty* – Die Londoner und ihr Königshaus**

Reiner Luyken: Ein Herz für die Krone 227
Andreas Hallaschka: Die Kirche der Könige 231
Hugh Jarse: Monarchen wie du und ich 236

Autorenverzeichnis 245
Nachweise 255

Martin Tschechne

VORWORT

London wurde von den Römern gegründet. Die Stadt war praktisch immer schon da. Was zu klären bleibt, ist also nicht die Tatsache ihrer Existenz, sondern die Frage: Woher nimmt sie die Energie, immer wieder Impulse auszusenden, die eine ganze Welt bewegen? Liegt es an der Randlage, am sicheren Abstand zum Kontinent? Das würden vielleicht manche Engländer behaupten, denen die Wege der europäischen Staatengemeinschaft mit ihren 24 Amtssprachen durchaus nicht geheuer sind. Oder liegt es, im Gegenteil, gerade an der langen Tradition des Miteinanders, das sie hier seit Römerzeiten einüben konnten? Das war nicht immer einfach, folgte aber stets einem sehr britischen Pragmatismus. London war multikulti, als sie in Deutschland noch bis Flensburg Lederhosen getragen haben!

MERIAN war immer wieder fasziniert von dieser Stadt – in Zeiten, als ihre schiere Größe einem Besucher aus der Bonner Republik den Atem verschlug, genauso wie später, als Megacitys in anderen Regionen der Welt zu wuchern begannen: Keine von ihnen besaß auch nur annähernd so viel Geschichte, Tradition, Würde und Glanz. MERIAN war in London, als die Herren von der *stock exchange* im Straßenbild noch an ihren Bowlerhüten zu erkennen waren, und hat den Innovationsgeist bestaunt, mit dem eine alte Militärschule zum frechsten Kunstmuseum der Gegenwart ausgebaut wurde.

Immer wieder, sechsmal insgesamt, hat die Redaktion ihre Kommentatoren und Reporter auf die Reise geschickt: Findet heraus, wo der Puls dieser Stadt schlägt! Woher sie diesen nie ermüdenden Elan bezieht. Und oft waren es Autoren aus London selbst, die Antworten gegeben haben. John Peel zum Beispiel, der legendäre Radiomoderator, Pionier und Motor der englischen Popmusik, in dessen Studio sie alle die Gitarren ausgepackt und live gespielt haben: die Stones, Jimi Hendrix und Eric Clapton - vier Jahrzehnte lang. Oder Sandra Naidoo, die als Kind mit ihren Eltern aus dem Südafrika der Apartheid ins weltoffene London geflüchtet war: Ablehnung und Ausgrenzung begegneten ihr auch hier. Aber sie wurde eine berühmte politische Journalistin, die erste schwarze Nachrichtenmoderatorin im britischen Fernsehen - und ist immer noch vielen in der Stadt ein Begriff, ein *household name*.

Alles Neue kommt eben aus London. Dritter Kronzeuge ist Tom Hodgkinson, Jahrgang 1968, beste Erziehung, beste Startchancen. Aber dann ausgestiegen aus den Automatismen der Ära Thatcher. Backt sein eigenes Brot, spielt Ukulele und ist der Guru einer Generation von Müßiggängern. Oder sagen wir lieber: einer Generation, die nicht mehr den Sinn eines Lebens darin erkennen kann, sich aufzureiben in Konkurrenz, Karriere und Konsum.

Schon wieder also: Der nächste Mega-Trend kommt aus London ...

SO IST LONDON

Eine Weltstadt,
tausend Dörfer

Karl-Heinz Wocker

LONDON WAY OF LIFE

Die Touristen hielten sich an die Sehenswürdigkeiten der Innenstadt und folgten ihrem Baedeker, und die Londoner lebten ein erstaunlich ausgelassenes und geselliges Leben in ihren Dörfern – denn Dörfer waren es ja, aus denen die Stadt einst zusammengewachsen war. So hat es der deutsche Rundfunkkorrespondent Karl-Heinz Wocker noch erlebt. Mittlerweile ist kein Hinterhof vor Restaurantbetreibern sicher – und Londoner gibt es sowieso nicht mehr.

London beginnt dort, wo die Touristen aufhören, also östlich des Tower und westlich der King's Road, nördlich des Postturms und südlich der Themse. In dem Teil, der dazwischenliegt, sieht der Besucher die Londoner in ihrer Eigenschaft als Arbeitswesen: hastende Angestellte, stumme Gardisten, erschöpfte Verkäufer, alte Männer vorm Obstkarren und Zimmermädchen hinterm Staubsauger. Aber hier lebt niemand, um zu arbeiten, sondern man arbeitet, um zu leben. Wo jedoch die Londoner bleiben, wenn sie das Gesichtsfeld der Touristen verlassen, erfahren diese nie. Der Obstkarrenmann wohnt in derselben Seitengasse in Soho, aus der er jeden Morgen seine Vitaminlast zerrt. Der Angestellte nimmt den Zug ab Cannon Street Station nach Bexley, Verkäufer und Zimmermädchen fahren mit der U-Bahn nach Ealing oder Wandsworth, und der Gardist schließlich geht zu Fuß nach Hause, denn der Wohnsilo, den man der Edelwache errichtet hat, liegt gleich am Hyde Park.

Wohin sie aber auch eilen: Sie streben aus der Großstadt (ohne sie zu verlassen) in die Kleinstadt, wenn nicht gar aufs Dorf. Der Tourist kennt nur vier Londoner Bezirke: Kensington und Chelsea, Westminster, die City und ein Stück von Camden. Zwar ist nicht einmal hier, im Kern der Metropole, der intime Charakter der alten, kleineren Gemeinwesen völlig geschwunden. Nur muss man für das Wohnen an einem baumbestandenen Plätzchen abseits der Durchgangsstraßen, aber in Fußgängernähe der Geschäftszentren teuer zahlen. Die anderen 28 Bezirke sieht der Fremde nicht. Das war schon immer so. Als die Mozarts 1764 in der Frith Street abstiegen, schrieb Vater Leopold einem Freund in Salzburg, London bestehe »aus dreyen benennungen oder 3 respective stätt, die aber, wie eine einzige entsetzlich grosse statt, voellig genaue zusammen hanget, nämlich Westminster, London und Southwark«. Mit London meinte er die City. Als er erkrankte, zog er hinaus in die gute Landluft, nach Chelsea. London ist nicht entstanden, indem sich ein alter Handels- und Hafenkern langsam in eine unbesiedelte Nachbarschaft ausdehnte. Vielmehr wurde der Zwischenraum zu ringsum bestehenden Orten ausgefüllt. Die verteidigten ihre Eigenart, machten aus den Wiesen die »commons«, also baumbestandene Rasenplätze im Stil des Hyde Park, und lebten weiter im Schatten von Dorfkirche und Rathaus.

In keiner Metropole gibt es so viele Hauptstraßen (*high streets*). Sie alle verstehen sich als Mittelpunkte eines eigenen Klein-London. Ein Straßenschild tragen sie nur an den weit auseinanderliegenden Enden. Nur ein Fremder könnte Clapham High Street mit Balham High Road verwechseln, und dort sind Ortsfremde selten. Das ist das Lebensgefühl von Kleinstädten. Es verstärkt sich auf der nächstniedrigen Ebene, dem Viertel, wo man sich kennt, und es wird vollends deutlich in der kleinsten Zelle, Straße und Haus. Wer je in einem Londoner Vorort zu Bekannten eingeladen war, weiß, was gemeint ist: Man irrt mit dem Wagen an Vorgärten entlang, deren Tore keine Nummer führen, und steht dann vor Haustüren, an denen der Name nicht steht.

Da sind sie also, die anonym hinter Burgmauern *(my home is my castle)* hockenden, kontaktscheuen Engländer. Gingen die Touristen öfter in die Vororte, sie würden sich wundern über das Ausmaß an Extrovertiertheit, das sie fänden, die berstend vollen Kneipen, das Gewimmel in den Parks, überhaupt: die Freude am Draußensein, seien es auch nur ein paar Stühle vorm Stammlokal. London hat nicht, wie Paris oder Rom, Flanierstraßen mit Reihen von Café-Tischen, jedenfalls nicht in der Innenstadt. In den Zentren der Londoner »Dörfer« aber findet man *outdoor life* an jeder Ecke.

5975 Bier- und 8659 Branntweinschänken, dazu 447 Weinhäuser, so berichtete Leopold Mozart dem gewiss staunenden Freund, gebe es in London. Da er insgesamt nur 95 968 Häuser angab, muss seine rechnerische Logik ihn verlassen haben. Selbst im zechfröhlichen London des Jahrhunderts der Bettleroper kann nicht jedes sechste Haus eine Kneipe gewesen sein. Etwas anderes aber sah er richtig und sähe es auch heute so: die soziale Mixtur inmitten aller Vergnügungen. Bei den Freiluftkonzerten, schrieb der Mozartvater, sitze der Herzog neben dem Handelsgehilfen. Dabei wusste Leopold doch sehr gut, dass der Adel sich den Wundersohn Wolfgang auch privat leisten konnte. London war und ist ein Schmelztiegel. Heute sieht man es an der Geschwindigkeit, mit der sich manche Viertel in ihrem Charakter wandeln. Was gestern als verfallene Gegend galt, kann morgen durch unbekümmerte Optimisten renoviert, dekoriert und ausstaffiert werden und gilt plötzlich als begehrt, ja schick, selbst wenn die Nebenstraße von der modischen Welle noch nicht erfasst ist und ausschaut wie der alte Slum. Man ist zufrieden im engen Bereich; die ganze Stadt ist sowieso nicht zu retten.

Doch lässt sich wieder besser in ihr leben, seit das Klima verändert worden ist, nämlich von Menschenhand. Gute Luft ist keine Hexerei, und die Jahrhunderte des Smog sind vorüber. Jener gelbe Nebelbrei, von dem sich das Asthma der Städter weidlich nährte, kann nur noch in alten Filmen besichtigt werden. 1958 gab es wintertags durchschnittlich 340 Mikrogramm Schwefeldioxyd und 309 Mikrogramm Rauch im Kubikmeter Luft. Jetzt, da 90 Prozent von London per Gesetz zur rauchlosen Zone erklärt worden sind, liegen die Zahlen bei 102 beziehungsweise 35 (für 1975). Atmen ist der Beginn des Wohlfühlens: Vorher war der berühmt hohe Freizeitwert der Stadt nur die Hälfte wert. Nimmt man hinzu, dass von den 158 000 Hektar, die London ausmachen, fast 17 000 Hektar aus Grünfläche bestehen, so kann von eintönig grauer Tristesse keine Rede sein. Und diese Parks dienen ja nicht dem ästhetischen Bedürfnis blumenversessener städtischer Gartenbaubeamter, sondern man darf sich in ihnen tummeln und wälzen, Mensch, Kind und Hund.

Wird der Fremde glauben wollen, dass auch die Vorstellung vom kalten und nassen London ein Gerücht ist? In den Sommermonaten gab es letztes Jahrzehnt jeden Tag im Durchschnitt sieben Stunden Sonne über der Stadt. Der Regenfall tat sich zur gleichen Zeit schwer, jemals in einem Monat den Durchschnitt von fünf Zentimetern zu übersteigen. Und so sitzen denn die Londoner, manchmal fünf Tage lang, gemütlich trinkend, beim Cricket-Länderspiel im weiten Rund des Stadions von »Lord's« und schauen den sonnenbeschienenen Herren in weißen Hosen und Hemdsärmeln zu, denen zweimal am Tag Erfrischungen aufs Feld gebracht werden – ein Spree Sport, der zwar Blitzreaktion und Finesse verlangt, aber auch Gemächlichkeit und Lebensqualität bietet, ursprünglich ein Dorfanger-Spiel.

An ihren Vergnügungen kann man die Gemeinwesen am besten erkennen und durchschauen. Die Serpentine, der kleine See am Hyde Park, ist zum Rudern, Schwimmen, Sonnenbaden, Picknicken und Gaffen da. Die Hamburger hätten daraus schon längst ein Segelgehege für die gehobene Mittelschicht gemacht, in Berlin dürften dort nur Dampfer fahren und in Paris nur Schwäne. Die Londoner haben selbst den Widrigkeiten ihrer verwinkelten Stadt noch ein Bootsvergnügen abgetrotzt: Anderthalb Stunden dauert die Bootsfahrt im Bereich von Regent's Park und Zoo, man sieht die Stadt von hinten, und die Camden-Schleuse, neben einer Ausfallstraße gelegen, vermittelt die Idyllik der Moorgebiete von Norfolk.

Eine ganze Bibliothek von London-Führern verspricht die Genüsse der Weltstadt. Aber nirgends wird man so viele »Gegen-Führer« finden, Büchlein, die das andere, das London der Alternativen, erläutern, Ratschläge erteilen, wo man sich umsonst wärmen, vergnügen, bilden, ernähren und zur Ruhe legen kann. Lebendige Sozial-Enklaven im anonymen, auf Gewinn und Verlust angelegten Stadtgewühl – auch das ist Idyllik, wenngleich nicht aus Überdruss geboren, sondern aus der Not. Es war dieses Nebeneinander von »Überreichtum und Misere«, was Heine dazu veranlasste, London das Merkwürdigste zu nennen, »was die Welt dem staunenden Geiste zeigen kann«.

Doch auch er sah nur die Stadt, nicht ihre Dörfer. Auch er erlebte nur einen Augenblick, nicht die langsame Veränderung und den steten Widerstand dagegen. London ist wie eine Schlange, die sich regelmäßig häutet, also immer anders aussieht, und doch dieselbe bleibt. 1820 gingen die Prachtbauten der Regentschaftszeit, gedacht für die reichen Wenigen, einher mit der großen Bevölkerungsexplosion, dem Einstrom der unbegüterten Vielen.

1850 bereitete man die Weltausstellung des nächsten Jahres vor, und die Welt kam, aber sie sah nicht die Kloaken des Londoner Ostens, die sahen nur Dickens und Doré. 1880 lebte die Stadt auf Kosten eines Empire, aber nun begann der Reichtum sich wenigstens zu verteidigen: Es gab Kanalisation, Volksschulpflicht und Müllabfuhr.

1910: edwardianische Pracht, aber auch Mietskasernen, die noch heute bedrückend im Wege stehen. 1940: die größte Ausdehnung, fast neun Millionen Menschen, aber auch der Bombenkrieg und durch ihn das Gefühl, in einer großen steinernen Falle zu sitzen. 1970: die ersten Wolkenkratzer, 30, 40, 50 Stockwerke und mehr, mitten in der City; die St. Paul's Kathedrale wirkt wie eine Käseglocke neben all den Baumkuchen aus Beton, und die Migration der Menschen nimmt neue Formen an.

Vor einer Generation sah der ideale Lebensrhythmus des Londoners so aus: Hier wurde er als Kind von Londonern geboren, aber die eigene Familie gründete er weit draußen im Grünen; zur Arbeit kam er jeden Tag in die Stadt, und im Alter zog er sich auf sein Cottage zurück. Jetzt aber ist »draußen« zu weit, das Parken in der Stadt unmöglich, und die U-Bahn fährt nicht überall hin. Doch sein Lebensstandard ist gestiegen, also sucht er sich in den Dörfern alias Stadtteilen einzunisten. Dort lebt und webt er im allgemeinen Widerstand gegen das London der Reißbrettplaner. Dort hat er mitgeholfen, die innere Ringbahn zu sabotieren, die eine Stadtautobahn sein und das Umgehen der City erlauben sollte. Da sie wegen der U-Bahn nicht in die Erde konnte, war sie als Hochstraße gedacht. Der »Aufstand der ersten Stockwerke«, eine Revolution gegen die Viadukte, machte dem Projekt ein Ende.

Die Zuwanderer ballen sich in einzelnen Stadtvierteln, da entstehen weitere Dörfer, diesmal ethnisch bedingt. 50 Prozent aller neugeborenen Londoner haben Mütter, die nicht in der Stadt zur Welt kamen, die meisten von ihnen nicht einmal auf den Britischen Inseln. Noch vor 35 Jahren wurden in London doppelt so viele Geburten registriert wie Todesfälle.

Man kam, um zu leben, und ging, um zu sterben. Heute halten sich Tod und Geburt die Waage, und jedes Jahr ziehen 100 000 mehr ab als hereinkommen. Der Widerstand des Dorfidylls gegen den Stadtmoloch ist also auch ein Kampf gegen die unabweislichste aller Veränderungen, den Tod. Er steckt meist schon im Alleinsein. In den letzten zehn Jahren ist die Zahl der Einpersonenhaushalte von 16 auf 22 Prozent gestiegen. Beamte und Manager nehmen zu, Arbeiter gibt's immer weniger.

London ist also zwar nicht so grau wie die Legende, sondern viel grüner, nicht so flach wie noch vor kurzem, sondern steil emporstrebend, und dennoch wird es in 50 Jahren vielleicht eher ein Washington als ein New York sein. Solange jedoch das Netz aus gewachsenen Dörfern rund um den Stadtkern hält, solange der Gardist, den tagsüber die Touristenmassen umdrängen, des Nachts noch überm größten Pferdestall der Nation schläft, so als läge der Hyde Park in Somerset, so lange wird London keine seelenlose, keine keimfreie, durchrationalisierte Stadtmaschine. Zwar lebt es sich hier nicht wie unter den Engeln im Himmel – so meint es das Zitat –, sondern englisch unter Menschen. Doch noch ist Raum für Fröhlichkeit daneben.

Justin Cartwright

ZWISCHEN VORGESTERN UND ÜBERMORGEN

Eine Ära ist vorüber. Wo steht London im Jahr eins nach Margret Thatcher? Es wäre Unfug anzunehmen, dass eine so große Stadt jemals eine Einheit darstellen könnte, macht Justin Cartwright in seinem Essay deutlich. Aber so drastische Unterschiede? So viel Spannung zwischen den Opfern und denen, die sich nie im Leben als Täter wahrnehmen würden? Lange schon war die Zukunft nicht mehr so ungewiss wie zu diesem Neubeginn.

Folgendes Szenario ist jedem Londoner vertraut: Man bestellt sich ein neues Telefon. Ein Rastafari mit einer Kopfbedeckung, die aussieht wie ein Paar zusammengerollter Fußballsocken, klingelt an der Tür. Sein Kollege, äußerst modisch frisiert, trägt einen glamourösen Jogginganzug und Reebok Pump Basketballschuhe. Die beiden sind zwei Tage zu spät dran und scheinen all die Instruktionen, die man telefonisch so mühevoll durchgegeben hat, gar nicht bekommen zu haben. Schnell peilen sie die Lage. Dann verkünden sie fröhlich ihr vernichtendes Urteil: *Mensch, Sie brauchen doch das Team für drinnen.* Sie sind aber nur für *draußen* zuständig. Man sollte die und die Nummer anrufen. Entnervt ruft man die Telefonfirma an. Nein, wird einem gesagt, zuerst muss *draußen* ein stärkeres Kabel verlegt werden, bevor man *drinnen* irgendwas machen kann. Man rennt zur Tür, sieht aber bloß noch den gelben Lieferwagen davonrasen. Ein bisschen Rap-Musik liegt noch in der Luft. Eine andere Situation, die auch jeder kennt: Man eilt zum Bahnhof und hofft, den Zug nach Bristol zu kriegen. Plötzlich dann eine Durchsage: Der Zug fällt aus. Fahrgäste - wer, ich? - werden gebeten, in Oxford umzusteigen. Man fragt einen Mann, der ein oder zwei beliebige Stücke der British-Rail-Uniform trägt, was eigentlich das Problem sei. *Nicht genug Fahrer.* Sie sind nicht zur Arbeit gekommen. 250 Leute müssen jetzt ihre Pläne ändern, weil ein Fahrer einen Kater hat. Und was passiert? Nichts. So wichtig ist das ja auch wieder nicht. Und so was nach elf Jahren Thatcher-Revolution.

Wie ist das möglich? Wieso kann das fortschrittliche, kultivierte London gleichzeitig so hinter dem Mond sein? Seine Widerspenstigkeit hat zugleich etwas Abstoßendes und Anziehendes. Der ganz eigene Charakter dieser Stadt zeigt sich in trivialen Dingen ebenso wie in der andauernden Beschäftigung mit sich selbst. Die Londoner halten sich für besonders gesegnet; sie glauben, sie leben am Nabel der Welt. Kein Ort könnte größer oder wichtiger sein. Was der Rest Europas von ihrer Stadt denkt, ist ihnen ziemlich egal: Wie es überhaupt schwer ist, auch nur ein einziges Ideal zu nennen, auf das sich eine größere Zahl von Londonern einigen könnte. Thomas Hardy, aus dem ländlichen Dorset stammender Romancier des 19. Jahrhunderts, machte eine scharfsinnige Beobachtung: »Londoner«, sagte er, »haben eine ganz klare Vorstellung von sich als Individuen, aber sie können sich überhaupt nicht als Gemeinschaft sehen.« Dafür gibt es Gründe. Den wichtigsten nannte Benjamin Disraeli, als er von »den zwei Nationen« sprach. Auch heute noch ist London die Stadt der völlig gegensätzlichen Gesellschaften, der fundamentalen Klassenschranken, die durch die neue ethnische Vielfalt - Chinesen, Inder, Pakistanis, Griechen, türkische Zyprioten, Bangladescher und

Menschen aus der Karibik - noch komplizierter geworden sind.

Der Fall Salman Rushdie zeigt, wie schnell hier die Kulturen aufeinanderprallen können. Rushdie, einer der führenden zeitgenössischen englischen Romanciers, wurde in Indien geboren und ist von Haus aus Moslem. Er besuchte die Rugby School, eine der ältesten Privatschulen Englands, und studierte in Cambridge, wo er sich den Akzent eines englischen Gentlemans und eine Antipathie gegen die englische Oberschicht zulegte. Nach Anfängen als Werbetexter schrieb er den Bestseller »Mitternachtskinder«. Sein Thema war von vornherein das Schicksal der Einwanderer; vehement stürzte er sich auf jede Kränkung, jede Diskriminierung seiner Landsleute, die er von Islington aus, einem progressiv angehauchten Viertel Londons, mitbekam. Doch leider nahmen dann gerade die Moslems im Lande an den »Satanischen Versen« Anstoß, wie man es sich heftiger kaum vorstellen kann: Ihre Anerkennung für seine vorherigen Bemühungen in ihrer Sache war gleich null. Inzwischen bekennt sich Rushdie wieder zum Islam, aber noch immer ist sein Haus verbarrikadiert, und er lebt in ständiger Furcht vor einem Attentat. Einer der größten Schocks für westliche Liberale in den letzten 20 Jahren war die Entdeckung, dass ihre Verfügungsgewalt tatsächlich nicht einmal bis in ihren eigenen Garten reicht. Aber auch wenn man die Einwandererproblematik außer Acht lässt: Die Londoner Gesellschaft ist schon seit eh und je tief gespalten gewesen.

Fremde, die mit den Feinheiten des Akzents und der Sprache nicht vertraut sind, merken oft gar nicht, dass in London mindestens zwei recht unterschiedliche englische Stämme nebeneinander existieren. Sie unterscheiden sich durch ihre Sprache, die Schulbildung, völlig verschiedene Essensgewohnheiten, die Vorliebe für bestimmte Sportarten und total entgegengesetzte Wertvorstellungen. Die Leute aus der Mittelschicht zum Beispiel, auch die, die es sich eigentlich nicht leisten können, schicken ihre Kinder auf Privatschulen. Diese Schulen sind teuer, akademisch ausgerichtet und traditionsbewusst. Die Alternative wäre, die Kinder in öffentliche Schulen in der Nachbarschaft gehen zu lassen, wo vielleicht das dringendste Problem der Englischunterricht für Einwandererkinder ist. Schulen im Zentrum Londons sind, wie es unter anderem auch in New York der Fall ist, zum Schlachtfeld konkurrierender Ideologien und verschiedenster Interessen geworden.

Junge Londoner sind, weil sie mit sehr bescheidenen Erwartungen aufwachsen, die am wenigsten bourgeoisen Jugendlichen ganz Europas. Der Nationaltrainer des britischen Tennisteams sagte kürzlich, dass Steffi Graf, wenn sie in London geboren wäre, wahrscheinlich auf der nächsten Kunstakademie gelandet wäre: Ihr besonderes Talent hätte niemand entdeckt. Bei der Erziehung legt man in London sehr wenig Gewicht auf praktische Fähigkeiten. Nur einer von sechs Schülern macht eine weiterführende Ausbildung. Dafür haben die Londoner eine Originalität entwickelt, die sie in Musik, Mode, Werbung und in der Kunst ausleben, wie fast nirgendwo sonst. Aber weil sie so mit Popmusik und Mode beschäftigt sind und weil in der Schule so furchtbar viel Wert auf jegliche Form der Selbstdarstellung gelegt wird, haben die Londoner überhaupt keinen Begriff von der Notwendigkeit etwa von Dienstleistungen entwickelt.

Jede Großstadt braucht ein Minimum an funktionierenden Einrichtungen des Alltagslebens: London kann damit nicht dienen. Zum Beispiel wird man so gut wie nie einen Kellner finden, der Engländer ist. Kein Londoner würde so einen Job annehmen, weil er nicht »kreativ« genug ist, und kein Londoner könnte – um es mal ganz klar zu sagen – überhaupt ein guter Kellner sein. Schwarze Londoner, die durch ihre Herkunft sowieso schon gehandikapt sind, sind doppelt benachteiligt durch die allgemeine Verwirrung über Sinn und Zweck des Lebens. Viele dieser Jugendlichen flüchten sich in eine Phantasiewelt und imitieren lieber Musik und Mode der Schwarzen aus den Vereinigten Staaten, als einen anständigen Beruf zu erlernen. Lifestyle – das ist ihr Lebensinhalt, ihr Beruf.

Mittelschicht-Londoner dagegen entwickeln durch ihre Isolation das seltsame Gefühl, gar nicht wirklich zu London zu gehören, auch wenn sie dort leben und arbeiten. Ihre Kinder sprechen eine andere Sprache als andere Kinder in derselben Straße. Sie essen andere Gerichte zu anderen Tageszeiten, machen woanders Urlaub und betreiben andere Sportarten: In den Privatschulen wird Rugby gespielt, in den staatlichen Schulen Fußball, in Mittelschichtkreisen hat man sogar eine Art Freimaurercode entwickelt, um sich untereinander zu erkennen. Der erste Anhaltspunkt ist die Schule. Privatschulen werden in der sozialen Wertschätzung besonders hoch eingestuft: »Auf welcher Schule waren Sie?« ist in London keineswegs eine harmlose Frage. Der zweite Anhaltspunkt ist der Akzent. »Sloanes«, Mädchen, die sich nie allzu weit vom Sloane Square entfernen, sprechen Englisch mit einem ausgeprägten Zermanschen der Vokale, fast, als ob sie einen Sprachfehler hätten. Sie fahren gern Ski und mögen Hunde, Landhäuser, dunkelblaue Sweater, glänzende Lackschuhe, George Michael, und Mädchen tragen – ohne Ausnahme – eine Perlenkette. Über die meisten Bücher sagen sie: »Da kommt man aber schrecklich schwer rein!« Ihre Schutzheilige ist Prinzessin Diana.

Nicht weit vom Sloane Square entfernt, am entgegengesetzten Ende der King's Road, haust ein völlig anderer Stamm, die Chelsea Firm. Ihre Mitglieder sind locker mit dem Chelsea Football Club liiert und bevorzugen Sportkleidung mit völlig bedeutungslosem Aufdruck – »Bahamas Beach Club«. »Rio Polo Society« –, glänzende Jogginganzüge in Tarnfarben und teure Tennisschuhe. Sie vertreten, was Gewalt angeht, einen ziemlich extremen Standpunkt und stehen auf mexikanische Restaurants, Bowling und Kleinkriminalität. Nein, die Londoner sehen sich weiß Gott nicht als Gemeinschaft. Wie sollten sie auch? Es ist einfach unrealistisch, von ihnen eine gemeinsame Idee zu London zu erwarten. London hat nicht einmal einen Oberbürgermeister, sondern nur einen Haufen Bürgermeister und Gemeinderäte, die über Fragen der Weltanschauung und der Sozialleistungen untereinander zutiefst zerstritten sind. Sir Ralf Dahrendorf, der deutsche Intellektuelle und frühere Direktor der London School of Economics, hat als dringliche Aufgabe die Wahl eines Londoner Bürgermeisters gefordert, der für die Stadt eine Art Mittel- und Bezugspunkt sein könnte. Er hält die Zerstückelung Londons, die früher einmal eine Frage des Interessenausgleichs war, heute für gefährlichen sozialen Sprengstoff. Das alte East End, einst die Heimstätte von Hugenotten und Juden, wird jetzt hauptsächlich von Bangladeschern und Pakistanis bewohnt. Für Londoner aus der Mittelschicht ist dieses Viertel Terra incognita. Sie wagen sich selten in seine verrotteten Gassen, die von Fast-Food-Restaurants, Massagesalons, Ledergeschäften, Moscheen und Gebrauchtwagenhändlern überquellen. Aus der Perspektive der Bewohner des East Ends wiederum könnte das wohlhabende West End mit dem Nobelladen Harrods, dem Hotel Claridge's und dem Reform Club genauso gut auf dem Mond sein.

Überall im wildwuchernden London finden sich kleine Dörfer oder deren Spuren, Relikte des gewaltigen Wachstums der Stadt im Verlauf des 19. Jahrhunderts. Denn London war einmal die modernste Stadt der Welt, war das Kind der industriellen Revolution. In einer Phase wilden Expansionismus wurden Straßen, Schienenwege, Lagerhäuser und die U-Bahn gebaut: Die Themse entwickelte sich zur meistbefahrenen

Wasserstraße der Welt – Zugang zu dem, was Joseph Conrad das »Herz der Finsternis« nannte. Heute ist der Fluss tot und wird von überflüssigen Fabriken, unbenutzten Terminals und Lagerhäusern gesäumt. London war die Hauptstadt eines unermesslichen Imperiums. Daher spricht heute ein Viertel der Weltbevölkerung Englisch, was London im internationalen wirtschaftlichen Konkurrenzkampf große Vorteile verschafft. Das Ideal vom Empire, wie absurd es heutzutage auch sein mag, beherrschte die Vorstellungen der Londoner mehr als 100 Jahre lang. Es lebt weiter – auch wenn die Einheimischen das weitgehend missachten – im Buckingham Palace, in den militärischen Traditionen, in den Beziehungen zum Commonwealth und auf dem Finanzsektor, dessen Tentakel bis in manche tiefe Provinz reichen. Die Londoner waren weltoffen, aber ihre Sicht der Welt beschränkte sich im wesentlichen auf ihre Herrschaft über niedrigere Völker. Es gehört zur Geschichte Londons, dass die Sicherheit, die ein solches Empire vermittelte, sich als Illusion erwiesen hat. Wenn das so ist, was ist sonst noch alles Illusion?

Londoner sind tolerant Nachlässigkeiten gegenüber, anspruchslos in ihren persönlichen Gewohnheiten, beklagen sich nicht über schlechtes Essen, haben Verständnis für Schwächen und können sich in alles Zweideutige und Zwiespältige einfühlen, weil sie wissen – die Geschichte zeigt es –, dass es nur sehr wenige eindeutige moralische oder geschichtliche Wahrheiten gibt. Diese Ambivalenz dem Leben gegenüber ist die Grundlage ihres vielbeschriebenen und so häufig gefeierten Sinns für Humor. Und so sind wir, auf der *long and winding road,* beim Kult des Turnschuhs angelangt. In einer Stadt, in der es zu einem größeren Aufstand kam, als es darum ging, Steuern in Höhe von 300 Pfund im Jahr zu zahlen, geben arbeitslose Jugendliche fröhlich 125 Pfund für ein Paar Turnschuhe aus. Diese Schuhe müssen so aussehen, als kämen sie gerade frisch aus dem Laden, und darin Tennis oder Basketball zu spielen, wäre so ungefähr das Letzte, was ihren Besitzern einfallen würde. Die verschlungenen Wege der Geschichte haben auch dazu geführt, dass es heute in London Bürodamen gibt, die selbst im Einwohnermeldeamt ihre Heavy-Metal-Sado-Maso-Kleidung so unschuldig tragen, als ob sie in Laura-Ashley-Kattunkleidern steckten. Und es ist wohl eben diesen Abwegen der Geschichte zu verdanken, dass diese Stadt nun ungesicherte Baustellen, knietiefen Müll, einen entsetzlichen Straßenverkehr und ein zusammenbrechendes Transportsystem hat – direkt neben vornehmem Glanz, neben Prunk, Tradition und der Kraft der Versöhnung, die von ihr ausgeht, und der Toleranz, die ebenfalls ein Produkt dieser weitgehend abgeschlossenen Geschichte ist. London hat übrigens auch den besten Journalismus, die besten Medien, das beste Theater und ganz ohne Frage das lebendigste Parlament in Europa.

Aber viele Leute fürchten, dass London kurz vor dem Ende dieses Jahrhunderts zu einer Stadt der unversöhnlichen und unerträglichen Extreme wird – wie New York oder Mexico City. Schon sind die Straßen voller Obdachloser; schon wird man bei einem kurzen nächtlichen Spaziergang in Soho mit einer Kakophonie flehentlicher Bitten und Forderungen aus dem Munde zernarbter und ergrauter Tramps konfrontiert. Andere Stadtteile werden von einer neuen Spezies junger Männer aus der Provinz bevölkert, die mitleiderregend in Pappkartonhütten dahinvegetieren, offensichtlich von den Lichtern, von der Leuchtreklame und vom Verkehr hypnotisiert sind und teilnahmslos die wohlhabenden, elegant gekleideten Theater- und Restaurantbesucher anbetteln. Es ist natürlich eine Binsenwahrheit, wenn man sagt, dass jede Großstadt eine Studie der Extreme ist. Pluralismus und kulturelle Vielfalt sind, je nachdem, der Fluch oder der Segen der meisten Metropolen. Alle westlichen Städte zehren nach wie vor von der Idee der Polis. Diese Idee besagt im Kern, dass eine Stadt eine alles übergreifende Philosophie und deshalb auch einen Zweck besitzt. Alle Bürger streben nach Beteiligung, und die Erfolgreichen werden belohnt. Aber die großen Städte von heute sind kaum noch in der Lage, irgendeine Form von Homogenität zu bewahren oder irgendein Einverständnis über ihre zukünftigen Ziele herzustellen. Sie werden, da es immer weniger Arbeit im klassischen Sinne gibt, zunehmend zur Kampffront zwischen denen, die etwas haben, und den Habenichtsen. Dies ist nicht mehr das Resultat von Ausbeutung wie im 19. Jahrhundert, und es gibt kein einfaches politisches Allheilmittel. In den elf Thatcher-Jahren wurde die Messlatte immer höher gelegt, und die Zahl der Opfer vervielfachte sich; am äußersten Rand der Gesellschaft landeten die Menschen in immer größerer Zahl auf der Straße. Frau Thatchers gravierendste Schwäche – das wird die Geschichte zeigen – lag in ihrer Unfähigkeit (wie die Deutschen sagen), nicht bloß alles zu »wissen«; sie nahm auch noch für sich in Anspruch, alles zu »verstehen«. Während London nun in eine tiefe Rezession schlittert, treten die Risse im Gemäuer immer deutlicher zutage. Von allen europäischen Städten scheint London wegen seiner Größe, Vielfalt und Zerstückelung besonders verwundbar zu sein. Der Mythos von London – das ist das London Shakespeares, Dickens' und liebenswürdiger Cockneys – hat heute keinerlei Bezug mehr zur Realität. London ist keine englische Stadt mehr. Es ist eine Stadt neuen Typs, die ungebeten aus dem Mischmasch der Geschichte aufgetaucht ist.

Alan Isler

STARKER STROM

Die Stadt verändert sich. Entdeckt neue Quartiere, lässt alte leer laufen, zieht weiter. Was bleibt, ist der Fluss. Alan Isler hat die Spuren der Römer an seinen Ufern entdeckt und Stadtviertel besucht, die noch vor wenigen Jahren keinen Funken Zukunft zu haben schienen und plötzlich voller Leben sind. Wie auch die Themse selbst, in der sich heute wieder Fische tummeln – 115 verschiedene Arten.

Eines frühen Morgens im strahlend hellen Sommer des Jahres 1802 stand William Wordsworth, der Dichter der englischen Romantik, auf der Westminster Bridge, blickte über die Themse auf London und wurde inspiriert zu den folgenden Zeilen:

Earth has not anything to show more fair:
Dull would he be of soul who could pass by
A sight so touching in its majesty:
This City now doth, like a garment, wear
The beauty of the morning; silent, bare,
Ships, towers, domes, theatres, and temples lie
Open unto the fields, and to the sky;
All bright and glittering in the smokeless air.

Die Erde hat nichts Schöneres aufzuweisen / Eine stumpfe Seele hätte, wer vorbeigehen könnte / an einem Anblick, so ergreifend in seiner Erhabenheit: / Die City trägt jetzt, wie ein

Gewand, / Des Morgens Schönheit; stumm, blank / Liegen Schiffe, Türme, Kuppeln, Theater und Tempel / Offen gegen die Felder und den Himmel, / Hell und funkelnd in der rauchlosen Luft.

Könnte er im Sommer des Jahres 1998 an derselben Stelle stehen und auf die Themse blicken, wie müsste er wohl sein Gedicht verändern? Nun, die City ist zu keinem Moment mehr »stumm« – obwohl er sie, suchte er sich einen Sonnenaufgang an einem Sonntagmorgen, angenehm ruhig finden könnte. Die Myriaden Masten der Myriaden Schiffe sind verschwunden, da sich der große Hafen, wie wir noch merken werden, ständig ostwärts zum Meer verlagert hat. Aber Lastkähne, ja, und Ausflugsdampfer, die könnte er ihres Weges ziehen sehen. Felder würde er nicht erblicken, schon fünfzig Jahre später, im Jahre 1852, hätte er vergeblich danach Ausschau gehalten. Aber nach anderthalb Jahrhunderten mörderischen schwarzen Rauches ist Londons Luft wiederum »rauchlos«. Die Themse jedoch, gleichgültig wie immer gegen den Gang der Zeit, fließt weiter. Die Themse entspringt, oder vielmehr entquillt, in unscheinbaren Rinnsalen einer Wiese in der Grafschaft Gloucestershire. Die letzten Sommer waren heiß und trocken, und so musste man sich heute bereits glücklich schätzen, dort überhaupt ein Rinnsal vorzufinden. Es gab jedoch eine Zeit, so heißt es, da brauchte man nur einen Stock in die Erde zu stoßen, und schon sprudelte ein Bächlein hervor.

Aber kaum 30 Kilometer von der Wiese entfernt hat sich das, was bereits die Themse ist, zur Grafschaft Oxfordshire durchgeschlängelt und ist aus einem bescheidenen Wasserlauf zu einem jungen Fluss geworden, breit genug, um die zahlreichen Boote aufzunehmen, die sich hier am Beginn der Schiffbarkeit sammeln.

Für eine Weile weist sich der Fluss mit anderem Namen

aus, besonders in Oxford: die Isis. Aber wiederum als Themse fließt er in einer südlichen Schleife nach Henley-on-Thames, dem Ort der berühmten Regatta, und von dort nach Berkshire. Danach in gemächlichen Windungen nach Buckinghamshire, dann wieder zurück nach Berkshire, an Windsor vorbei, in die Grafschaft Surrey und auf leicht nordöstlichem Weg durch Greater London: in Beschaulichkeit an Hampton Court, Richmond und Putney, in stattlicher Würde an Chelsea, Westminster und der Tower Bridge vorbei, und so nach Greenwich und dem Themse-Wehr. Ab dort öffnet der Fluss weit seinen Schlund, als müsste er die 55 Millionen Tonnen Güter schlucken, die jährlich die Londoner Hafenanlagen passieren, die Docks von Thurrock, Tilbury und Purfleet. Zwischen den Grafschaften Essex und Kent mündet die Themse schließlich in die Nordsee.

Themse, das ist, wie jeder Schuljunge einst wusste, der zweitälteste Ortsname in England, gleich nach dem an erster Stelle stehenden Kent. Julius Cäsar nannte den Fluss Thamesis. »Hat Julius Cäsar diesen Ort gebaut, Mylord?«, fragt Prinz Eduard seinen Onkel, Shakespeares Herzog von Gloster, der zum skrupellosen Richard III. werden sollte. Der Prinz erkundigt sich nach dem Tower von London, der am Ufer steht. Ja, wird ihm gesagt, Cäsar habe in der Tat mit dem Bau begonnen. Und wenn man heute den Tower besichtigt, dann werden einem die Steine gezeigt, die angeblich Teil des Fundaments der römischen Festung waren.

In Joseph Conrads »Herz der Finsternis« schaut der Seemann Marlowe von der »Nellie«, einer in der Abenddämmerung auf der Themse vor Anker gegangenen »seetüchtigen Segelyacht«, über das Wasser auf die Lichter von London, der dunkelnden Riesenstadt. »Und auch dies«, sagt er, »ist einer der dunklen Plätze der Erde gewesen.« Dann malt er sich aus, wie es für einen jungen abenteuerlustigen Römer gewesen sein muss, an diesen Fluss und diesen Ort zu kommen.

Sandbänke, Marschen, Wälder, Wilde – herzlich wenig von dem zu essen, was einem zivilisierten Gaumen angemessen ist, nichts zu trinken als Themsewasser. Kein Falernerwein, kein Landurlaub. Hier und dort ein befestigtes Soldatenlager verloren im Dickicht, wie eine Stecknadel in einem Bündel Heu – Kälte, Nebel, Stürme, Seuchen, Exil und Tod – Tod, der in der Luft lauert, im Wasser, im Gebüsch.

Ja, ja, sicher. Trotzdem stellt Conrad es nicht ganz richtig dar. Offensichtlich gab er literarischen Anliegen den Vorrang vor historischen. Londinium lag an der ersten Stelle, an der sich die Themse, von der Mündung flussaufwärts gesehen, unschwer überbrücken ließ. Schon das früheste römische Militärlager muss – klugerweise – dort aufgeschlagen worden sein. Aber Fundstücke von Ausgrabungen beweisen, dass es hier lange vor Ankunft der Römer schon Ansiedlungen gab. Vor der Zeit von London bedeutet also: vor Beginn der britischen Geschichte.

Londons erstes Hafenviertel war das Ufer der City, vom Tower im Osten bis zum Gelände von Temple im Westen, dem größten Rechtskollegium der Inns of Court. Es ist ein Stadtviertel, das sich heute vom Fluss aus nicht von seiner besten Seite zeigt, denn es tut sich durch nichts Eigenes hervor. Doch dies war der Abschnitt der Themse, den ich als Kind am besten kannte, denn mein Vater und sein Bruder waren Pelzhändler mit Geschäftsräumen erst in der Upper Thames Street und dann nicht weit davon in Garlick Hill, und das Flussufer wurde mein Spielplatz, wo ich, ausgerüstet mit einem Lunchpaket, die vorbeiziehenden Schiffe beobachtete und Jungenträumen von einem Abenteurerleben auf See nachhing.

Es hat immer eine London Bridge gegeben. Bis 1750 war sie die einzige Brücke der Stadt über die Themse. Zuerst wurde sie von den Römern errichtet, dann von den Angelsachsen, deren Bauwerk die räuberischen Dänen nach Art des finsteren Mittelalters zerstörten. Aber es war die mittelalterliche Brücke, aus Stein erbaut und mit Fachwerkhäusern gekrönt, die so aneinandergequetscht standen wie moderne Londoner auf einem U-Bahnsteig im dichtesten Berufsverkehr, die den Stolz Londons und eines der Wunder Europas bildete. Die Fachwerkhäuser wurden im Laufe des 18. Jahrhunderts abgerissen, und 1831 nahm eine neue steinerne Brücke den Platz der alten ein. Diese Brücke steht jetzt verloren in der Wüste von Arizona, im Zeitalter der Beatles von einem reichen Amerikaner gekauft, der meinte – so will es jedenfalls ein böses Gerücht –, die Tower Bridge gekauft zu haben. (Es ist die Tower Bridge, die Filmemacher oft benutzen, um London als Schauplatz einzuführen.) Die gegenwärtige London Bridge, eine Betonkonstruktion von zweifelhaftem ästhetischem Wert, ist seit 1972 an ihrem Ort.

Überquert man sie, ist man in Bankside, Southwark, von den Zeiten der Römer bis Mitte des 17. Jahrhunderts Londons Rotlichtviertel und erster Vorort. Die Huren wurden »Winchestergänse« genannt, da die Bordelle sich auf Ländereien befanden, die einst zum einträglichen Besitz der Bischöfe von Winchester gehörten. Hier gab es auch Bullen- und Bärenhatz, Hahnenkämpfe, Spielhöllen und Lasterstätten aller Art, darunter Theater, deren berühmtestes das Globe war. Zum Glück ist das Globe kürzlich wiedererstanden, keine fünf Minuten weit vom Ort seines illustren Vorbilds, erbaut im elisabethanischen Stil und nach elisabethanischen Techniken (bis auf kleine Zugeständnisse an moderne Brandschutzvorschriften). Mittlerweile bestreitet es seine zweite Spielzeit.

Die riesige Hälfte Londons, die jetzt Bankside umschließt, ist wie Brooklyn für die Bewohner von Manhattan – für die meisten Londoner, die nördlich des Flusses leben und arbeiten, Terra incognita. Wir kennen davon nur, was sich entlang des Ufers erstreckt: Battersea Park und das Kraftwerk, die Old County Hall, das South Bank Centre, das National Theatre, das Bankside-Kraftwerk (das kurz vor der Wiedergeburt als riesiges, der zeitgenössischen Kunst geweihtes Nebengebäude der Tate Gallery steht), das Globe. An weniger Interessantem vorbei geht es zum prächtigen Royal Naval College in Greenwich.

Zurzeit entsteht dort sogar eine weitere Attraktion. Richard Rogers, der Architekt, der gehofft hatte, mit Hilfe einer überwölbenden »Glaswelle« die sozialistischem Zweckdenken entsprungenen tristen Betonklötze des South Bank Centre in Gebilde der Schönheit zu verwandeln (ein Projekt, das nun wohl an Geldknappheit scheitern wird), hat den Millennium Dome, die Jahrtausendkuppel entworfen.

Der Dome wird einen Durchmesser von 320 Metern haben, in der Mitte 50 Meter hoch sein, und eine Fläche von annähernd acht Hektar einnehmen. Er wird auf dem Gelände eines aufgelassenen Gaswerks in Greenwich stehen und so den Ort bezeichnen, an dem 1884 die Mittlere Greenwich-Zeit oder auch Weltzeit eingeführt wurde, und an dem daher das neue Jahrtausend amtlich heranbrechen wird.

Ein wenig östlich von der Tower Bridge auf dem Nordufer der Themse beginnt eine Landzunge, die sich bald eifrig gen Greenwich durchs Wasser leckt. Das ist die Isle of Dogs, die Hundeinsel, die in der sonderbaren Manier englischer Ortsnamen keine Insel ist und rein gar nichts mit den besten Freunden des Menschen zu tun hat – nur das, was sich Volks-Etymologen zusammenreimen.

Heute bildet die Isle of Dogs den größten Teil der Docklands, einst das pochende Herz des Hafens von London, Sitz der großen alten Docks, die Ende des 18. Jahrhunderts errichtet wurden – Symbole des Reichtums der Nation: die West India Docks, die London Docks, die East India Docks, das St. Katherine's Dock, das Royal Victoria Dock, die Royal

Albert Docks, das King George V. Dock – Namen, die in der Geschichte der britischen Seefahrt und des Handels immer noch einen guten Klang haben.

Aber die Docks wurden im Zweiten Weltkrieg schwer von Bomben beschädigt, über die Hälfte der Lagerhäuser wurde völlig zerstört. Die halbherzigen Anstrengungen, sie in den fünfziger Jahren wieder aufzubauen, wurden gestoppt durch ein dramatisches Wachsen der Handelsschiffe, das eine Verlegung des Londoner Handelshafens nach Osten zur Mündung der Themse hin erzwang.

Ende der sechziger Jahre schlossen die alten Docks eines nach dem anderen, und die Sanierung des Gebiets, die mit dem St. Katherine Dock ihren Anfang nahm, setzte ein. Aber erst im Jahr 1981 begann die London Docklands Development Corporation ein umfangreiches Projekt, um diese riesige, zunehmend verwahrloste Fläche neuen Nutzungen zuzuführen, angefangen bei Canary Wharf auf der Isle of Dogs.

Wie erfolgreich die Corporation gewesen ist – nun, das Urteil darüber steht noch aus. So ist zum Beispiel das Hauptquartier der regionalen und überregionalen Zeitungen (Fleet Street) in die Docklands umgezogen. St. Katherine's Dock brüstet sich jetzt mit einem Yachthafen für die schnittigen Vergnügungsboote der Reichen, seine kopfsteingepflasterten Gehwege führen zu Restaurants und schicken Boutiquen, seine früheren Lagerhäuser sind in Eigentumswohnungen für Millionäre verwandelt wurden (deren Wände, so heißt es, immer noch den diskreten Duft der Gewürze verströmen, die hier seit undenklichen Zeiten lagerten). Aber vom Fluss aus zeigt die Isle of Dogs eine Landschaft, die an das hässliche Downtown-Viertel einer modernen Stadt des amerikanischen Mittelwestens erinnert, einer Stadt von, milde ausgedrückt, sehr ungleichen architektonischen Vorzügen. Zu viel Büroraum steht immer noch leer: zu viel wirkt steril und verlassen. Außerdem sind, bis auf wenige Spuren, fünfhundert Jahre Geschichte verschwunden.

Die Themse ist 95 Meilen weit landeinwärts den Gezeiten unterworfen, mit einem Tidenhub von sieben Metern und einer so erstaunlich starken Unterströmung, dass ein Ertrunkener, der, sagen wir, bei der Westminster Bridge vom Sog unter Wasser gezogen worden ist, unter Umständen erst nach zehn Tagen wieder auftaucht, und dann in Wapping, sechs Meilen entfernt.

Der Fluss, der heute so harmlos wirkt, hat London in der Vergangenheit oft mit zerstörerischen und todbringenden Hochwassern heimgesucht. Die erste urkundliche Erwähnung eines Londoner Hochwassers datiert aus dem Jahre 1099: »Die Meeresflut sprang zu solcher Höhe und hat so viel Schaden angerichtet, wie sie in keines Menschen Gedächtnis je getan hat.« Besonders die Flut von 1236 kostete viele Menschenleben, und in der Great Hall in Westminster waren die Rechtsgelehrten gezwungen, ihre Wege in Ruderbooten zurückzulegen.

Die Chroniken der folgenden Jahrhunderte verzeichnen ähnlich katastrophale Vorkommnisse. Deshalb bauten die Viktorianer auf weiten Strecken des Flusses Ufermauern und Dämme – ein traditioneller Schutz vor Überflutung, aber einer, der die Geschwindigkeit des Flusses so erhöhte, dass er nicht mehr zufror, und die Frostkirmes mit ihren Belustigungen auf dem Eis verschwand aus den jahreszeitlichen Vergnügungen der Bürger. (Zum Ausgleich haben wir heutzutage breite Uferpromenaden für Spaziergänge auf beiden Seiten der Themse, und das zu allen Jahreszeiten.) Die Gefahr ist nicht vorüber. Sie hat, aus meteorologischen und geologischen Gründen, sogar zugenommen. Aber London hat heute gegen verheerende Springfluten einen mächtigen, mit einer Rüstung aus Beton und Stahl versehenen Schutz, das Themse-Wehr: 1982 fertiggestellt, ein Wunder an elektrohydraulischer Technik, das sich bei Woolwich Reach 520 Meter lang durch den Fluss spannt. Das Wehr hat vier Haupt- und sechs Nebenschiffstore, die sich beim Öffnen oder Schließen um 90 Grad drehen. Das Prinzip, so wird mir versichert, ist die Einfachheit selbst. Das mag schon sein. Ich bin's zufrieden, dass die Sperre funktioniert, und möchte nur hinzufügen, dass ihre sichtbaren Teile vom Fluss aus an die »Segel« des Opernhauses von Sidney erinnern und einen Besuch durchaus lohnen.

Nach inzwischen über zwanzig Jahren Reinigung ist der Fluss zu neuem Leben erwacht. 115 verschiedene Fischarten tummeln sich wieder in seinen Gewässern. Tausende von Kormoranen und Reihern sind zurückgekehrt, die Rivalen erboster menschlicher Fischer, denn jeder Vogel verzehrt pro Tag ein Kilo Fisch.

Wann immer und wo immer notwendig, pumpen »Bubbler« und »Vitality«, zwei wie schwimmende amerikanische Kühlschränke aussehende Spezialschiffe, frischen Sauerstoff in den Fluss. Und man sagt mir, dass ich sein Wasser gefahrlos trinken kann, was ich gern glaube, aber ungern versuche, da mich die vom Schlick verursachte Trübung abschreckt.

Die neue Regierung ist daran interessiert, die Nutzung des Flusses zu steigern – mehr Frachtguttransporte, wieder regelmäßiger Fährverkehr. Und es sind aufregende Pläne im Gespräch zur Sanierung der verblichenen leerstehenden Ufergebäude, darunter des riesigen, labyrinthischen Kraftwerks Battersea Power Station, das als Unterhaltungszentrum mit Hotels und Theatern wiedererstehen soll – weniger als anderthalb Meilen vom House of Parliament entfernt.

In den Jubilee Gardens, zwischen der ehrwürdigen Old County Hall und dem South Bank Centre, entsteht zurzeit ein gigantisches Riesenrad. Aber das Beste und Aufregendste in meinen Augen: Es wird bald eine neue Brücke ausschließlich für Fußgänger geben, die Millennium Bridge, die St. Paul's und die City mit der neuen Tate Gallery of Modern Art und dem Globe Theatre in Bankside verbinden soll. Ihr Design verspricht, dass sie bei Tag wie eine dünne Klinge aus rostfreiem Stahl und bei Nacht wie ein schmaler Lichtstreif aussehen wird.

Des Nachts hat der Fluss seine besonderen Schönheiten, in mancher Hinsicht dramatischer als die des Tages. Stellen Sie sich nachts dorthin, wo der Dichter Wordsworth einst stand, auf die Westminster Bridge, oder besser noch, auf die Waterloo Bridge, denn die überspannt eine Biegung des Flusses und bietet so eine herrliche Aussicht sowohl stromauf- wie stromabwärts. Sie werden Londons Baudenkmäler im Flutlicht aus dem Dunkel treten und in der Themse gespiegelt sehen, fest gegen den Himmel und glitzernd und gleitend im Wasser, zusammen mit den Millionen anderer Lichter auf beiden Seiten des Flusses, den Zeichen und Symbolen einer großen Metropole, die stolz ist auf ihre Vergangenheit und gespannt auf die Zukunft. Angesichts dieses Anblicks könnten Sie mit dem Dichter ausrufen: »Die Erde hat nichts Schöneres aufzuweisen.«

Rudolf Walter Leonhardt

SEHEN ALLEIN GENÜGT NICHT

Eine kleine Schule der Orientierung von einem, der viele Jahre in London gelebt hat: Weil die Stadt zu riesig und zu vielgestaltig sei, um sich einen Gesamteindruck zu verschaffen, empfiehlt Rudolf Walter Leonhardt, sie in überschaubare und zugängliche Teile zu zerlegen. Ein jeder habe seine Eigenart. Und doch warnt der Journalist: Wie in einem großen Organismus ist das Ganze immer mehr als die Summe seiner Teile.

»Neapel sehen und dann sterben« – das erschien mir immer als besonders traurige Art, eine Stadt zu rühmen. »Einmal noch möchte ich London sehen, ehe ich sterbe.« In dieser Form klingt die gleiche rühmende Sehnsucht schon viel weniger traurig. Wir finden sie so in Shakespeares Heinrich IV., wo der Satz einem Diener des Friedensrichters Shallow in den Mund gelegt wird.

Zweierlei ist daran bemerkenswert: Ein solcher Wunsch ist selten geäußert worden – und er ist unerfüllbar. Selten wird London aus bewunderndem Herzen als höchstes Ziel menschlicher Sehnsucht gepriesen. Häufiger sind Stimmen des Unwillens, auch unter Engländern. »Die Hölle stelle ich mir als eine Stadt wie London vor«, sagte Englands romantischer Lyriker Percy Bysshe Shelley.

Es bleiben noch immer genug, die sich trotzdem (oder gerade deswegen?) wünschen, London zu sehen. Man kann nur hoffen, dass sie sich dabei des Wortes »sehen« in einem recht unbestimmten und umfassenden Sinne bedienen, so etwa, wie wenn jemand sagt, dass er Amerika »sehen« möchte.

Wer an Neapel denkt, hat wohl das Bild des Vesuvs vor sich und des blauen Meeres; zwischen beiden, bergan steigend, die Stadt. Man erinnert sich an Paris und sieht in Gedanken die Straßen schnurgerade in vielen Richtungen von der Place de l'Étoile auslaufen. Hamburg, New York, Sydney, San Francisco, Tokio, Edinburgh, Reval, Moskau – sie alle haben gewiss auch weniger bekannte und darum möglicherweise besonders reizvolle Winkel und Eigenheiten; und doch ließen sie sich alle auf eine optische Formel bringen.

Nichts dergleichen gibt es für London. Denn welcher Aspekt dieser Monsterstadt wäre mehr als eben ein Aspekt, einer von vielen? Was dürfte den Anspruch erheben, typisch zu sein für London? Scheue Gestalten in finsteren Ecken unter den Irrlichtern der Leuchtreklamen am Piccadilly Circus? Die vornehme Reserviertheit der den Griechen und Römern nachempfundenen Fassaden in St. James's? Die dekorative Themse dort, wo Big Ben als Wahrzeichen des Parlaments auf den Palast des Erzbischofs von Canterbury blickt? Oder die fleißige Themse weiter ost- und stromabwärts, wo sie – anders als im West End mit Kais und Docks – noch wirklich eine Rolle im Leben der Stadt spielt? Die düstere normannische Festung des Tower auf dem Nordufer des Flusses? Oder die lichtdurchflutete Metallkonstruktion der Royal Festival Hall auf dem Südufer? Die vornehmen, von Touristen bevorzugten Geschäftsstraßen des Westens oder die schmutzigen, kinderstrotzenden Gassen im East End?

Der Besucher bringt aus London diese und viele andere Eindrücke mit nach Hause; aber je besser er London kennt, je länger er dort gewesen ist, desto chaotischer wird das Bild. Durch nichts lässt es sich auf ein paar einfache Linien reduzieren. Einen Eindruck von London gibt es nicht, und daher gibt es auch keinen registrierenswerten »ersten Eindruck«.

Will es der Zufall, dass einer von Harwich her im Bahnhof Liverpool Street eintrifft, dann sieht er ein ganz anderes London als derjenige, der, von Dover kommend, auf dem Victoria-Bahnhof aussteigt. Den einen führt sein erster Weg wohl durch die engen, dunklen Gassen der City; den anderen, am Buckingham-Palast vorbei, über eine breite Allee durch den Green Park; von einem dritten gar nicht zu reden, der weit draußen auf dem Londoner Flughafen einrollte, und nicht von einem vierten, der kühn genug wäre, auf der A-2 oder der A-20, also auf einer der beiden großen Autostraßen, von Südosten her durch die verstopften Vorstädte zu schleichen.

Da sagt wohl einer, das »eigentliche« London sei natürlich die City von London. Und historisch ist das gewiss richtig. Aber wie kann heute noch eine einzige Quadratmeile beanspruchen, für das eigentliche London zu gelten – eine Quadratmeile darüber hinaus, die in allem anders ist als die übrigen 692 und innerhalb deren Grenzen von tausend Londonern noch nicht einmal einer wohnt?

Wenn jemand große Geschäfte tätigen will, dann freilich interessiert ihn von ganz London möglicherweise nur die City. Aber damit nimmt sie keine Sonderstellung ein. Wenn nämlich etwa jemand, nachdem er große Geschäfte getätigt hat, krank würde, dann gäbe es für ihn wiederum nur eine Gegend, die ihn noch interessiert: die Harley Street. Ebenso gewiss wie jede Bank, jede Versicherungsgesellschaft, jede Schiffsmaklerfirma, die etwas auf sich hält, gut daran tut, in der City ansässig zu sein, ebenso gehört es sich für einen Arzt mit einem großen Namen, eine »Harley-Street-Adresse« zu haben.

Wer als Journalist um seines Berufes willen nach London geht, für den repräsentiert sich die ganze Stadt ebenfalls in einer einzigen Straße. Seit vor mehr als hundert Jahren die

Redaktion einer heute nicht mehr existierenden Zeitung beschloss, in die Fleet Street am Westrand der City umzuziehen, wurde diese Straße bald auch »die Tintenstraße« genannt – das Mekka des englischen Journalismus. Heute werden alle großen englischen Zeitungen (mit wenigen Ausnahmen) in Fleet Street oder doch in der unmittelbaren Nachbarschaft gemacht.

Paris hat seine Quartiers, und welches Quartier einer vorzieht, ist Geschmackssache. Welches Londoner Stadtviertel jemand aufsucht aber richtet sich danach, was er gerade vorhat. Das Vergnügungsleben kontinentaleren Stils zum Beispiel spielt sich in den Nachtclubs ab. Viele Jahre lang führte ich meine nachtlebenshungrigen Besucher immer in dasselbe Etablissement und fand es jedes Mal gut gefüllt und ziemlich teuer. Eines Tages war es geschlossen – pleite. Ich sprach darüber mit dem ehemaligen Chef des Unternehmens, den ich ja inzwischen kennenzulernen ausreichend Gelegenheit gehabt hatte, und er sagte mir: »Unsere Kalkulationen waren schon immer ganz knapp, sodass jeder nicht besetzte Tisch für uns ein Verlustgeschäft bedeutete.« Ich muss ein sehr erstauntes und ungläubiges Gesicht gemacht haben, denn er erklärte mir weiter: »Was uns schließlich kaputt gemacht hat, war die Miete. Für das gleiche Geld hätte ich bei uns draußen in Clapham Räume für zehn Clubs mieten können.« – »Und warum«, fragte ich naiv, »haben Sie das nicht getan?« – »Ich bitte Sie ... Wer ginge denn in einen Nachtclub nach Clapham!« Natürlich. Unter allen Eigenschaften, die von einem Londoner Nachtclub erwartet werden, ist die erste die: Im West End muss er sein (oder allenfalls im Künstlerviertel Chelsea).

Jeder Stadtteil Londons, jede Straße beinahe weckt Assoziationen und lässt sich mit bestimmten Funktionen verknüpfen: Whitehall – Politik; St. James's – vornehme Clubs; Shaftesbury Avenue – Theater und Lichtreklamen; Oxford

Street – Kaufhäuser für jedermann; Bond Street – vornehme und exklusive Geschäfte; Mayfair – Luxushotels (»Claridge's«, »Ritz«, »Dorchester«); Covent Garden – Gemüse oder Musik; Billingsgate – Fische; Aldgate – Kaftane und sonntags geöffnete kleine Läden; Golders Green – ausländische Akzente; Soho – Speiselokale, Prostitution, Exotik; und so weiter und so weiter.

Jeder Stadtteil Londons ist wirklich nur das: Teil eines ganzen, meistens ergänzungsbedürftiger und für sich allein genommen nicht recht sinnvoller Teil. Und das ist eben der Grund dafür, dass von all dem vielen, was in London zu sehen ist, nichts den Anspruch erheben könnte, »London« zu sein. Die einzelnen Teile sind viel zu weit voneinander entfernt, um sich zu einem Gesamteindruck zusammenfügen zu lassen. Sie sind voneinander völlig verschieden, wo sie verschiedenen Zwecken dienen; sie sind andererseits auch wieder dort einander verblüffend ähnlich, wo sie die gleichen Funktionen haben. Musterbeispiel dafür sind die Vorstädte, die Suburbs. Da sieht ein Doppelhaus mit Vorgärtchen aus wie das andere, und eine Straße ist der anderen zum Verwechseln ähnlich. Grund: Sie alle haben die gleiche Funktion; im großen Hause London sind sie die Schlafsäle. Die Teile lassen sich besichtigen, wie der Reiseführer das vorschreibt: Tower, Monument, Guildhall, St. Paul's, Big Ben, Westminster Abbey. Aber London lässt sich nicht »besichtigen«; denn London ist nicht die Summe all seiner Teile, sondern es ist das Funktionieren dieser Teile in einem riesigen Organismus. Man muss den Rhythmus fühlen, der die Londoner morgens aus ihren Schlafsälen treibt, durch die Arterien der Straßen und Untergrundbahnen zum Herzen der Stadt, das sich morgens zwischen neun und zehn zusammenzieht und alle Lebenskraft an sich saugt. Man muss es spüren, wie in der Mittagspause dieses mächtige Herz stillsteht und wie es sich am Abend dehnt und große Wellen hinausstößt in die Vorstädte. Mehr spielerisch und weniger kraftvoll wiederholt sich der gleiche Pumpenrhythmus noch einmal in den Abendstunden, wenn um acht die Theater und Vergnügungslokale des West End ihr Publikum einsaugen und drei Stunden später wieder auswerfen. Danach schläft der riesige Körper, und nur in den kleinen verrufenen Gassen bewegt ihn manchmal noch etwas wie ein Albtraum, kaum spürbar für den Unbeteiligten.

In Neapel mag das Sehen genügen und das Sterben, wenn es denn sein muss. London muss man erlebt haben; man muss mitgeschwungen haben im Rhythmus der Stadt, ehe man wirklich etwas von London weiß. Und was für einen Eindruck hat man dann? »Eindruck?« Hat man etwa einen »Eindruck« vom Leben? Nein, sondern man findet es aufregend oder langweilig, anstrengend oder erträglich, wunderbar oder schrecklich. Man reagiert auf seine Reize emotional, nicht optisch – wenn man überhaupt reagiert und nicht träge alles als selbstverständlich hinnimmt.

Auf London reagiert jeder anders. Die einen hassen London, denn sie hassen die Großstadt – und London ist die Großstadt par excellence; andere finden London langweilig, denn sie finden England langweilig – und England ist London. Wieder andere lieben diese Stadt, und sie können sich nach einiger Zeit schon gar nicht mehr recht vorstellen, dass es auch außerhalb von London ein Leben gibt. »Wer londonmüde ist«, sagte Dr. Johnson, »der ist lebensmüde; denn es gibt nichts im Leben, was es nicht auch in London gibt.«

David Nicholls

UNBEGREIFLICH LIEBENSWERT

Ist das nicht ein spannendes Gedankenexperiment: Was würde ich tun, wenn ich Bürgermeister meiner Stadt wäre? David Nicholls würde wahrscheinlich die Oxford Street schließen, auf jeden Fall aber die immer gleichen Coffeeshops und Imbissketten. Und dann in ein stilles Museum gehen, in eines der kleinen Cafés oder in die hübschen Stadtteile außerhalb des Zentrums. Oder immer entlang der Circle Line – aber zu Fuß!

Als ich ein Kind war und in einem eintönigen Vorort etwa eine Stunde von der Stadt entfernt aufwuchs, bedeutete London für mich nur eines – die Oxford Street. Ich liebte die Oxford Street genauso, wie die New Yorker den Broadway lieben, besonders während des Ansturms vor Weihnachten. Laut, verstopft, unglaublich glamourös – sie war alles, was eine Stadt jemals sein sollte oder konnte. Ich fand sie zauberhaft.

Jetzt, 35 Jahre später, fällt mir kein Fleck in dieser Stadt ein, den ich weniger leiden kann. Wie für die meisten Londoner ist die Oxford Street für mich ein Ort, den ich umgehe, wenn es sich irgend einrichten lässt. Die Champs-Élysées haben einen gewissen Glanz, der Times Square hat sein kitschig-protziges Auftreten, aber die Oxford Street ist nur ein langer, verschmutzter, überfüllter Tunnel voller unauffälliger Kettenläden und geisterhafter Coffee Shops. Sie ist, während ich dies schreibe, auch eine Baustelle, an den westlichen und östlichen Enden wird viel abgerissen, und kaum jemand wird dies bedauern. Mehr als jede andere Stadt, die ich kenne, befindet sich London in einem ständigen Kreislauf aus Abriss und Wiederaufbau, als würden wir noch immer damit kämpfen, diesen Ort richtig hinzubekommen.

Ich glaube, so kann man zusammenfassen, was die meisten Londoner von ihrer Heimat halten. Wir lieben sie leidenschaftlich, aber nicht wegen ihres Äußeren. Das öffentliche, populäre Gesicht dieser Stadt bringt uns eher in Verlegenheit: Leicester Square ist überfüllt und schmuddelig, Piccadilly Circus ist noch immer die berühmteste Straßenkreuzung der Welt. Wenn ich an den Menschenschlangen vor Madame Tussaud's Wachsfigurenkabinett vorbeigehe, möchte ich am liebsten schreien: »Warum seid ihr hier, wenn ihr bloß zehn Minuten weg seid vom Rosengarten im Regent's Park, wenn in der Sonne doch Hampstead Heath auf euch wartet? Wenn ihr euch die Rembrandts in Kenwood House oder den Ucello in der National Gallery anschauen oder auf der Golborne Road portugiesische Kuchen essen könntet?« Das wahre London, das beste London ist immer gleich um die Ecke.

Und dennoch können wir uns nicht vorstellen, irgendwo anders zu leben. Ich bin jetzt seit zwanzig Jahren hier. Als ich ankam, fand ich die Stadt völlig überwältigend. New York – wo ich ein Jahr studiert hatte – hatte seine ganz eigenen Schrecken, aber wenigstens war es möglich, sich zurechtzufinden. London war so ausgedehnt, so unpraktisch, der Stadtplan eine verrückte Krakelei. Selbst die Themse schien nicht in der Lage zu sein, geradeaus zu fließen.

Damals versuchte ich Arbeit als Schauspieler zu finden, das heißt, dass ich meistens arbeitslos war. In den ersten paar Monaten floh ich häufig aus meinem trostlosen gemieteten Zimmer an der Clapham Junction und fuhr auf dem Oberdeck der Busse herum. Dabei starrte ich auf einen

Stadtplan und versuchte, ein Gefühl für den Aufbau der Stadt zu bekommen. Manhattan hat trotz all des Lärms und der Hektik wenigstens eine gewisse Logik, Paris hat klar festgelegte Stadtgrenzen, aber London ist improvisiert, ein Straßenwirrwarr, das sich in alle Richtungen ausgebreitet hat. Eine Stadt, die Dörfer und Vororte aufsaugt, bevor sie ungefähr zwanzig Meilen vom Zentrum entfernt allmählich in eine struppige Landschaft übergeht. Wie konnte ich jemals hoffen, den Weg von Putney nach Shoreditch zu finden? Von Blackfriars nach Hoxton? Von Earls Court nach Tooting? Die Namen der unzähligen Stadtteile waren eine irre Herausforderung (das sind sie noch immer – aber ich liebe es, in einer Stadt mit einer Kreuzung namens »Angel« zu leben), die ganze Stadt war unbegreiflich.

Zwanzig Jahre später meine ich London besser zu kennen als die meisten und dennoch ertappe ich mich dabei, wie ich in einen Straßenmarkt stolpere, von dem ich noch nie gehört habe, wie ich an einem Park vorbeikomme, von dem ich nicht wusste, dass er existiert, und eine georgianische Häuserreihe versteckt hinter einer Sozialwohnungssiedlung entdecke. Selbst wenn ich hier noch weitere dreißig Jahre leben sollte, wird das so weitergehen. Londons Ausmaße sind zugleich Schwäche und Stärke. Ständig dehnt sich die Metropole aus, ständig verändert sie sich, und in genau diesen neu entdeckten Winkeln, meine ich, liegt die wahre Freude dieser Stadt.

Ich liebe etwa die schwermütigen Kanäle, die London zusammenhalten. Sie strömen durch die Industriebrache hinter King's Cross Station, durch den Studenten- und Touristenbasar von Camden Town, vorbei an der Georgianischen Eleganz von Primrose Hill und Regent's Park, bevor sie unterhalb von orientalischen »Juice-Bars« und Kebabverkäufern in der Edgware Road im Untergrund verschwinden. Der Regent's Kanal erscheint erneut in Little Venice, einer todschicken Hochburg vornehmer Stadthäuser und Kanalboote, bevor er unter dem gewaltigen Westway abtaucht in Richtung des touristenfreien, nördlichen Teils von Portobello. Auf solchen Wanderungen wird Londons andere große Stärke schnell ersichtlich: seine vielen Völker und Kulturen. Der Weg gen Westen entlang des Treidelpfads führt den Wanderer durch unverkennbar karibische, ägyptische, marokkanische und zypriotische Gemeinden, an die Lieblingsorte von Gruftis und Punks, Clubgängern und Rastafaris, Drogendealern und Botschaftern.

Richtung Osten wird der Kanal noch faszinierender. Man kann ihn nicht gerade schön nennen – einige der östlichen Teile sind rau und bedrohlich –, aber einen Tag lang dem Kanal zu folgen, mit Abstechern nach Norden und Süden zum Broadway Market und der Shoreditch High Street, das wird Besuchern mehr über die Stadt beibringen als die vielen Stunden in den Massen, die vor Harrods herumstehen oder die lebenden Statuen in Covent Garden. Mir ist klar, dass ich das Ganze hier nicht besonders gut verkaufe (»Wandern Sie am Kanal, er ist schwermütig und voller Industrie!«). Allerdings wird man sich erst in Gegenden wie Hoxton, Hackney, Shoreditch und Bethnal Green eines weiteren Phänomens Londons bewusst: das jüngste Wiederaufleben des Ostens.

Als ich zum ersten Mal nach London kam, war diese Gegend abends und am Wochenende menschenleer. Aber wie im Falle der New Yorker Lower East Side oder Kreuzberg wurde ein armer, vernachlässigter Teil der Stadt für schick erklärt, und die Studenten und Graphikdesigner und Hipster schienen über Nacht einzuziehen. Nun hat sich das Wiederaufleben ausgebreitet nach Süden bis Spitalfields, nach Osten bis Bethnal Green, nach Norden bis in das einst eintönige und ungeliebte Dalston. Nicht alle begrüßen diesen Wandel – viel von der markanten Atmosphäre ging verloren, viele Einwohner wurden durch die steigenden Mieten vertrieben, und es herrscht eine unbehagliche Spannung zwischen gutbetuchten Mittelständlern und Alteingesessenen. Spitalfields und Brick Lane Market hatten einmal eine schäbig-schrullige Atmosphäre mit Märkten für Menschen, die im Viertel lebten. Nun sind sie sauberer, glatter, und es ist nur eine Frage der Zeit, bis die Gegend so aufdringlich und kommerzialisiert wird wie Camden Town.

Jedoch lässt sich die Lebendigkeit dieses Ortes am Abend oder Sonntagnachmittag schwer bestreiten. Es gibt pfiffige, unabhängige Läden in der Shoreditch High Street, Redchurch Street und Chesire Street, und den Columbia-Road-Blumenmarkt, der – einst ein Geheimtipp – mittlerweile jeden Sonntagmorgen bis zum Bersten gefüllt ist. Noch immer stehen hier die Überreste des alten East End – die düsteren, wenig einladenden Pubs, die Bagelbäcker und die italienischen Cafés mit ihren Resopaltischen –, und es wird spannend zu verfolgen sein, ob die Gegend ihre unverwechselbare Atmosphäre bewahren kann, wenn sich aalglatte Hotels und Gastropubs und Cocktailbars niederlassen. Die Straßenschlachten vom August 2011 haben gezeigt, welch ungeheure negative Energie in den unbewältigten sozialen Gegensätzen liegt. Shoreditch blieb für mehrere Tage komplett geschlossen.

Manche sagen, London sei eine teure Stadt. Nun ja, da steckt ein Funken Wahrheit drin. Kommen Sie bloß nicht auf die Idee, am Flughafen ein Taxi zu nehmen, besorgen Sie sich lieber eine *oyster travel card* für alle öffentlichen Verkehrsmittel, es sei denn, Geld bedeutet Ihnen wirklich nichts. Bezahlbare Hotels im Zentrum sind Mangelware, und die besten Restaurants sind entweder bestürzend kostspielig oder komplett ausgebucht. Zum Glück steigt die Zahl guter, kleiner und preiswerter Stadtteilrestaurants.

Erstaunlicherweise sind die wunderbaren Museen derzeit

noch immer umsonst. Seit seiner Eröffnung ist das Tate Modern ein beliebtes Ziel – ein bemerkenswertes Stück Architektur, das zusätzlich noch in der Nähe von Borough Market, Globe Theatre und einen kurzen, aber spektakulären Spaziergang von der St. Paul's Cathedral entfernt liegt. Ich würde außerdem einige der weniger bekannten Museen und Galerien weiter außerhalb empfehlen: Dulwich, Whitechapel, die zwei White-Cube-Galerien und das Original, die elegante neoklassizistische Tate Gallery in Pimlico.

Auch gratis ist das vielleicht größte Vergnügen des Londoner Lebens – das Zu-Fuß-Gehen. Ich bin davon besessen. Ich gehe jede Strecke, die kürzer ist als, sagen wir, vier Haltestellen mit der *tube*. Es ist vielleicht ein wenig exzentrisch, aber manchmal verbringe ich einen ganzen Tag damit, der U-Bahn Circle Line zu folgen – ein grandioser, 18 Meilen langer Marsch, ein Rundgang durch Zentral-London. Die Franzosen haben ein Wort dafür – *flaneur*. Jemand, der durch die Stadt spaziert, um sie zu erfahren. Ich gebe ja zu: Durch Paris zu laufen, ist viel eher eine Augenweide, als durch London zu gehen, wo donnernde Straßen und namenlose Geschäfte die Viertel verbinden. Aber wer die Hauptstraßen verlässt, hat die besten Chancen, die kleinen Schlupflöcher des älteren, individuelleren London zu entdecken – Clerkenwell, Lamb's Conduit Street oder die unbekannteren Ecken von Soho oder West-London. Diese Stadtteile besitzen zwar keine richtigen Sehenswürdigkeiten, dafür haben sie ihre eigene Würze, den Geschmack einer lebendigen und arbeitenden Gemeinschaft.

Keine große Stadt kann für immer gleichbleiben – es ist der dauernde Zustand der Veränderung, der die Stadt überhaupt erst groß macht. Aber die größte Bedrohung Londons – und auch für New York, Paris, Berlin – ist eine schleichende, sich zusammenballende Verschandelung. Londons Pubs und die *greasy spoons*, die traditionellen Arbeitercafés verlieren den Kampf gegen die überall gleichen Kettenrestaurants und Supermärkte. Da geht es ihnen wie den Brasserien in Paris oder den Bagelbäckern in New York. Sentimental in die Vergangenheit zu schauen, ist allerdings ein schlimmer Fehler. Jeder, der einmal einen Abend in einem trostlosen, grell beleuchteten Pub verbrachte oder in einem *greasy spoon* mit englischem Frühstück und Übelkeit kämpfte, wird verstehen, wieso viele dieser Orte schließen mussten. Selbstverständlich werden große internationale Ketten einen Platz in der Oxford Street oder der Via del Corso finden. Das ist unvermeidlich, dort gehören sie hin. Aber diese Verhältnisse scheinen sich über London auszubreiten, sodass es mittlerweile kaum noch Unterschiede gibt zwischen Clapham Junction und Wood Green, Angel und Shepherd's Bush. Sollte ich eines Tages Bürgermeister von London werden – und die Chancen dafür sind gering –, meine erste Amtshandlung wäre es, einige der allgegenwärtigen Caféketten und Mobilfunkgeschäfte zu schließen, die die belebtesten Straßen der Stadt vereinheitlichen. Nicht alle, nur die Hälfte der Filialen von »Vodaphone« und »Pret a Manger« und »Starbucks« und »Tesco Express«. Dann würde ich die Mieten für unabhängige Geschäfte und neue, kleine Unternehmen senken – auf null. Ich weiß, das ist sehr idealistisch und nicht sehr wirtschaftlich gedacht, aber es scheint der einzige Weg zu sein, um zu verhindern, dass London und Paris und Berlin und New York sich nicht mehr voneinander unterscheiden lassen.

Zum Glück liegt das allerdings noch in der Zukunft. London bleibt eine bemerkenswerte, einzigartige Erfahrung, und es scheint im Moment eine seiner sporadischen Wiedergeburten zu durchleben. Die Theater, die Galerien und Restaurants wirken zurzeit alle lebhaft und optimistisch. Es ist ein guter Zeitpunkt, um London zu besuchen, und dann sind ja da auch noch die Olympischen Spiele, obwohl ich mir denken könnte, dass eingefleischte Londoner diese mit typischem Zynismus beobachten werden, sobald 2012 anläuft. Wenn Sie kommen, besuchen Sie auf jeden Fall Buckingham Palace, Piccadilly Circus, Trafalgar Square, St. Paul's Cathedral – sie alle sind auf ihre Weise wundervoll.

Aber das London, das ich liebe, ist woanders. Es ist der Raum voller Gipsabdrücke im Victoria and Albert Museum. Der Kaffee in der Berwick Street. Der »London Review Bookshop« – mein liebster Buchladen der ganzen Welt – im Schatten des British Museum. Es ist Ridley Road Market und Highbury Fields, unter freiem Himmel in den Teichen von Hampstead zu schwimmen und im Regent's Park an einem Sonntagmorgen einige Runden auf dem Rad zu drehen. Es ist der Old Red Lion Pub in Soho, Falafel bei Gaby's und dann ein Film in einem Curzon Cinema, das Lammkotelett des Lahore Kebab House in Whitechapel, durch alte Platten zu stöbern bei Selectadisk, die koreanischen Restaurants in der St. Giles High Street, der Blick von beiden Seiten der Hungerford Bridge, die Mittagsstände auf dem Exmouth Market. Eines Tages in ferner Zukunft werde ich vielleicht darüber nachdenken, London zu verlassen, aber es wird nicht aus Langeweile sein.

STREIFZÜGE DURCH DIE METROPOLE

Jeder Stadtteil ein eigener Kosmos

Raphael Honigstein

DER ROCK-'N'-ROLL-BASAR

Pink Floyd hat hier im Lokschuppen gespielt. Für Amy Winehouse welken ein paar Blumen vor dem Haus. Dazwischen liegen mehr als 50 Jahre Geschichte des Rock 'n' Roll, und Camden Town ist immer noch der Ort, an dem das Herz der britischen Popmusik schlägt. Raphael Honigstein hat es genau gehört.

»Camden Town: Inspiration oder Höllenloch?«, fragte die *Times* zwei Tage nachdem Amy Winehouse im Juli 2011 tot in ihrer Wohnung am Camden Square aufgefunden wurde. Die Soul-Sängerin verkörperte mit ihrer Liebe zur Musik und dem tragischen Hang zum Exzess die aufregende, nicht ganz ungefährliche Essenz des Viertels. Für das *Camden New Journal* war sie am Ende sogar zu »Camdens Maskottchen« geworden.

100 000 Menschen zwängen sich am Wochenende durch die Märkte und dunklen Nebenstraßen. Camden ist das kommerziellste Viertel jenseits der City und schämt sich dafür kein bisschen. Hier werden seit Jahrzehnten Trends und Bands geboren – und in Windeseile als T-Shirts und Poster weiterverkauft. Die Preise haben sich im Gegensatz zu so manchem Händler in der Regel gewaschen. Ein Foto vom Stand? »No way«, sagen fast alle, genervt mit der Hand wedelnd. Man hat Angst, dass Chinesen (und auch die lokale Konkurrenz) die Ideen stehlen.

Trotz des Massenansturms lebt die Szene weitgehend unbelästigt und feiert sich Nacht für Nacht selbst. Der Trick des

Untergrunds? Er versteckt sich in Ecken und Nischen, an denen zunächst nur die Gewöhnlichkeit außerordentlich erscheint. Camdens Prominenz – die alten Britpop-Rivalen von Blur und Oasis, Ozzy-Tochter Kelly Osbourne, Superstar-Model Kate Moss, Schauspielerin Kirsten Dunst (»Spider-Man«) – berauschen sich an der gänzlich unprätentiösen Atmosphäre in runtergerockten Pubs wie dem »Hawley Arms« oder »The Good Mixer«. Hier gibt es keine Türsteher, keine VIP-Bereiche, keine Berührungsängste, dafür aber grenzenlose Lust auf Musik, Alkohol und mitunter auch auf derbere Sachen. Ausgerechnet im grünen, bürgerlichen Nordwesten der City, umzingelt von der Schönheit von Primrose Hill, Hampstead und Regent's Park, schlägt ein harter, viel zu schneller und viel zu lauter Puls. Camden, das ist: Herzrasen.

Aber es gibt auch ein anderes, gelasseneres Camden; das der Literaten, des pittoresken Regent's Canal und der feudalen Villen. Die Wucht der Gegensätze könnte eine ganze Stadt erdrücken, doch das ehemalige Dörfchen hat sich mit seinem eigenen Wahnwitz bestens arrangiert. Die Widersprüchlichkeit ist ja tief verankert, wie die Geschichte zeigt: Der große Aufstieg des Viertels in den frühen siebziger Jahren begann mit seinem Niedergang.

Camden war im ersten Drittel des 19. Jahrhunderts, als der Kanal und die Eisenbahn die Gegend erschlossen hatten, ein wichtiger Handelsplatz. Zunächst zogen Pferde die Lastboote am Kanalufer gen Westen, später siedelten sich Warenlager an. Die Industrialisierung ließ arme, irische Einwanderer nach Camden strömen, die ihre Trinkkultur mitbrachten (viel und ausdauernd). Camden wurde zum überfüllten Kiez des Londoner Nordens, ein proletarisches Vergnügungsviertel. Charlie Chaplin trat 1912 in der »Bedford Music Hall« auf, ein modernes Tanzlokal wie heute der »Electric Ballroom«. Dichter und Schriftsteller wie Charles

Dickens, Dylan Thomas, George Orwell, Butler Yeats und Mary Shelley, die Autorin von »Frankenstein«, küsste in Camden die Muse. Der Siegeszug des Autos aber ließ nach dem Zweiten Weltkrieg den Stadtteil links liegen. Kanalboote spielten als Verkehrsmittel keine Rolle mehr. Die Lager wurden geschlossen, Teile des alten Camden für Sozialwohnungen abgerissen.

Mitten in diesen strukturellen Abschwung platzte in den sechziger Jahren die Gegenkultur des Swinging London, die viele leerstehende Gebäude für sich entdeckte. Das »Roundhouse«, ein ehemaliger Lokschuppen, bot im Oktober 1966 Pink Floyd die Bühne für »das erste Rock-'n'-Roll-Konzert Camdens«, wie Ann Scanlon in ihrem Buch *Those Tourists are Money: The Rock 'n' Roll Guide to Camden* schreibt. Die Rolling Stones, David Bowie, Jimi Hendrix und viele andere Größen folgten; die Doors gaben hier 1968 ihre einzigen Konzerte in London.

Drei junge, unternehmungslustige Londoner übernahmen 1971 das frühere »T. E. Dingwall's«-Holzlager gegenüber des Camden Lock, der Kanalschleuse, vermieteten Teile des Gebäudes an Künstler weiter und eröffneten einen Markt für Selbstgemachtes. Der Camden Lock Market wurde zum Fixpunkt der alternativen Szene und eine Attraktion für Londoner und Auswärtige. Eine Gesetzeslücke ermöglichte es den Händlern, auf dem Privatgelände auch sonntags ihre Waren zu verkaufen, während im Rest der Stadt die Geschäfte geschlossen bleiben mussten. Erst 1994 wurden die Ladenöffnungszeiten im Vereinigten Königreich allgemein liberalisiert.

Im Windschatten des Camden Lock siedelten sich im Westen sowie auf der anderen Straßenseite der Camden High Street zwei weitere Märkte an, die mit den Jahren zu einem einzigen, kunterbunten Freiluftmarkt verschmolzen. In einem Teil des »Dingwalls« eröffnete 1973 ein zweiter wichtiger

Konzertsaal. Spätestens als das altehrwürdige »Camden Theatre« 1977 zur »Music Machine« umgewandelt wurde und die aufkommende Disco- und Punkszene beherbergte, war Camden als Londons Lautsprecher etabliert.

Das »Music Machine«, 1982 in »Camden Palace« umbenannt, brachte Steve Stranges New-Wave-Partys und ein Jahr danach die junge Madonna zu ihrem Auftritt auf der Insel nach Camden. Wer brandneue Nischen-Genres zuerst hören wollte, egal ob Hip-Hop, Rare Groove, Acid House oder Jungle, pilgerte in den Palast, der heute »Koko« heißt.

1996, exakt dreißig Jahre, nachdem die Musik das Viertel gerettet hatte, revanchierte sich dann Camden, indem es die (britische) Musik rettete: Blur und Oasis, die ihre ersten Gigs in gepflegt versifften Pubs wie »The Monarch« und »The Dublin Castle« bestritten hatten, erfanden zusammen mit Trinkpartnern wie Elastica, Suede, Supergrass und The Black Grapes den »Brit Pop«. Camden wurde abermals zum musikalischen Epizentrum.

Drogen waren natürlich stets mit von der Partie und möglicherweise ein nicht unerheblicher Bestandteil der Attraktion. »Pulp«-Sänger Jarvis Cocker setzte dem Viertel in »Sorted for E's and Wizz«, einem Song über die von Ecstasy- und Amphetamin-Tabletten befeuerten Warehouse-Partys in den Neunzigern, ein kleines musikalisches Denkmal. »Der Piratensender sagte uns, wo es abging«, sang er, und »ich kaufte die Tickets von einem bekloppten Typen in Camden Town«.

Rund um die U-Bahn-Station dient die Gegend noch heute als Umschlagplatz für allerhand Rauschmittel: Die fliegenden Haschisch-Händler werden zwar alle paar Wochen von der Polizei vertrieben, kommen aber bald wieder zurück. Sie sorgen dafür, dass Camden trotz der Busladungen von Schülerreisegruppen *edgy* bleibt, wie der Londoner sagt. Eine Ecke mit scharfen Kanten, die auch weniger angenehme Zeitgenossen anzieht – wie den berüchtigten »Camden Ripper«, der 2002 drei Frauen ermordete.

Am Tag nach dem Tod von Amy Winehouse sind rund um den Markt zahlreiche Straßen abgesperrt, viele Touristen bleiben stehen und machen ein Souvenirfoto vor dem blauweißen Polizeiklebeband. Ein Bobby schaut leicht amüsiert zu. »Hat nichts mit Winehouse zu tun, hier war gestern Nacht nur eine ganz normale Messerstecherei«, erklärt er auf Nachfrage.

Ein paar Straßen weiter, vor dem Haus mit der Nummer 31 am Camden Square: ein neuer Wallfahrtsort. Winehouse-Fans aus der ganzen Welt haben Blumen und Karten ausgelegt, aber auch Zigarettenschachteln und Bierdosen. »Camden wird ohne Amy leiser sein«, schreibt Roisin Gadelrab, die Musikredakteurin des *Camden New Journal*. Aber das stimmt nicht ganz. Am Tag der Beerdigung fällt die Totenwache am Camden Square so heftig aus, dass spätnachts die Polizei ausrücken muss. Amy hätte die makabre, zügellose Party wahrscheinlich gefallen.

Will Self

HEUTE HIP: CLERKENWELL

Die Stadt ist groß. Und immer, wenn die Spürnasen der Immobilienbranche ein neues Viertel als trendy ausgemacht haben, müssen die kleinen Leute, die Künstler, die Kreativen und die Kneipenwirte weiterziehen. Will Self kannte Clerkenwell schon, als es dort noch nach Schlachthof roch und die Fenster der Geschäfte zugenagelt waren.

London hat ein neues Soho. Clerkenwell – dieses Gewirr aus kleinen Straßen, Plätzen und Gassen, das ein Stück nördlich von St. Paul's an Bloomsbury grenzt – wird jetzt so genannt. Sie wollen wissen, was das bedeutet? Setzen Sie sich in die Jerusalem Tavern in der Britton Street, da können Sie die Künstler, Medienleute und Bohemiens beobachten, die sich diesen Teil des Großstadtdschungels seit ein paar Jahren zum Hauptquartier der Trends erkoren haben. Und die alten Reihenhausviertel Shoreditch und Hoxton nordöstlich davon sind das Hinterland, aus dem die neuen Flaneure kommen.

Ich lernte Clerkenwell in den frühen achtziger Jahren kennen, als ich die Universität verließ und für den *New Statesman* arbeitete, eine linksliberale Tageszeitung, deren Redaktion nicht weit von Clerkenwell Green lag. Damals war der Bürokomplex über der U-Bahn-Station Farringdon noch nicht gebaut, und die Redaktionen und Druckereien der großen britischen Zeitungen befanden sich noch immer in der nahen Fleet Street. Der Geruch von Druckerschwärze vermischte sich mit dem von Blut, der vom Fleischmarkt Smithfield herübertrieb; entlang der Farringdon Road hatten alte Männer Straßenstände mit zerlesenen Büchern aufgebaut. Es herrschte Rezession, und auch diese Gegend war nicht verschont geblieben: Viele Häuser waren heruntergekommen, viele Läden mit Brettern vernagelt.

Hoxton war damals noch eindeutig ein Arbeiterviertel. Seine Armut offenbarte sich in den eigenartig leeren Straßen. In London gibt es so viele Autos wie in keiner anderen Stadt Europas, doch die Menschen in Hoxton konnten sich keine Autos leisten.

Wie überall in London bekommt man am besten zu Fuß ein Gefühl für das Viertel, und in diesem Fall kann man angenehm durch einen alten Winkel einer uralten Weltstadt spazieren – und hat gleichzeitig Gelegenheit zu einer Biopsie dessen, was das zeitgenössische England antreibt, zu einer Analyse des Edelmetallgehalts jenes Rings, den das angeblich »coole« Britannien im Bauchnabel trägt. Es ist ein Spaziergang voller Kontraste.

Gleich hinter St. Paul's zum Beispiel, Christopher Wrens überkandidelter Kathedrale, stoßen Sie in nördlicher Richtung auf den Bürokomplex am Paternoster Square. Dieses Gebäude aus den sechziger Jahren wird in Kürze abgerissen, und wenn Sie durch die verlassenen Innenhöfe mit ihren Loggien aus schmutzigem, weinendem Beton gehen, können Sie Betrachtungen über das Auf und Ab des Geldflusses in dieser internationalen Finanzstadt anstellen. Und Sie werden das unheimliche Gefühl haben, weit und breit der einzige Mensch zu sein. Doch nur ein kurzer Fußmarsch, immer nach Nordwesten, und Sie sind im pulsierenden Leben von Clerkenwell Green: Galerien, Cafés, Boutiquen – das Epizentrum des neuen Soho.

»Maklergeschwätz«, sagt Nick Reynolds zu solchem Gerede. Er ist 36, ein wild entschlossen und exzentrisch wirkender Mann mit schmalem Gesicht und langen blonden Haaren. Er lebt seit ein paar Jahren in Clerkenwell, gemeinsam mit zwei Partnern bildet er den Kopf von TARDIS, einem Verbund von Ateliers, Werkstätten, Büros und Veranstaltungsräumen, die die gemeinnützige Clerkenwell Artist's Association betreibt. Zur Kooperative gehören die Redaktionen zweier Stadtteilmagazine, Keramik-, Schmuck- und Modedesigner. »Wir haben sogar jemanden, der Strickmode für Calvin Klein entwirft«, sagt Reynolds stolz. Er hat auch ein eigenes Projekt: eine Serie von Büsten zeitgenössischer Persönlichkeiten, die er »Helden und Schurken« nennt – ich will nicht verschweigen, dass eine davon mich darstellt.

Reynolds ist ein Energiebündel. Doch an dem Tag, als ich ihn traf, war er erschöpft. In der Nacht zuvor hatte *The Idler*, ein britisches Kultmagazin, das sich dem Lob von Faulheit, Apathie und Langeweile verschrieben hat (und seinen Namen nach Samuel Johnsons Wochenschrift wählte), einen seiner berühmt-berüchtigten Raves veranstaltet, mit hämmernden Rhythmen, unglaublichen Varietényummern und der Art von Dekoration, die man seit den Tagen von Andy Warhol's Factory überwunden wähnte – an die Wand genagelte Aluminiumfolie etwa.

Den jugendlichen, anarchischen Charme von Clerkenwell sieht Reynolds inzwischen gefährdet. »Ich liebe das Viertel«, sagt er. »Es hat eine phantastische Atmosphäre, und ich habe zugesehen, wie es gewachsen ist. Als ich hierhergezogen bin, musste man seine Zigaretten noch an der Tankstelle kaufen. Jetzt bauen sie hier ein Multiplex-Kino mit fünf Leinwänden.«

So ist das, wenn eine Gegend in der Gunst der Stadt aufsteigt. Es gibt einen Begriff für dieses Phänomen der sozialen und architektonischen Aufwertung, das wie eine Welle über alle Viertel der Innenstadt hinweggegangen ist – von Notting Hill im Westen bis Hackney im Osten, von Stockwell im Süden bis Kentish Town im Norden: *gentrification*.

Bis in die sechziger Jahre befanden sich weite Teile der Innenstadt in Privatbesitz und waren vermietet. Wie ausbeuterisch viele Hausbesitzer vorgingen, ist daran zu erkennen, dass der Name eines dieser Immobilienhaie – Peter Rachman – Eingang in die englische Sprache gefunden hat: in Form eines Substantivs, das Wucher und schwindelerregende Mieten in Verbindung mit heruntergekommener Bausubstanz bezeichnet. *Rachmanism* nennt man in London noch heute die Ausbeutung von Mietern in verwahrlosten Wohnungen.

Die Macht der Rachmans wurde zum einen durch die Stadtteilverwaltungen gebrochen, die Häuser kauften, sie abreißen ließen und Sozialwohnungen bauten. Zum anderen waren da viele junge Paare aus dem Mittelstand, die heruntergekommene georgianische und viktorianische Häuser kauften und herrichteten. (Ein gutes Beispiel dafür ist das hübsche Reihenendhaus in Richmond Crescent, Barnsbury, das Anfang der siebziger Jahre die beiden jungen, ehrgeizigen Rechtsanwälte Tony und Cherie Blair kauften.)

Es war eine Bewegung, deren Anfang mit der Eröffnung von Terence Conrans Habitat-Möbelhäusern zusammenfiel. Dort gab es schlichte, moderne Möbel, die aus Skandinavien stammten oder vom skandinavischen Design beeinflusst waren. Die jungen Paare, die Häuser in Inner London renovierten, schliffen die Dielenbretter ab und wachsten sie, hängten kugelförmige Papierlampen auf und schliefen auf importierten Futons und Bettsofas. Das Image einer entschieden modernen, kosmopolitischen Bourgeoisie entstand.

Tatsächlich hat dieser Prozess der *gentrification* natürlich weder Anfang noch Ende. Die Viertel Londons haben das Auf und Ab in der öffentlichen Wertschätzung im Lauf der Jahrhunderte bereits unzählige Male erlebt. Clerkenwell, Hoxton und Shoreditch sind nur das jüngste Beispiel für einen aufblühenden Stadtteil.

Unter den Ersten, die diese Gegend nördlich der City neu entdeckten, waren viele Künstler. Sie fanden hier alte Lagerhausetagen, die wunderbare Ateliers abgaben, und Raum war vergleichsweise günstig. »Das hat eine Rolle gespielt, dass es hier billig war, aber vor allem mochte ich die Gegend. Das hier ist eine wirklich urbane Landschaft, während Chelsea oder Notting Hill doch eher Vorortcharakter haben«, sagt Marc Quinn, ein junger Bildhauer, der in der Farringdon Road Atelier und Wohnung hat.

Im Zentrum eines ganzen Viertels alter, zum Teil renovierter Lagerhäuser liegt die Curtain Road nördlich von Liverpool Street Station: Handwerker und Künstler arbeiten hier, und neu zugezogene *trendies* haben sich großartige Wohnungen eingerichtet.

Auf der anderen Seite der Old Street, rings um den Hoxton Square, hat sich eine ähnliche Gemeinschaft angesiedelt. Diese Gegend wurde von Joshua Compston »erschlossen«, einem jungen Kunstimpresario, Fotografen und Filmemacher, der auf dem Hoxton Square eine Veranstaltung mit dem Titel »A Fate Worse than Death – Ein Schicksal schlimmer als der Tod« organisierte, die es zu einiger Berühmtheit brachte. Es wurden dort Arbeiten zahlreicher Studenten des Goldsmith's College ausgestellt, die in den neunziger Jahren die Avantgarde der britischen Kunstszene bildeten. Joshua Compston starb im letzten Jahr, nachdem er mit Äther experimentiert hatte. Von den Konzeptualisten, die ihre Ateliers in Hoxton hatten – unter ihnen Sam Taylor-Wood, Sarah Lucas und Gary Hume –, ist nur Gavin Turk geblieben.

Nach den Künstlern kamen die Gastronomen. Schon früh hat der französische Koch Charles Fontaine das Potenzial der Gegend erkannt. Er betreibt das Quality Chop House in der Farringdon Road, auf dessen altmodischer Fassade immer noch »Progressive Working Class Caterer« steht – der Schriftzug ist das letzte Überbleibsel einer einst florierenden Kette von billigen Restaurants. Fontaine hat das buchstäblich verfallende Restaurant 1990 übernommen. »Ich war der Erste hier«, sagt er mit charakteristischer Bescheidenheit. »Mir gefällt es, ich habe sogar vor zu expandieren. Zwischen den Leuten, die hier in der Gastronomie tätig sind, ist ein echtes Gemeinschaftsgefühl entstanden. Wir treffen uns alle bei Garzzano, dem italienischen Delikatessengeschäft gegenüber. Nirgendwo in London bekommt man bessere italienische Lebensmittel.« Die Italiener sind schon seit 150 Jahren hier; Clerkenwell ist Londons altes italienisches Viertel.

Ganz in der Nähe von Garzzano, nur ein paar Häuser weiter in der Farringdon Road, steht das hässliche Bürohaus des *Guardian,* Englands ehemals führender liberaler Zeitung (heute gibt es keine liberale Zeitung mehr). Doch es gibt immer noch den Exmouth Market, obwohl er inzwischen wirkt wie ein Relikt: Nicht mehr als ein paar Buden mit Fisch, Kleidung und getrockneten Lebensmitteln, zeigt der Markt in seiner Beharrlichkeit sehr schön das wahre Wesen Londons, während ringsum die Metropole weitergerauscht ist.

Seit die Gegend als trendy entdeckt wurde, hält der Strom der Zuzügler an, die hier nach Wohn- und Arbeitsräumen suchen. Ich sprach mit Val Williams, einer Fotografiekuratorin, die mit ihrer Kollegin Anna Fox seit drei Jahren ein Büro am Hoxton Square betreibt. In dieser Zeit hat Val sich so in das Viertel verliebt, dass sie nun ein Festival organisiert, das Shoreditch Biennale heißen soll. Das Thema wird in diesem Jahre »Künstler und Archivare« lauten – »wegen der engen Beziehung, die hier zwischen Altem und Innovativem besteht«, sagt Val –, und auf dem Hoxton Square wird eine große Projektionsshow zu sehen sein.

So gibt es immer neue Attraktionen. Wie ein Pilz verändert sich die Stadt von Tag zu Tag. Viel Glück beim Entdecken! Und vergessen Sie nicht: Die Londoner sind oft missmutig, deprimiert und wenig hilfsbereit – aber wer wäre das nicht in einer Stadt, die unter dem Gewicht einer so langen Vergangenheit, und einer so drückend coolen Gegenwart lebt?

Chris Petit

MEIN SOHO

Scheitern, aufstehen, wieder scheitern: Soho war immer schon ein Ort der Niederlagen. Sogar ein Giacomo Casanova ließ sich hier foppen. Es braucht schon einen abgeklärten Experimentalfilmer wie Chris Petit, um in dem Stadtteil das zu erkennen, was er ist: ein zerfallender Raum im Zeitkontinuum. Aber ist es nicht auch so, dass ein Ort genau das sein muss, um sich immer wieder neu zu erfinden?

Soho: Das ist der Sumpf. Saufereien in Clubs am Nachmittag, Sex gegen Geld, Kellerkneipen spätnachts, ein schneller Espresso im Stehen und ein Happen zu essen an der Zinktheke der Bar Italia – man braucht auf solchen Ausflügen etwas im Magen. Soho ist das verantwortungslose Herz Londons; ich stelle mir Soho allerdings manchmal auch als Zeitzone vor, als einen zerfallenden Raum im Zeitkontinuum, als Loch zwischen den Stunden, in dem man sich verlieren kann, wenn alle anderen nachmittags in ihre Büros zurückkehren. Nur zu diesem Zweck existiert Soho: seinen *genius loci* gibt der englische Autor Patrick Hamilton so wieder: »Wir genehmigten uns einen letzten Drink und machten uns auf den Weg zur nächsten Kneipe, um noch einen Schluck zu trinken.«

Ich vertrage auch eine Kleinigkeit, ex und hopp, aber mit Langstreckentrinkern kann ich nicht mithalten. Einmal habe ich einen von ihnen beobachtet, der zum Schluss rückwärts von seinem Barhocker abbrach wie ein fauler Zahn – aber das war nach einer Tage dauernden Sauftour. In der Zwischenzeit bemühte sich sein Freund nicht sehr erfolgreich, von einem Münztelefon aus zu Hause anzurufen: Er verstreute sein Kleingeld, als er es aus der Tasche holen wollte, torkelte vornüber, um es wieder aufzuheben, verhaspelte sich, landete schließlich auf allen vieren und bellte gellend wie ein Hund in den Hörer.

Am Ende so einer langen Nacht ist Soho Unlust, nach Hause zu gehen. Manch einer verliert sich für Jahre innerhalb der Grenzen von Soho, manche nur ein oder zwei Nächte lang: die Mods zum Beispiel, über die Tom Wolfe in den Sechzigern schrieb, die sich damals vollstopften mit Pillen, um das ganze Wochenende über *high* zu bleiben, vertieft in endlos wiederholte abgemessene Tanzschritte in irgendeinem düsteren Kellerclub (heute sind sie vermutlich Großeltern und leben draußen in einem der Vororte). Wenn man nach einer in Soho durchgemachten Nacht mit einer der ersten U-Bahnen fährt, reist man in einem Geisterzug voller Alkoholleichen und reizbarer Zombies – Pendler auf umgekehrten Routen.

Soho ist keine normale Gegend. Die Leute, die hier leben und arbeiten, sind eigenbrötlerisch. Das mag daran liegen, dass Soho immer schon ein Einfallstor für Einwanderer war, für politische oder religiöse Flüchtlinge – Chinesen, Juden, Italiener, Malteser, Franzosen –, die sich nicht assimilieren wollten und so dem Zentrum Londons eine kosmopolitische Nuance gaben, die der Stadt bis vor kurzem fehlte. Ihr unauffälliges, fleißiges Dasein, ihre Einwandererbescheidenheit hat wenig mit den krasseren Seiten des Viertels, mit der Suche nach flüchtigen Abenteuern zu tun: Sie sind sparsam, arbeiten hart und entwickeln unternehmerische Initiative. Ihr Soho ist greifbar. Ein passendes Symbol für das andere, weniger eingrenzbare Soho, das Soho des Verfalls, des Nichtstuns, des Rausches und der Gottlosigkeit könnte vielleicht der wichtigste Orientierungspunkt des Stadtteils sein:

die Ruine der von der deutschen Luftwaffe zerbombten Kirche St. Anne's.

Eine lange Tradition der Toleranz hat in Soho den üblichen englischen Snobismus der Klassenschranken erst gar nicht aufkommen lassen. Hier mag man vielen Sünden begegnen; Überheblichkeit gehört nicht dazu. Diese Toleranz bedeutet aber auch, dass Soho längst nicht so gefährlich ist, wie es sich gerne gibt. Dem Viertel fehlen das aggressiv Heruntergekommene und die Atmosphäre zielloser Gewalt, die man in der Umgebung jedes größeren Bahnhofs spürt. Natürlich stößt man auch hier auf Ausnahmen. Der Massenmörder Denis Wilson etwa suchte sich seine Opfer im Golden Lion, dem Schwulen-Pub an der Ecke der Romilly Street; von dort aus nahm er sie für ihre letzte Nacht mit in die Vororte. Aber Soho ist dennoch überwiegend ziemlich harmlos, kaum mit dem zu Exzessen neigenden Nachtleben einer Stadt wie Berlin zu vergleichen. Der Arbeitston des Sexgewerbes ist hier resignativ, eher schmuddelig als schmutzig. Soft-Porno, nicht Hard-Core. Man fühlt sich auf Sohos Straßen nach Einbruch der Dunkelheit nicht bedroht.

Und trotzdem hat man eine andere Vorstellung von Soho, die eines Mahlstroms, eines Abflussloches, in dem jeder verschwinden kann, so wie Alice im Kaninchenloch verschwand. Selbstzerstörung ist hier die Dominante: Selbstzerstörung, Gerüchte und Klatsch bestimmen die Legenden und Mythen Sohos. Die historischen Gossen des Viertels liegen voll überlebensgroßer Alkoholleichen, darunter viele Schriftsteller und Künstler. Man hatte sie zwar vor der furchtbaren, ansteckenden Krankheit »Sohoitis« gewarnt, vor der vollkommenen Unfähigkeit, Soho wieder zu verlassen oder in irgendeiner Form zu arbeiten: Diese Warnung war aber meist außer Acht gelassen worden, was sich schon an der eher bescheidenen Werkliste der häufigeren Besucher ablesen lässt. Aber nichtsdestotrotz kann der selbstzerstörerische Witz, der sich hier an der Pub-Theke entfaltet, auch zu literarischem Ruhm führen. Das zeigt zum Beispiel der Erfolg Jeffrey Bernards, aus dessen Feder die wöchentliche »Low life«-Kolumne im *Spectator* stammt: Bernard wurde sogar Titelheld eines im West End sehr erfolgreichen Theaterstücks, das auf seine lebenslangen Erfahrungen als passionierter Trinker im Coach and Horses-Pub in der Greek Street zurückgreift: Auf der Bühne spielte ihn Peter O'Toole.

Bernard erhöht die englische Vorliebe für das Meckern zu einer eigenen kleinen Kunstform, er ist Experte im liebsten Spiel Sohos, dem Kneipen-Talk, zu dem großzügige Übertreibung und der geistreiche Witz auf Kosten anderer gehören. Bernard ist die niveauvolle Ausführung des traditionellen Soho-Neppers, wie er einem durch die Zeiten hindurch als Hökerer, Schieber, »heller Junge«, Schwarzmarkthändler, Falschspieler und Trickbetrüger immer wieder begegnet. Man sieht ihn heute noch auf den Straßen, auf der Suche nach potenziellen Opfern, wobei japanische Touristen wegen ihrer Bereitschaft, 160 Pfund für eine Flasche zweifelhaften Champagners und die Gesellschaft einer hübschen Hostess zu bezahlen, besonders beliebt sind.

Die Bewohner Sohos lassen sich, wie die aller Schwarzmärkte, gut unterteilen – in solche, die Ahnung haben, und solche, die keine haben. Die Profis wissen eben, wo was los ist, was man löhnen muss, wie man in die exklusiven Abfüllstätten gelangt. Ein Provinzler dagegen, der im Colony Club anruft, um sich zu erkundigen, wo denn genau in der Dean Street der Club sei, wird zu hören bekommen, er solle sich verpissen: Wenn er es nicht weiß, will ihn auch keiner dort haben. In Soho gedeiht das Cliquenwesen. Die neueste dieser Cliquen kann man im Groucho Club in der Dean Street antreffen: Er hat seinen Namen nach dem bekannten Aperçu von Groucho Marx, nie wolle er Mitglied in einem Club werden, der bereit sei, ihn als Mitglied aufzunehmen. Der Club wurde von den Newcomern der Medienszene gegründet, die in den achtziger Jahren Soho kolonisierten und ihre Drinks nicht im Pub um die Ecke trinken wollten. Soho hat schon immer ohne die soliden Fundamente bürgerlicher Viertel auskommen müssen, in denen Kneipen und Restaurants voller Leute sind, die ohne Zweifel dorthin gehören – beide Füße auf dem Boden, mit größerer Selbstsicherheit hingefläzt als die fluktuierende Bevölkerung Sohos jemals aufbringen könnte. Um das zu verstehen, sollte man sich Soho am besten nachts vom nördlichen Niemandsland um die Harley Street und den Cavendish Square her nähern. Von der Oxford Street nach Soho hineinzugehen ist, als ob man von einem Kai aus das Deck eines Schiffes betritt. Um dem Mangel an Stabilität zu begegnen, legt man sich zweckmäßigerweise den rollenden Gang eines Seemanns zu. Ich finde, dass eigentlich der angemessenste Zugang zum Viertel der durch das Tor am Ende der Manette Street in die Greek Street hinein ist: ein Grenzposten, ein Übergang, an dem man alle Verpflichtungen hinter sich lassen kann. Wenn man erst durch dieses Tor hindurch ist, kann man in der Regel das bekommen, was man haben möchte – zum entsprechenden Preis. Jahrhundertelang war Sex das Hauptgewerbe im Viertel. Wie viele Beischlafakte mag es in der Geschichte Sohos gegeben haben? Heute sicher weniger als früher. Die Prostituierten sind abgewandert, und die wenigen, die es noch gibt, arbeiten nicht mehr auf der Straße. Aber man kann immer noch Anzeichen des zitternden, nackten Herzens der Großstadt entdecken, das Soho einst war: knarrende, verwinkelte Treppen, hinauf in kleine Zimmer, die man, angelockt von ungeschickten Verheißungen eines handgeschriebenen Schildes unten am Klingelbrett, erklimmt; Männer, die nach schnellen Verrichtungen aus Türen huschen und die Schwelle schon mit Straßengeschwindigkeit überqueren.

Soho war früher die Art von Ort, vor dem einen die Mütter

warnten. Jetzt macht es eine ähnliche Entwicklung durch wie Covent Garden, es wird so niedlich, dass man seine Großmutter mitnehmen kann, verwandelt sich in ein weiteres Touristenmuseum und verliert dadurch immer mehr diesen Ruf von Ruchlosigkeit, der es so lange über Wasser gehalten hat. Es hieß einmal, Soho sei »das Mekka jeder der Menschheit bekannten Sünde«. Heute gibt es wegen der Verordnungen und Gesetze, die im letzten Jahrzehnt erlassen wurden, um das Sex-Gewerbe einzudämmen, nur noch ein Dutzend Hostessen-Bars, wo früher an die 100 waren. Durch diese Säuberung ist Soho für Leute attraktiv geworden, die es einst eher mieden: Immobilienspekulanten etwa und die Schickeria mit ihrem Geld – deswegen auch die sprunghafte Vermehrung teurer Restaurants und Boutiquen. Soho ist ironischerweise in die Hände von Kreisen geraten, die man die neuen Puritaner nennen könnte, enthaltsame, wohlhabende und karriereorientierte Menschen, die zum Mittagessen nur Mineralwasser trinken und das Restaurant rechtzeitig verlassen, um ihre Geschäftstreffen um 14 Uhr nicht zu verpassen. Diese *gentrification* lässt die alten Strukturen Sohos rapide verschwinden. Familien, die seit Generationen hier gelebt haben, werden jetzt durch Spekulanten vertrieben, ihre kleinen Läden – die Delikatessengeschäfte und Tabakhändler, die Soho zu dem gemacht haben, was es ist – müssen wegen der steigenden Mieten schließen. So wird nach und nach der familiäre Kleinhandel, der so lange typisch für das Viertel war, durch nichtssagenden Kommerzbetrieb verdrängt, der sich auch sonst in Großbritannien breitmacht. Indiz für diese Veränderungen ist zum Beispiel, dass vor kurzem Gaston Berlement in den Ruhestand ging, der Wirt des französischen Pubs in der Dean Street, der ein traditioneller Treffpunkt der *demi-monde* war und ist. Berlements Vater hatte die Kneipe 1914 übernommen, als es der vorige Besitzer, ein Herr Schmidt, bei Kriegsausbruch sehr eilig hatte, nach Deutschland zurückzukehren. Berlement selbst kam im selben Jahr in den Räumen über der Gaststätte zur Welt und wurde zum bekanntesten Gastwirt Sohos, zusammen mit Norman Balon, dem wegen seiner Ruppigkeit berüchtigten Wirt des Coach and Horses.

Bis weit ins 17. Jahrhundert hinein war Soho offenes, unbebautes Gelände – der Name leitet sich vermutlich von einem alten Jagdruf bei der Fuchsjagd ab. Die ersten Häuser wurden hier um 1660 von Thomas Panton gebaut, einem zum Grundstücksspekulanten gewordenen Glücksspieler, der (in Anbetracht des späteren Rufes von Soho) eine durchaus passende zwielichtige Figur war. Rund 100 Jahre später verliefen die Straßenzüge schon ungefähr so wie heute, lediglich die großen Avenuen, die Soho an den vier Seiten begrenzen, wurden später angelegt. Oxford und Regent Street, Charing Cross Road und Shaftesbury Avenue.

Eigentlich sind Sohos Grenzen aber eher imaginär – und beweglich. Obwohl es logisch wäre, dass oben die Oxford Street und unten das Chinesen-Viertel unterhalb der Shaftesbury Avenue nicht mehr dazugehören dürften, hat die Logik in diesem Fall nicht das letzte Wort. Während des Zweiten Weltkrieges hatte sich in den Pubs an der Charlotte Street, in einer Gegend nördlich der Oxford Street, die damals North Soho oder Fitzrovia genannt wurde, eine trinkfreudige Künstlerboheme niedergelassen, die dort eine Filiale Sohos ins Leben rief. Dort konnte man Dylan Thomas erleben, wie er dem eleganten, dandyhaften Julian Maclaren-Ross, einem zu Kriegszeiten bekannten Schriftsteller, dessen literarische Karriere ein Opfer der Sohoitis wurde, das Leben erklärte: »Gemein und niederträchtig muss es sein. Mann, das ist es!«

Der Katzenjammer der Nachkriegszeit vertrieb diese Boheme. Die wenigen Zurückbleibenden trauerten der verlorenen Kameraderie in den Pubs während des Krieges nach und beobachteten misstrauisch die Neuankömmlinge – humorlose junge Beatniks, die verbohrt den Existenzialismus predigten und zu Berühmtheiten einer neuen Jugendkultur wurden, die ihren Ausdruck in den Jazz-, Folk- und Westindischen Clubs und den Coffeebars von Soho fand.

Jeffrey Bernard beschreibt den ersten Eindruck, den er vom Soho der Nachkriegszeit hatte, als verzaubernd: »Es war eine Art Disneyland für Gammler. Man fand sie immer in einem Café, das stets überfüllt war von Künstlern, Dichtern, Freizeit- und Vollzeitphilosophen, Schriftstellern, Pennern, Herumhängern, einigen wenigen echten Bohemiens, Exzentrikern, Verrückten und hübschen Mädchen. Außerdem gab es Diebe, die damals wie heute Foyle's Buchhandlung plünderten. Zuhälter, Laufburschen der Buchmacher und Trickbetrüger. Es war himmlisch.«

Dieses Halbseidene gehörte von Anfang an zu Soho. Im 18. Jahrhundert gab es in der Berwick Street und in der Wardour Street berühmte Bordelle; in der Carlisle Street Nr. 7 hatte sich ein Haus für Flagellanten etabliert. Im Jahr 1760 begann die ehemalige Kurtisane Thérèse Cornelis im Carlisle House am Soho Square dekadente Soirées für die Aristokratie zu veranstalten. In der Nähe lag das White House, ein Bordell, das von den berühmtsten Libertins der Zeit besucht wurde (unter anderem dem Prince of Wales und seinen Gästen), »Themenräume«, einen Überfluss an Spiegeln und ein Skelettzimmer bot, in dem eine mechanische Attrappe aus einem der Schränke sprang.

Giacomo Casanova, der auch Vater eines Kindes von Thérèse Cornelis war, wohnte in der Greek Street bei einer Mrs. Mercier und verliebte sich in ein Mädchen, das ihn böse foppte und mit schwer verletztem Stolz nach Europa zurückflüchten ließ. Jean Paul Marat war häufig Gast im Old Slaughter's Coffee House, und Jean-Jacques Rousseau wohnte in der Lisle Street bei dem Philosophen David Hume. Im Jahr 1763 gab das siebenjährige Wunderkind Mozart sein erstes öffentliches Konzert in der Dean Street. Der eigenartigste dieser vielen ausländischen Besucher war vielleicht der Chevalier d'Éon, ein französischer Spion, der sich als Frau ausgab, damit sogar Casanova hinters Licht führte und selbst beim Duellieren noch Röcke trug. Die öffentliche Spekulation über d'Éons wahres Geschlecht erreichte in den siebziger Jahren des 18. Jahrhunderts ihren Höhepunkt: Über 100 000 Pfund Sterling waren zu dieser Zeit an Wettgeldern auf d'Éon gesetzt. Doch dann verließen die Reichen Soho und zogen in die neuen modischeren Vororte; von da an ging es auch mit dem Viertel bergab. Sein größter Sohn, der Dichter, Graphiker und Visionär William Blake – er wurde 1757 in der Marshall Street geboren und wohnte in der Poland Street –, erlebte Soho schon auf der abschüssigen Bahn, auf der es bis in die achtziger Jahre dieses Jahrhunderts blieb. Dieser Niedergang gab ihm aber auch eine romantische, etwas zwielichtige Atmosphäre. Der junge Percy Bysshe Shelley schaute sich hier um, auf der Suche nach etwas Aufregung, und Thomas De Quincey genoss in der Greek Street 58 zum ersten Mal Opium, das er vorher in der Oxford Street 173 gekauft hatte. Seine Autobiographie »The Confessions of an English Opium-Eater«, 1821 erschienen, weisen zum ersten Mal die Ingredenzien auf, die typisch für Soho werden sollten: Drogen, Prostitution, Lebensangst. Ein paar Jahrzehnte später, als Charles Dickens »Bleak House« schrieb, war Soho verkommen zu einem Reich der »gebrochenen Verräter, Feiglinge, Schläger, Spieler, Schwindler und falschen Zeugen ... jeder Einzelne mit größerer Grausamkeit in sich als Nero und mit mehr Verbrechen als im Zuchthaus Newgate«.

Sohos Goldene Boheme-Zeit war durch seine homosexuelle Subkultur bestimmt und dauerte von der Verurteilung Oscar Wildes zu zwei Jahren Zuchthaus wegen homosexueller Vergehen im Jahr 1895 bis zur Legalisierung der Homosexualität ungefähr 70 Jahre später. Das Aesthetic Movement, dessen bekanntester Vertreter Wilde gewesen war, fiel gemeinsam mit ihm in Ungnade und wurde durch eine robustere, aus Frankreich importierte Abart der Boheme ersetzt. Wahllose Frauenaffären und obligatorische Trunkenheit waren die am leichtesten auszumachenden Merkmale seiner Anhänger: beides diente aber auch einer gewissen Tarnung. So hatte der Dichter Algernon Charles Swinburne trotz seiner homoerotischen Neigungen die Nützlichkeit eines heterosexuellen Images in der Öffentlichkeit erkannt. Die Boheme besaß also eine dauerhafte homosexuelle Unterströmung, die in bestimmten, als Schwulentreffpunkte berühmten Pubs von Soho gedieh. Wegen ihrer Rolle als soziale Außenseiter und des ihnen aufgezwungenen Doppellebens wurden die Homosexuellen oft Opfer von Erpressungen: Soho war der Ort, an dem die Mittelklasse und die Oberklasse mit den kriminellen Elementen der arbeitenden Klasse in Kontakt kamen.

Diese Kontakte führten aber auch zu einem intensiveren kulturellen Austausch zwischen den verschiedenen sozialen Gruppen, als dies das erstickende englische Klassensystem normalerweise zuließ. Das Homosexuellen-Milieu bildete die Vorhut der sozialen Revolution der sechziger Jahre: Diese war sogar eigentlich schon von der besonderen homosexuellen Kultur der fünfziger Jahre in Soho mit ihren starken Elementen des Phantastischen vorweggenommen worden. Schlüsselfiguren dieser Kultur waren die schwulen Manager im Musikbusiness, die sich für die britische Popszene einsetzten und deren Hauptquartier vor der Invasion durch die Beatles und Liverpool in der Denmark Street lag, und die inzwischen vergessenen Hersteller von Herrenkleidung, Schöpfer der von John Stephen und der Carnaby Street nach 1960 kommerzialisierten Jugendmode. Carnaby Street und die Swinging Sixties waren die medienwirksamste Zeit Sohos, obwohl die Szene sich sehr schnell in die Hippie-Kolonien von Notting Hill und Chelsea verlagerte und das Viertel der nächsten Generation von Geschäftsleuten überließ. Die Pornohändler nutzten die neue, durch nachlassende Zensur entstandene Freizügigkeit und verwandelten Soho in eine einzige schmuddelige Peep-Show.

Soho bäumte sich ein letztes Mal auf, als Ende der siebziger Jahre der kauzige Malcom McLaren eine spektakuläre Version der alten Soho-Tricks vom Stapel ließ, indem er The Sex Pistols für eine ungeheure Summe an den Plattenkonzern EMI verkaufte und damit auch den Mythos der Soho-Boheme wieder aufleben ließ. Zu den frühen Treffpunkten der Punkszene gehörten auch die Übungsräume der Sex Pistols in der Denmark Street, das Cambridge Pub, Bangs und Louise's lesbische Bar in der Poland Street. McLarens gelungenes Gaunerstückchen bereitete den Weg für das Soho der Medienmacher in den achtziger Jahren, die versuchten, dem Nachtclubleben etwas von seinem alten Glanz wiederzugeben und das alte Soho der Fünfziger in Filmen wie »Absolute Beginners« zu glorifizieren – das 1959 erschienene Buch von Colin MacInnes, das dem Film als Vorlage diente, ist übrigens immer noch die wichtigste Quelle für das Soho der Nachkriegszeit. Fast 50 Jahre lang war Soho auch der wichtigste, englische Assimilationspunkt für amerikanische Kultur – das Nadelöhr, durch das sich alles zwängte, Jazz, Popmusik, Marihuana, Amphetamine und französische Reizwäsche. All das kann man bis nach Soho zurückverfolgen. Ohne die Konzentrierungseffekte Sohos – das Viertel ist nur eine Quadratmeile groß – wäre der Boom der wilden Sechziger nicht in der gleichen Weise verlaufen. Die größte Trickbetrügerei der englischen Populärkultur war, dass sie es schaffte, alles, was sie zuerst aus den Vereinigten Staaten importiert hatte, neu zu verpacken und an die Amerikaner zurückzuverkaufen. Wenn das kein Zeugnis des Unternehmergeistes von Soho ist, weiß ich nicht, was dann.

Andreas Weber

GOD SAVE THE GREEN

Und dann eine Insel. Ein Meer von Pflanzen, gläserne Paläste, die sich in das üppige Grün betten wie riesige, schimmernde Diamanten. Kew Gardens sind eine Huldigung der Naturwissenschaften an die Natur, die Trophäe einer Macht, der einst die ganze Welt untertan war – für Andreas Weber schlicht: der Garten der Gärten. Selbst ein Charles Darwin war hier ergriffen von Ehrfurcht vor der Schöpfung.

Das Personal des Botanischen Gartens Ihrer Majestät war immer schon ein bisschen speziell. Bauchfrei, in diesem Fall. Ziemlich zierlich für den schweren Motormäher, den sie vor sich herstemmt, die unbedeckten Schultern gerötet von der brüsken Sonne. Schweißperlen im Gesicht, während sie Bahn für Bahn die brüllende Maschine bändigt und das millimeterkurze Grün um einen weiteren Millimeter stutzt.

Alexandra Michalska ist zufrieden. Von dieser Mühsal dürfen andere träumen. Gestern hat sie Erde durchs Treibhaus gekarrt, dann sollte sie wucherndes Grün eigenhändig von den schlanken Metallsäulen säbeln, über denen Glaskuppeln emporwachsen wie umgestürzte Schiffsbäuche aus Kristall. Die Warschauer Agronomiestudentin macht die Kärrnerarbeit, aber sie ist hier. Hier, das heißt im Palmenhaus von Kew Gardens. Im wichtigsten Eisen- und Glasbauwerk der viktorianischen Epoche, im Zentrum des ersten unter allen botanischen Gärten, wo Charles Darwin forschte und Gestalter wie Lancelot »Capability« Brown dem Landschaftsdesign zum Durchbruch verhalfen. Kew Gardens ist die Referenz britischer Pflanzenverliebtheit, und alles zugleich: Paradies, Archiv und Arche.

Wie noch sieben andere angehende Landschaftsarchitekten, Gärtner und sogar Juristen schuftet die Polin drei Sommermonate – mehr um einen Mythos in sich einzupflanzen, als von den botanischen Kursen am Freitagmorgen viel mitzunehmen. Wer das Zertifikat von Kew vorweisen kann, hat es leicht mit Zukunftsplänen, sagt Alexandra.

Als die junge Frau den Gaszug zurückschiebt, haben die rotierenden Messer ein Stück geschichtsträchtige Erde rasiert. Kew war die Antwort des britischen Empires auf Versailles. Doch statt nach strenger Formalität und rationaler Bändigung des Organischen zu streben, folgte man hier einer Idee von Freiheit: Das Nützliche setzt sich von selbst durch und erschafft so Vielfalt und Schönheit,

Kew war niemals nur Zierde, sondern von Anfang an das agronomisch-botanische Fundament britischer Kolonialherrschaft. »Hier sollen alle bekannten Pflanzen der Erde wachsen«, ließ Prinzessin Augusta verkünden, als sie Mitte des 18. Jahrhunderts das Gelände umgestaltete. Kew wurde das Archiv der kolonialen Agronomie, die organisatorische Schaltstelle zur Transformation der belebten Erde. Von hier gruppierten Botaniker Nutzpflanzen dorthin, wo sie am meisten abwarfen, dirigierten Korkeichen in den indischen Punjab, sandten Tabaksamen ins afrikanische Natal, australischen Eukalyptus nach Afrika: Kews damaliger Direktor Sir Joseph Hooker rühmte die Institution als »botanischen Generalstab des Britischen Empires«.

Alt geworden, stehen die Bäume immer noch wie Schüler zum Appell. Enzyklopädisch sind sie aufgereiht gleich Statuen in den Fluren eines grünen Louvre, lebendes Spalier, das den Himmel zu tragen vermöchte: *Quercus ilex, Quercus robur, Quercus castaneifolia, Quercus suber* ... Eichengebirge aus aller Herren Länder. Hinter ihnen flattern die Blüten des »Japanese cherry walk«, drapiert nach Größe und Farbe, umgürtet von Feigen und Trompetenbäumen.

Die totale Vermischung der Gewächse, so bezaubernd anzusehen in den gestaffelten Fluchten der Parklandschaft, war Mittel, nicht nur Zweck. Systematische Naturwissenschaft und romantische Naturliebe wuchsen auf demselben Boden: Die Kathedralen aus Glas und Metall, die Alleen von duftenden Sträuchern sind die ästhetische Manifestation des Prinzips »Wissen ist Macht«.

Was fängt mit dieser Macht der heutige Direktor an? Was ist zu tun, wenn ein Viertel aller Pflanzenarten die nächsten 50 Jahre vielleicht nicht überlebt, aus ihren Biotopen gerissen auch von den Folgen jener totalen Agronomie, die Kew mit erfunden hat, um die nutzlosen Pflanzen durch die erfolgreichen zu beseitigen? »Man kann die damaligen Zeiten nicht mit heute vergleichen«, wehrt Sir Peter Crane ab.

Der Direktor empfängt unter den Porträts seiner Vorgänger. Elf nur, seit Queen Victoria ihren Lustpark 1840 in den Staatsdienst entließ. Man wird alt in dem Amt, zu dem es als royalistische Reminiszenz unweigerlich den Adelstitel gibt. Sir Peter trägt gestutzten Schnurrbart, blütenweißes Hemd und Krawatte – ein Botanikprofessor, der 1974 als junger Student das Unkraut von Kew jätete und seitdem nicht von der Sehnsucht loskam, wie viele hier: Ehemalige, die sich wiederfinden, lange nachdem sie die traditionsschwere Erde gehegt haben.

Etwas muss in ihrem Aroma sein, das alle, die darin graben, mit einer Art Eros infiziert. Mit der, wie Sir Peter es formuliert, besonderen Verschworenheit einer Stammesgemeinschaft, die weiß, dass sie immer noch im Zentrum des Planeten agiert. Wenn nun auch nicht mehr als Jäger, sondern als

Heger. »*All life depends on plants*« ist auf die Broschüren, die Tickets, die Plakate gedruckt. Die Fäden, die in der botanischen Metropolis von Kew zusammenlaufen, halten kein aufstrebendes Weltreich mehr zusammen, sondern das bedrohte Imperium der Pflanzen.

»Heute ist unser Ziel, die Diversität zu wahren«, sagt Sir Peter. Zunächst als botanische Pinakothek: 40 000 Pflanzenarten wachsen in Kew, im Freien, unter Glas, im Steingarten, in Sümpfen und Miniaturalpen, geheizt oder gekühlt – etwa ein Zehntel der Spezies, die weltweit vermutet werden. »Viele sind anderswo längst ausgestorben«, sagt der Direktor – etwa *Bromus interruptus*, ein Gras, das in England wild zuletzt 1963 gesichtet wurde.

So wird das Museum zur Zeitkapsel, wird selbst zum Samenkorn einer Epoche, in dem frühere Fülle überdauert. »Wir sollten uns alle Optionen offenhalten«, sagt Sir Peter – wer weiß, vielleicht spendet *Bromus* eines Tages einen lebensrettenden Stoff? Dass in den siebziger Jahren eine Seuche den asiatischen Reisbau nicht weitgehend vernichtete und zu einer Hungerkatastrophe führte, ist nur der Kreuzung neuer Setzlinge mit einer wilden Form zu verdanken – sie stammte aus einem winzigen Tal, das kurz darauf unter dem Wasser eines Staudamms ertrank. Um ihre Optionen zu verbessern, arbeiten Molekularbiologen in einem Labor auf dem Parkgelände daran, Verwandtschaftsverhältnisse zu klären: Sammler schicken Fundstücke ans Herbarium, wo sie auf dicke Papierbögen geklebt werden – sieben Millionen liegen bereits in Archivschränken. 98 Prozent aller bekannten Gattungen. Noch immer sind nicht alle Floren der Welt katalogisiert, und viele, die daran arbeiten, beschreiben die Details anhand der getrockneten Blätter von Kew – und geben damit nicht nur Fakten weiter, sondern botanische Fertigkeiten, die immer weniger junge Forscher beherrschen.

»Ich bin wahrscheinlich der einzige Samenmorphologe der Welt«, vermutet Wolfgang Stuppy in seinem kleinen Labor, vor dessen gläserner Wand die geschwungene Landschaft des Parks von Wakehurst Place gemächlich ausrollt. Der Deutsche arbeitet in Kews ehrgeizigstem Projekt, ausgelagert in die 200 Hektar eines Tudorsitzes südlich von London. Die Millennium Seed Bank soll nicht Katalog sein, sondern Refugium – ihre atomsicheren Tresorräume werden die Samen von 24 000 Pflanzenarten bunkern. *Der für 1000 Jahre Haltbarkeit gebaute Safe liegt im Keller eines hochmodernen 80 Millionen Pfund teuren Laborkomplexes. Forscher wie Stuppy versuchen zu ergründen, was ein Kern braucht, um aus seinem Dornröschenschlaf zu erwachen – eines Tages, wenn die Speicherkörner vielleicht die einzigen überlebenden einstiger Pracht sind.* Andere Kollegen, wie der Biologe Moktar aus Burkina Faso, versuchen genau dieses Szenario zu verhindern. Viele Menschen in Afrika etwa haben verlernt, wie die einheimische Akazie keimt, weil überall Eukalyptus steht, und verderben bei Aufforstungsprogrammen die Setzlinge. In Mali oder Namibia organisiert er deshalb Schulungen, denn »für manche Wildpflanzen könnte es bald zu spät sein«.

Doch zu spät wofür? »Gewiss wäre eine Welt denkbar, in der nur zwei Baumarten vorkämen«, sagt Sir Peter. »Aber«, fügt er hinzu, »wir müssen uns auch fragen: In welcher Welt wollen wir leben?« Dann lächelt der Direktor, weil er weiß, dass sein Garten selbst die Antwort ist. Dass er die Welt zeigt, in der Menschen leben möchten, sogar nach dem Tode weiterleben, auf diesen Holzbänken mit Widmungen wie *»In memory of Bob and Win Collett / 80 happy years in Kew«*. Diese glücklichen Jahre sehen aus wie Gemälde von John Constable, mit Lichtungen, die sich in der Stille zitternder Gräser und trockener Nesseln verlieren, in der Durchsichtigkeit eines Landfriedhofs.

So enthüllt gerade das Enzyklopädische des Parks eine Systematik des Gefühls. »Der Natur helfen«, war die Devise von Queen Caroline, die am Anfang der Pflanzungen stand: Aber Kew Gardens ist längst mehr. Der Park verwandelt sich in eine symbolische Arche, die nicht nur Pflanzen rettet, sondern auch bestimmte Arten, zu fühlen, zu riechen, zu schmecken: nicht ein grünendes Labyrinth aller nur denkbaren Empfindungen.

DIE EINWANDERER

Fremde in London?
Nein: Sie sind London!

Matthias Matussek

VON DELHI NACH ATHEN

Über 300 Sprachen und 160 Nationen, alle in ein und derselben Stadt: Das ist mehr als nur ein buntes Durch- und Miteinander. Es ist das Leben: Lärm, Weisheit, Wasserpfeife und Voodoo, portugiesischer Fußball und chinesische Medizin. Matthias Matussek hat sich auf eine Weltreise begeben. Mit der U-Bahn.

Das Haus spricht in vielen Sprachen. Es flüstert französisch, irisch, polnisch, jiddisch. Es ist voller Heimatgeschichten, voller Hilferufe, voller Sehnsucht. Voller Notizen, die auf Koffern kleben, die von Kinderhand auf Papierschiffchen geschrieben sind. »Hunger« steht da, oder »Übers Meer in die Sicherheit« oder »Keine Hoffnung«.

Ein dreistöckiges rotgeziegeltes Haus in der Princelet Street im Londoner East End, der klassischen Immigrantengegend, 1719 erbaut, kurz darauf erworben von der Hugenottenfamilie Ogier, die der französischen Glaubensverfolgung nach London entkommen war. Später hatten Juden im Garten eine Synagoge errichtet. Noch später kamen Moslems aus Somalia, aus Bangladesch.

Irgendwann verfiel das Haus und war abbruchreif, bis es jüngst als »Museum des Gewissens« gerettet und hergerichtet wurde. Das erste seiner Art in Europa.

An diesem Tag laufen Teenager aus Pakistan und Indien und Korea über die ausgebleichten Bohlen, beugen sich über Wiegen, Schuhe und Koffer. Auf einem Zettel steht: »Hör auf die Geschichte: um unserer Zukunft willen.« Und auf einem anderen: »Wir sind alle Einwanderer.«

Wie die Jugendlichen so dastehen, voller Respekt und friedlich vereint, ist es, als sei dieses Museum um sie herumgebaut worden. Als hätte die freundliche Mahnung, die es ausspricht, in ihnen Gestalt gefunden. Als sei es erst durch sie komplett, dieses Museum der Immigration.

Alle diese Kinder sind in London geboren. Sie haben mehrere Heimaten. Sie sind Weltbürger, die sich untereinander in einer Weltsprache unterhalten. Nur rund acht Prozent der englischen Bevölkerung sind nicht weißer Hautfarbe, doch fast die Hälfte von ihnen leben in London, dieser nicht endenden Megalopolis, diesem pompösen Empire-Theater, diesem gleichzeitig verblassten und verblasenen Weltmittelpunkt.

Das Häuschen in der Princelet Street ist ein Andachtstempel der frommen Wünsche und besten Absichten. Erdschwere hat es im Untergeschoss, in der Küche. Sie ist wiederhergestellt, so, wie sie gewesen sein könnte, als Madame Ogier mit ihren Tiegeln über der Feuerstelle hantierte.

»Die stärkste Erinnerung an die verlorene Heimat«, sagt Sunnyi, der Teenager aus Indien, »sind die Rezepte, die Küchengerüche.« So ist die Reise durch die Londoner Kontinente immer auch eine Reise durch die Küchen.

Sunnyi hat das »Sweet & Spicey« empfohlen, das um die Ecke in der Brick Lane liegt. Das heißt: in Bangladesch, Bengali wird überall gesprochen, hier, in den Frisörläden, den Musikshops, den Restaurants mit den scharfen Currys.

Im »Sweet & Spicey« sitzt man auf spinnenbeinigen Eisdielenstühlen an Resopaltischen und stopft in sich hinein, was man an Lamm und Huhn und Süßigkeiten serviert bekommt. Völlig schuldfrei, denn man sitzt unter einem Plakat der Zigarettenmarke »Embassy«, auf dem glutäugige und schnurrbärtige Ringer als Schönheitsideale posieren.

Der Clou des Posters: Alle diese Heldenmänner haben Hängebäuche. So schön kann dick sein! Sie zeigen ihre Bäuche voll Stolz, was wunderbar ist und ein Beleg für die Vorteile einwanderungsfreundlicher Gesellschaften: Es genügen nur ein paar U-Bahn-Minuten, und schon ist man dem westlichen Schönheitswahn und Fitnessterror entronnen, in dem alle Brad Pitts Waschbrettbauch haben müssen.

Die meisten Anrainer stammen aus der reichen Sylhet-Provinz an der Grenze zu Indien. Im Musikladen von Mister Haque holen sie sich die jüngsten Schlager von Stars wie Andrew Kishore oder Runa Laila, und bei ihm leihen sie sich seit 20 Jahren ihre Videos aus der Heimat aus.

Was so läuft? Liebe geht immer, Verbrechen, wenn es lustig ist, und Tugend, na ja, das hat nachgelassen.

»Moner Majhe Tumi« ist ein Blockbuster. Er erzählt die Geschichte des Sohnes eines Tagelöhners, der sich in die Tochter eines reichen Kaufmanns verliebt. Daneben ein weiterer Kinohit: Diesmal ist das Mädchen arm und der Junge aus reichem Haus. In beiden Fällen werden heftig die Augen gerollt, am Schluss wird geheiratet. – »Das ist der einzige Weg«, sagt Ahmed, der Anfang 20 ist. »Heirat.«

Er seufzt. Er packt den Klienten die Videos ein und rollt ihnen Kokosraspel, Anis, Süßkram in Blätter, auf denen die dann herumbeißen können, wenn das Happy End mal wieder, wie es in diesen Filmen üblich ist, hinausgezögert wird. »Es ist fast unmöglich, hier in der Nachbarschaft ein Mädchen kennenzulernen«, sagt Ahmed. »Die Eltern passen zu sehr auf.« Da ist es dann doch wieder gut, dass es außerhalb dieser Welt noch die andere gibt, mit Discos und Popcorn und Filmen, in denen vorehelich geküsst wird. Und die ist nur ein paar Straßen weiter. Gelungene Immigration bietet eben Vorteile für beide Seiten.

In einer Vielvölker-Metropole ist die Integration so wichtig wie die Grenze. Die einzelnen Metropolenstämme bleiben gern unter sich. Sie wollen Heimaterde in der fremden Welt. So gibt es in London nicht nur einen Nationalismus, sondern viele. Anders gesagt: Man hat immer eine Gruppe, auf die man herabschauen kann, besonders beim Fußball, und der ist schließlich das Leben.

Im »Café Estrella« im Portugiesenviertel von Vauxhall sitzt João über gegrillten Sardinen und erzählt, wie es war, hier vor den Fernsehern in jener Nacht, als er und Hunderte Landsleute mit Luis Figo die Europameisterschaft verloren. Tragisch natürlich, zunächst. Ausgerechnet gegen die Griechen. Dann allerdings fiel jemandem ein, dass die Engländer schon viel früher rausgeflogen waren, und dann wurde es doch noch eine trunkene, eine selige Sause.

Es ist ja nie so, dass Immigrationen spannungsfrei verlaufen, auch die nach London nicht. Die Leute von der Nationalen Front zum Beispiel würden die Insel gerne nach wie vor ausschließlich der sommersprossigen, rothaarigen englischen Herrenrasse reservieren. Ihr Banner ist das St. George-Kreuz. Und das hing in den Wochen des Fußballturniers nahezu aus jedem Fenster.

»Da war es einfach wunderbar zu erleben, wie es lange vor unserer Fahne eingerollt werden musste.«

João selber ist völlig vorurteilsfrei. Er findet, die ganze Welt sollte zusammenrücken. Allerdings, wenn er was nicht mag, dann sind es die Nigerianer und die Jamaikaner, die drei Busstationen weiter unten in Brixton wohnen. Die haben bei einem Freund eingebrochen.

Alle? »Nun ja«, sagt João. »Es waren zwei.«

Tja, dann fährst du also die drei Stationen und du bist in Afrika, auf einem Bazar, vielleicht in Khartum, Mango-Pyramiden auf den Gemüsekarren, fette Schnecken in Kisten, Ochsenfüße, und dazwischen Frauen in farbigen Gewändern, die das Geld unter ihren Turbanen hervorfischen, an den Handgelenken Cartier-Imitationen.

Bei Madame Rosalia gibt es all das, was es eigentlich nicht geben darf, weshalb sie immer nervöser wird über die weißen Reporter, die sich unter die Kundschaft ihres Voodoo-Ladens mischen. Da sind die Spaliere von altbekannten Heiligen im Schaufenster. Und dann all das, was auf der dunklen Rückseite der kanonisierten katholischen Lehre stattfindet, und das ist ziemlich beeindruckend.

Die Kundinnen, meist dralle Damen in den besten Jahren, wandern suchend zwischen den Regalen, zwischen Gebetslampen, Räucherware und Parfüms, die »Komm mit mir« heißen oder »Geld-Magnet«. Da ist Wasser aus dem Jordan und solches, das »Atlantic City« heißt und beim Würfeln hilft. Natürlich Liebesspray. Und dann die Familienpackung »Geh weg, Böses!«, die gerade um 20 Prozent heruntergesetzt ist, also ein absolutes Schnäppchen im ewigen Kampf gegen die Mächte der Finsternis!

Ob das hilft? – »Ich weiß nicht«, sagt eine der Kundinnen scheu. »Haben Sie es schon mal probiert?«

Das reicht. Die Reporter fliegen raus, hinter ihnen wutschnaubend Madame Rosalia, und draußen, am Cassettenstand, wo »Prince Abdullah« aus den Boxen dröhnt, lacht der Ghanaer mit den Schmucknarben im Gesicht und sagt: »Ich hab euch gewarnt.« Stimmt, hat er.

An der Straßenecke findet eine der beeindruckendsten Aufführungen von DVD-Hehlern statt, die dieser Tage zu sehen ist, eine begeisternde Ensembleleistung rund um diese Decke mit den DVD-Hüllen auf dem Gehsteig. Blicke, Griffe, gemurmelte Preise, ein Ballett aus Kundenschleppern, Geldempfängern, CD-Boten, Meldegängern – plötzlich ein kleiner Pfiff, und alle sind in der Menge verschwunden, und dann biegen auch schon die Bobbys um die Ecke. Im übrigen, João: Alle Kleinganoven waren weiß und sprachen nicht Nigerianisch, sondern Cockney.

Man lässt sich noch eine Weile treiben in Brixton und landet, ganz plötzlich, an der nächsten Demarkationslinie, der zu Lateinamerika. Die Fleischbraterei »Coma y punto« liegt wie eine Grenzstation neben einem schwarzafrikanischen Club. An die Wand ist eine Hazienda gepinselt, und drunter sitzt der Koch Albeiro, der in einem englischen Pub arbeitet, aber heute seinen freien Tag hat und gern erklärt, wie Fleisch richtig zubereitet werden muss. Wer wohin gehört, entscheidet letztlich immer der Bauch.

Der Bauch allerdings kann zum Problem werden. In Jia Feng Ans Praxis in Chinatown steht Su vor der Schubladenwand mit den Pillen und Kräutern, und statt einer Begrüßung feuert sie ihre Blitzdiagnose ab: »Sie sind zu dick.«

»Ich komme eigentlich wegen meiner Schulter.«

»Sie sind trotzdem zu dick.«

Der alte Professor An erscheint und holt den Klienten aus der Feuerzone ins Behandlungszimmer, noch bevor Su ihre Wundermittel an den Mann bringen kann. Während er erzählt, setzt er geschickt seine Akupunkturnadeln und verbindet einige mit einem Kabel, durch das schwache Stromstöße gejagt werden, um den Muskel zu aktivieren.

Zu ihm war Chinatown immer besser als China. An ist aus politischen Gründen nach London gekommen. Er hatte neben der traditionellen auch westliche Medizin studiert und war dafür in der Kulturrevolution geschlagen und in Arbeitslager gesteckt worden. Seine Eltern waren umgekommen. »Politik ist ein Monster«, sagt er.

Mittlerweile ist er britischer Staatsbürger, wohnt in einem Suburb. »Chinatown ist zu teuer geworden.« Aber er geht gern essen in einem der Dim-Sum-Restaurants zwischen den beiden Himmelstoren, die dieses Viertel in Soho eingrenzen. Und seine Praxis läuft gut. Mittlerweile sind es überwiegend Briten, die zu ihm kommen. »Für schnelle Eingriffe ist die westliche Medizin sicher geeigneter, aber für jene, die Zeit haben, ist unsere besser.« An wird noch eine ganze Weile praktizieren. Schließlich ist er erst 72, »kein Alter für einen chinesischen Doktor«.

600 chinesische Arztpraxen gibt es in London, doch es gibt nur wenige, die innerhalb von 30 Minuten dein Leben umkrempeln, wie diese, in der Su das Zepter führt. Sie hat schon ihr »Vorher-Nachher«-Buch gezückt, in dem die Behandlungserfolge dokumentiert sind. Sie blättert durch Baby-Fotos (Fruchtbarkeit!), ruft schließlich »hier« und tippt auf ein dickes chinesisches Mädchen mit Pickeln. »Und so sah ich nach drei Monaten aus.« Sie zeigt auf ein Studiofoto, das einem Schlagerstar gehören könnte.

»Und?«, fragt sie, und es klingt nach Stahl.

Na gut. Das Schultergelenk prickelt angenehm und ist schmerzfrei. – Befriedigt grummelnd schiebt Su Pillenschachteln über den Tresen. »Acht vor jeder Mahlzeit!« Dann zählt sie auf, was man nicht mehr essen sollte. Alles. Dann folgt ein Paket mit Tee, auf dem ein Drache abgebildet ist. Er sieht ihr sehr ähnlich – wann man das Foto gemacht hat? Su winkt unwirsch ab. Keine Zeit für Mätzchen hier, denn schon betritt der nächste Kunde den Laden und Su ruft: »Die Leber, es ist die Leber!«

Dieses Spalier von Männern an runden Tischen, diese Galerie von golden bepinselten Restaurantfenstern, diese Batterie von Wasserpfeifen auf dem Trottoir – das könnte Istanbul sein oder Beirut, wenn sich nicht immer wieder die roten Doppeldeckerbusse durchs Bild schieben würden. Die Edgware Road ist Londons reicher vorderer Orient.

In Beirut saß man in den achtziger Jahren weniger sicher. Deshalb ist Rubi mit seinem älteren Bruder damals hierhergekommen. Er zeigt die beiden Schussnarben im Oberarm. Jetzt hat er sein eigenes Café und fühlt sich sicher. Sicherer als drüben, auf alle Fälle.

Nicht, dass es nicht auch hier Ärger geben würde. Rubi denkt zum Beispiel überhaupt nicht daran, seine Frau im

Laden aushelfen zu lassen. Nicht, dass er etwas dagegen hätte, wenn seine Frau arbeitet, irgendwo. Prinzipiell gesehen. »Aber hier, mit den ganzen Mädchen, das würde nichts als Ärger geben«, sagt Rubi.

Da ist die blonde Serviererin Anna aus Polen, und Lidia, die sich um die Wasserpfeifen kümmert, kommt aus Litauen. Rubi schwärmt für die Osterweiterung der EU. Was die islamischen Brüder angeht, hält er sich bedeckt. Das Theater um die Fundamentalisten, um die britische Gefolgschaft Al Qaidas, hat seinem Geschäft nicht geschadet. »Unsere Kundschaft ist gebildet, das sind keine Rassisten.«

Ärger gibt es oben in Finsbury Park, wo Scheich Abu Hamza mit den Eisenhaken seine Jünger zum Dschihad gegen die Ungläubigen – auch gegen Briten – aufpeitschte. Die Nationale Front schickte Skinheads zu Protesten, die ganze Gegend war in Aufruhr. Mittlerweile sitzt er in Haft.

Hier in der Edgware Road haben solche Leute keinen Platz. Rubis Kundschaft sind Geschäftsleute wie Yussif aus Kuweit, der ebenso wenig wie Rubi nach dem Koran lebt, aber all die respektiert, die es tun. Friedlich.

»Natürlich muss das Palästina-Problem gelöst werden.« Aber wie? – Nun, die Männer, die hier in der Edgware Road an den Wasserpfeifen sitzen, reden über kaum etwas anderes als über Politik, die britische und die arabische, sie reden und ereifern sich, und Rubi winkt Anna herbei, lässt Weinblätter, Lamm und Lahmi-Mishwi-Spieße auffahren. Zwei Stunden später ist das Nahost-Problem gelöst und Sus Diätpläne sind über den Haufen geschmissen.

Höchste Zeit für den Tee.

Wo ließe er sich besser einnehmen, als bei einem jener Stämme in Londons buntem Gemisch, der sich um den Nachmittagstee herumorganisiert wie um ein heiliges Ritual.

Dieser Stamm grenzt sich noch deutlicher ab als die Chinesen in Soho, und seine Regeln sind weit unverständlicher als die in Rosalias Voodoo-Laden. Das Schöne: Er erlaubt noch imponierendere Bäuche als die der Bengalen im »Sweet & Spicey«. Es ist der Stamm der Cricketspieler im dörflichen London, im grünen Surrey zum Beispiel.

Sie treffen sich sonntags, sie kleiden sich weiß, etwa im »Ham & Petersham Cricket Club« von 1815. Man sollte gar nicht erst den Versuch machen, Cricket zu begreifen. Es genügt wohl zu sagen, dass manche Spiele drei Tage dauern. Wichtig ist die Einhaltung der Teepause. Nach einer ersten Spielhälfte begibt man sich in den Pub gegenüber, und macht sich über Muffins und Sahne her. Drei Dinge sind wichtig beim Cricket, weiß Matt, der Lehrer: gutes Wetter. Gute Typen. Gutes Pub. »Cricket ist so wahnsinnig englisch«, sagt der 18-jährige James. Er hat es in einer Privatschule gelernt. Es ist immer noch der Sport der Oberschicht, der Countryclubs, der Tories, überglänzt von einem spätkolonialen Abendlicht.

Eigentlich heißt James Sunit. Er hat indische, irische und südafrikanische Vorfahren. Seine Familie ist das frühere Empire. Dieser weite, generationentiefe Horizont – vielleicht ist das das Geheimnis dieses schönen Nachmittags, gleichzeitig das der großartig-internationalen Metropole London.

Hanif Kureishi

DEINE ZUNGE IN MEINEM RACHEN

***W**as ihr für tolle Straßen habt«, sagt die Schwester. Sie ist gerade in Heathrow angekommen und drückt sich die Nase am Autofenster platt. Später wird sie sehen, dass auch London kein Paradies ist – mit einer einsamen Mutter und einer Ladung von Idioten im Autobus, die ein Mädchen aus Pakistan anpöbeln. Hanif Kureishi erzählt eine Geschichte vom Leben zwischen den Kulturen.*

Ausgelaugt und dreckig, so fühle ich mich, und man hat mir gesagt, dass ich in den nächsten Tagen nicht baden soll, also bleibe ich dreckig. Gestern Morgen habe ich geweint: Eine Frau hat mich nach einer Adresse gefragt, für den Notfall, hat sie gesagt: Ich habe mir eine ausgedacht. Ich musste mich ausziehen, bekam einen weißen Kittel über; und fünfmal haben sie Temperatur und Blutdruck gemessen. Dann hat mich eine Krankenschwester im Rollstuhl in ein grünes Zimmer zum Arzt geschoben. Er nannte uns »meine Damen« und erzählte uns Witze. Ich merkte, wie sich einige Frauen darüber aufregten. Er war leider ein Inder, und er sah ganz seltsam zu mir herüber, als wollte er sagen: »Was machst du denn hier?« Aber vielleicht habe ich mir das auch nur eingebildet.

Ich musste mich auf den Tisch legen, und sie gaben mir ein oder zwei Spritzen in den linken Arm. Mir wurde heiß, und ich versuchte zu reden. Als ich wieder zu mir kam, lag ich im Weckzimmer, und eine Krankenschwester sagte: »Wach auf, Mädchen, es ist vorbei.« Der Arzt tippte mir mit seinem Zeigefinger auf den Bauch und sagte: »Gut. Sehr gut.« Ich spürte, wie ich aggressiv wurde.

»Machen Sie das mit jedem?«, fragte ich. Er sagte, er würde den ganzen Tag nichts anderes machen.

Um sechs haben sie uns geweckt, draußen warteten einige betreten aussehende, verschlafene Liebhaber. Ich nahm den Bus und fuhr zurück in meine Bleibe.

Ein paar Monate später haben sie uns rausgeworfen, und ich musste zurück in Mas Wohnung. Jetzt bin ich also wieder hier, schreibe, lege meine Beine auf den Tisch und sehe wahrscheinlich wie ein Künstler aus. Ich nippe an einem Glas mit Wasser und einer Zitronenscheibe. Ich schreibe an Mas Küchentisch, und um mich herum wachsen Kräuter in Blumentöpfen. Wenigstens sieht es hier sauber aus, auch wenn's ziemlich schäbig und armselig ist. Fotos von Mas Freundinnen aus der Labour-Partei und der Frauenunterstützungsgruppe hängen an der Wand. Blakes Bild von Newton neben Malereien von ihren Schulkindern. Überall liegen Bücher, Bücher über die Alexander-Methode und Bücher über die Suzuki-Methode und Bücher über sämtliche Methoden dieser Welt. Und dann ist da noch ihr Liebhaber.

Glaubt's oder glaubt's nicht, aber der radikale (haha!) TV-Stückeschreiber und stadtbekannte Trunkenbold Howard Coleman sitzt mir gegenüber, während ich ihn mit meinem Kugelschreiber beschreibe. Er liest eines seiner Skripts, raucht und blättert hin und wieder darin herum und hört nicht auf, über seinen eigenen Text zu kichern. Ätzend! Ma muss Gott sei Dank jeden Moment aus ihrer Schule für katholische Mädchen zurückkommen.

Dieses Tagebuch war Howards Idee; er meinte, ich solle aufschreiben, was so passiert. Meine Halbschwester Nadia kommt aus Pakistan, sie wird bei uns wohnen. Schreib's auf, hat er gesagt.

Wenn ihr Howard sehen könntet, so wie ich ihn jetzt sehe, ihr würdet euch biegen vor Lachen. Kein Witz. Er ist um die dreiundvierzig, und er trägt eine quietschende Lederjacke und Jeans, in denen ihm der Hintern zwischen den Kniekehlen hängt, dazu Turnschuhe mit Sohlen dick wie Matratzen. Er sieht aus, als wenn er sich noch nie in seinem Leben etwas Neues geleistet hätte. Falls doch, dann wirft er jedenfalls seine Sachen, sobald er sie eingekauft hat, auf den Boden, kippt den Müll immer darüber aus und springt dann in einem Paar schmutziger Knobelbecher darauf herum. Dreckige Klamotten gehören zu seiner politischen Überzeugung.

Aber jetzt kommt das Härteste. Howard raucht Selbstgedrehte. Er hat diese Blechdose vor sich und seine Blättchen, und mit seinen Wurstfingern rollt er den ganzen Tag lang Zigaretten, beleckt und befummelt sie, klopft sie auf den Tisch, zündet sie an, drückt sie aus und zündet sie wieder an. Dies Theater hört auch nicht auf, wenn er mit Ma im Bett liegt, wahrscheinlich dreht er sie auf ihrer Brust. Ich war einmal morgens in ihrem Zimmer schnüffeln, sein Aschenbecher stand neben dem Bett, Pariser obendrauf.

Scheiße! Er nickt mir wohlwollend zu, wenn ich schreibe. Bestimmt weil er so scharf darauf ist, dass der ordinäre Pöbel sich mit eigenen Worten Ausdruck verschafft, erst recht wenn es solche No-Futures sind, wie ich eine bin. Einen Tag schreiben wir, den nächsten stehen wir auf den Barrikaden. Howard besucht Ma jeden Freitag.

Eines muss man dir lassen, Held Howard, wenn du mit ihr ausgehst, dann ist es immer etwas Abgefahrenes, der neueste Club, das neueste Irgendwas (eine scharfe Sache für eine notleidende Lehrerin). Wenn du zurückkommst, hakst du ihr den BH auf und reißt ihr den Pulli hoch, während sie mit ihren Händen in deine Hose taucht. Ich hab euch mal dabei überrascht! Nach diesem kindischen Vorspiel verschwinden Mutter und Liebhaber dann im Bett und lassen eine halbe Stunde lang das Zimmer beben. Ich zünde eine Kerze an, mache das Radio aus und liege da mit Riesenohren. Schon komisch, wenn man hört, wie's die eigene Mutter treibt. Schreie und Keuchen und Grunzen, das klingt, als ob Howard einen Nagel in die Wand schlagen wollte. Und Ma hört sich an, als würde sie operiert. Manchmal habe ich mich gefragt, ob ich mit dem Erste-Hilfe-Kasten in ihr Zimmer rennen soll. Ist das mit den Freitagen was Besonderes? Er besucht Ma nur freitags. Samstage sind auf keinen Fall drin!

Wir wohnen im neunten Stock. Ich sage zu Howard: »Hey, Klugscheißer. Reiß mal deinen Blick für einen Moment von deinen eigenen Werken los und sieh aus dem Fenster.«

Die Siedlung gleicht einem Baugelände. Überall Bretter und Fensterrahmen – Eisenstangen, Zementmischer, Sand, Kies, Männer, die irgendeine Anmache schreien, und Mörtel, der unter den Schuhen knirscht.

»Und?«, fragt er.

»Ein Müllplatz. Nadia wird glauben, wir sind der letzte Dreck.«

»Meine kleine Nina«, sagt er. So redet der mit mir.

»Ja, mein großer Howard?«

»Warum sich schämen für das, was man ist?«

»Weil wir im Vergleich mit Nadia einfach ein Niemand sind, meinst du nicht?«

»Ich bin jemand. Du bist jemand. Und jetzt schreib weiter.«

Er streicht mit der Hand über mein Gesicht. »Du bist ganz schön aufgeregt, oder? Das ist eine große Sache für dich.«

Das ist es, glaube ich auch.

Mein ganzes Leben lang war ich ein Einzelkind in dieser Mietwohnung mit Ma, der Lehrerin für Schauspielunterricht. Ich war, um genau zu sein, ein Einzelkind bis zu meinem elften Lebensjahr, als Ma sagte, sie habe eine Überraschung für mich, eine der schönsten, die ich je erlebt hätte. Ich habe eine gleichaltrige Halbschwester in einem anderen Land. »Dein Vater hat eine Frau in Indien«, sagt Ma und zuckt bei dem Wort Vater jedes Mal zusammen. »Sie haben mit fünfzehn geheiratet, das ist da so üblich. Als er sich entschied, mich zu verlassen, weil ich für seinen Geschmack zu selbstbewusst bin, fuhr er ohne Umweg nach Indien und zu Frauchen zurück. Das war damals, als ich wusste, dass ich mit dir schwanger war. Seine andere Tochter, Nadia, wurde ein paar Tage später gezeugt, aber nur einen Tag nach dir geboren. Stell dir das vor, Liebling! Inzwischen habe ich gehört, dass er außer euch noch zwei Töchter haben soll!«

Ich habe nicht weiter an meine gleichaltrige Halbschwester in einem anderen Land gedacht, und wenn doch, dann nur, weil ich sie nicht mochte, und weil mir nicht gefiel, wie sie sich auf einmal in meinem Leben breitmachte. Bis ich eines Nachts plötzlich an Dad schrieb und ihn fragte, ob er sie nicht zu uns kommen lassen wollte, sie könnte ja bei uns wohnen. Ich stand auf und fuhr mit dem Fahrstuhl nach unten und ging über die Straße und warf den Brief ein, bevor ich es mir anders überlegen konnte. Die Nacht war eine meiner schlimmsten Nächte, und ich wünschte mir, Nadia würde kommen und mich retten.

An manchen Freitagnachmittagen, wenn ich nicht gerade zehn Seiten lange Hassbriefe an Discjockeys schreibe, macht Howard Phantasieübungen mit mir, ich muss mich auf den Boden legen, mir wie verrückt Dinge vorstellen und sie beschreiben. Echt sixties.

»Nina«, sagte er bei einer unserer Sitzungen, »du musst mal die Beziehung zu deiner Schwester aufarbeiten. Ich möchte, dass du mir Nadia beschreibst.«

Ich schalte durch die Fernsehprogramme in meinem Kopf – Howard hockt neben mir, Hand auf der Stirn, sendet Liebessignale. Ich sehe ein Mädchen unter einer Palme, sie liest einen Roman der Brontës und trinkt Joghurt. Ich sehe ein Mädchen, das mit meinem Vater schmust. Er erzählt Geschichten von Tigern und Elefanten und Rikschafahrern. Ich sehe ... »Ich kann nichts mehr sehen!«

Weil ich mir Nadia nicht vorstellen kann, ich muss sie sehen. So. Genau so kam die Sache ins Rollen. Ma und ich sitzen am Frühstückstisch. Ma kaut auf ihrem vegetarischen Käse. Für die Schule hat sie sich ein langes, sackartiges, purpurfarbenes Trägerkleid angezogen, dazu schwarze Strümpfe und eine schwarze Schleife in ihrem Haar. Sie sieht aus wie ein Teenager aus den fünfziger Jahren. Ma ist vor kurzem blond geworden und besieht sich ständig im Spiegel. Ich bin noch in T-Shirt und Slip. Ma ist nervös, wie immer, gestern hat sie am Telefon stundenlang mit Freunden über die Schule geredet. Sie versucht, mich für Kindesmisshandlung und gewöhnlichen Inzest im Zusammenhang mit Schulabschlusszeugnissen zu interessieren. Ich sage ihr, wie sehr ich es hasse zu essen, wie langweilig es ist, und dass ich es lieber nur einmal die Woche machen würde, um dann nichts mehr damit zu tun zu haben. »Aber der Gaumen ist ein sensibler Teil deines Körpers«, sagt Ma. »Du solltest ihn kultivieren, statt ihn ...«

»Hör bloß auf, mir eine deiner verdammten Vorlesungen zu halten.«

Die Post kommt. Ma öffnet einen Luftpostbrief. Sie liest ihn zweimal. Ich weiß, dass er von Dad ist. Ich reiß ihn ihr aus der Hand, gehe im Zimmer auf und ab, und lese: Ihr zwei Lieben, eine gute Idee. Nadia kommt am 5. Holt sie bitte vom Flughafen ab. Euer Angebot ist sehr großzügig. Gebt auf sie acht, sie ist das Kostbarste, was ich auf der Welt besitze.

In Liebe.

»Freue mich, Euch beide bald zu sehen«, hat Nadia unten drunter geschrieben.

Hmmmmmmm ...

Ma gießt sich Kaffee nach und überlegt. Sie hat diese fürchterlichen Kaffee-Exzesse. Ihr Magen muss aussehen wie abgewetztes Leder. Sie ist fest entschlossen, es sachlich aufzunehmen: keine Gefühle. Sie meint, ich soll den Besuch absagen.

»Es ist ganz einfach. Du schreibst ihnen eine kurze Notiz und sagst, es wäre alles ein Missverständnis.«

Und so habe ich reagiert: »Ich höre wohl nicht richtig? Wie? Kommt nicht infrage! Und warum auch?« Scheiße, ich könnte krepieren vor Wut, oft genug versucht habe ich es jedenfalls.

»Weil ich nicht darauf vorbereitet bin, Nina. Ich weiß wirklich nicht, ob ich deine Schwester kennenlernen möchte. Für mich symbolisiert sie nur den Verrat deines Vaters.«

Ich räume die Marmelade vom Tisch (ohne Zucker und Konservierungsstoffe).

»Symbolisieren?«, frage ich. »Sie ist ein Mensch.«

Ma zieht sich ihren Regenmantel über und sammelt die Hefte ein, die sie gestern Abend korrigiert hat. Beinahe hätte ich ihr gesagt, dass sie ziemlich gewöhnlich aussieht. Sie drückt mir einen Kuss auf die Stirn. Die Mädchen in der Schule vergöttern sie. Da jedenfalls ist sie ein Star.

Aber mir ist es ziemlich ernst. So ernst: »Ma, Nadia kommt. Oder ich gehe. Ich gehe hier aus dieser Tür und zurück zu Drogen und Prostitution, wie in alten Zeiten.«

Sie lässt ihre Tasche fallen. Sie setzt sich hin. Sie knallt ihre Autoschlüssel auf den Tisch. »Nina, ich bitte dich.«

Heathrow. Seit drei Stunden warten wir hier, Ma und ich, und vergraben unsere Gesichter in Krapfen. Wie befreite Gefangene strömen die Passagiere durch den Ausgang und beginnen den Spießrutenlauf vorbei an aufeinander losstürmenden Verwandten und schilderhochhaltenden Chauffeuren: Welcome, Ngogi of Nigeria.

Aber keine Nadia. »Mein freier Tag«, stöhnt Ma, »und ich verbringe ihn auf dem Flughafen.«

Aber dann. Sie ist es. Da kommt sie. Sie ist es! Ich weiß es! Ich hüpfe und winke wie verrückt! Ja, ja, nein, ja! Endlich! Mein Spiegel. Meine Schwester!

Wir umarmen Nadia, und plötzlich weint Ma, und ihre Nase läuft, und ihr Mund fängt an zu zittern. Ich weine auch, dabei weiß ich nicht mal, wen zum Teufel ich da eigentlich so fest an mich drücke. Bis ich mir verstohlen einen langen Blick auf dieses Mädchen gönne.

Du. Jeden Morgen nach dem Aufwachen habe ich versucht, mir dein Gesicht vorzustellen, und jetzt bist du hier, dein Kopf zuckt nervös hin und her, du sagst wenig, während wir dich mit Tränen überschwemmen. Mir wird klar, dass du jemand bist, von dem ich nichts weiß. Du machst mich sehr nervös.

Du bist kleiner als ich. Und nicht so hübsch, wenn ich das sagen darf. Größere Nase. Dunkler, natürlich, eine phantastische Mähne, als hätte dir jemand ein Stück Schokolade auf den Rücken geklebt. Ich hatte gedacht, warum weiß ich auch nicht (wahrscheinlich reines Vorurteil), dass du eure Nationaltracht tragen würdest, die Pumphosen, das lange Überhemd und die wehenden, hauchdünnen Seidentücher. Aber du trägst F. U. Jeans und ein verwaschenes blaues T-Shirt – du siehst aus, als kämst du aus Enfield. Aber das kriegen wir schon noch hin. Nadia sitzt vorne im Wagen. Ma sieht zu ihr rüber, so oft sie kann. Sie muss fragen, wie es ihrem Vater geht.

»Ach«, antwortet Nadia. »Dad! Wie immer. Danke. Hat sich überhaupt nicht verändert, Debbie.«

»Aber wir sehen ihn ja kaum«, sagt Ma.

»Ach so«, sagt Nadia nach einer Pause.

»Also wissen wir nicht«, sagt Ma und hebt ihre Stimme, »was du mit ›wie immer‹ meinst.«

Nadia sieht aus dem Fenster auf das grüne und graue, das gute alte England. Ich will nicht, dass Ma sich in einen ihrer Anfälle von schlechter Laune hineinsteigert.

Danach ungefähr ein Jahrzehnt lang keinen Pieps, dann platzt die pure Straßeneuphorie aus Nadia.

»Was ihr für tolle Straßen habt! So glatt, so breit und so lang!«

»Stimmt«, sage ich. »Die gibt's bei uns überall.«

»Wahnsinn. Wirklich? Überall?«

Kennen die da drüben noch nicht einmal diese Scheißstraßen?

Nadia flüstert. Wir beugen uns zu ihr rüber, um vom leiblichen Wohl ihres lieben Vaters zu hören. Wie oft der alte Mann doch neuerdings pissen muss, und wie er sich zwischen die Beine greift, wenn er aufs Klo rennt. Der traurige Zustand seines mürben Zahnfleisches und sein abscheulicher Mundgeruch. Wie gebannt starren Ma und ich uns dieses Herzchen an und wundern uns, wer das ist: so nahe und von meinem Stoff und doch so anders, erzählt uns von Dad mit einer unerhörten Intimität, die wir niemals teilen können.

Wir kommen zu Hause an, und sie sagt, in einem Akzent, so süß wie Sirup (der mich vor Freude aufjauchzen ließ, als ich ihn das erste Mal hörte): »Ich bin sehr müde. Wenn ich mich etwas ausruhen könnte ...«

»Schlaf in meinem Bett!«, schrei ich.

Vorher hatte ich Ma geschworen, dass ich es niemals aufgeben würde. Aber als meine Schwester mit uns durch die Siedlung geht und dann endlich in unserer Wohnung über dem Bauplatz steht, als sie sich die merkwürdigen Dinge ansieht und Mas Methodenbücher und Opernprogramme in die Hand nimmt, schmelze ich nur so dahin, ich schmelze. Ich werde ab jetzt im Wohnzimmer pennen müssen.

Aber für sie würde ich in der Toilette pennen.

»Dafür, dass ich in deinem Bett schlafen darf«, sagt sie, »will ich, muss ich dir etwas schenken.«

Sie zieht einen Teppich aus ihrem Koffer und überreicht

ihn Ma. »Der ist von Dad.« Ma legt ihn auf den Boden, betrachtet ihn aufmerksam, dann tritt sie drauf.

Und für mich? Ich bin schon immer ein begeisterter Anhänger von Krepppapier gewesen, und darin eingewickelt lag das pakistanische Kleid, das ich jetzt trage (mit handgemachten, zehfreien Sandalen). Es ist phantastisch: gelb und grün, aus dünnem Sommerstoff mit durchwirkten Goldfäden.

In ein paar Minuten muss ich meine Stütze abholen, und ich mache mich schon auf die Blicke im Amt gefasst, wenn die mich in dieser Aufmachung sehen. Ich halte euch auf dem Laufenden.

Ich schreibe dies vor meinem Zimmer, während ich darauf warte, dass Nadia aufwacht. Wie eine besorgte Krankenschwester klopfe ich alle fünfzehn Minuten vorsichtig an ihre Tür.

»Bist du wach?«, flüstere ich. Und: »Schwester. Schwester.«

Ich schwärme für dieses neue Wort. »Kann ich etwas für dich tun?« Ich glaube, ich bin verliebt. Endlich.

Ma bringt ihre Bücher in die Bibliothek zurück, damit ich mit ihr allein sein kann. Ma ist eine liebe Seele, aber ich schätze, das habt ihr inzwischen auch erkannt. Sie ist gütig und sanft und kann Gewalt und Unfreundlichkeiten einfach nicht begreifen. Sie glaubt, jeder wartet nur auf die Chance, zu einem anständigen Lebenswandel bekehrt zu werden.

»So ändern wir die Welt ein bisschen«, sagt sie, wenn sie mich an Wahltagen bei der Hand nimmt, um an fremde Türen zu klopfen. Doch solange ich mich erinnern kann, lebt sie am Rande eines Nervenzusammenbruchs. Vor Howard hatte sie andere Liebhaber, aber von denen hat es keiner lange ausgehalten. Sie war auf diesem liberalen Trip, dass Frauen Männer nur benutzen sollen, und deshalb waren die meisten verheiratet. Einer von ihnen war ein Mittelklasse-Labourpartei-Softie, ich hatte ihn Chubbie getauft.

Man konnte fast zusehen, wie die Männer die Flucht ergriffen, sobald sie in Ma diesen tiefen Brunnen der Begierde entdeckten, der danach schrie, von ihrer Liebe gefüllt zu werden. Und dann noch dieses Monster-Kind mit grünen Haaren, das sie wütend anfunkelte. Howard ist viel zu egoistisch und arrogant, um sich von Mas Bedürfnissen abschrecken zu lassen. Er ignoriert sie einfach. Ganz schön anstrengend, in diesem Paki-Aufzug rumzulaufen!

Ich gehe bei der Apotheke vorbei, um meine Drogen einzusacken, meine Tranqs. Jeanette, meine Freundin aus der Siedlung, kommt mit. Sie hat sich längst an meinen exzentrischen Stil gewöhnt – zum Beispiel an den Waschbärfellhut mit dem langen Kaninchenschwanz. Die Apothekerin in dem weißen Kittel nickt mir zu, als ich ihr mein Rezept gebe, und sagt zu Jeanette: »Spricht sie Englisch?«

Bin hingerissen von meinem neuen Ich, exotisch und geheimnisvoll. Mit dem Schal um den Kopf gehe ich ins Jugendzentrum und sehe aus wie eine Frau vom Land, mit Hühnern im Garten, die sich verlaufen hat.

In Sekundenschnelle umringen mich die Kommunisten und Berufsedlen. Ich nuschele in meinen Schal. Sie geben mir Flugblätter und Telefonnummern. Ich bin unterdrückt, wisst ihr, und saudoof, man schlägt mich, meine Eltern haben meine Hochzeit arrangiert, und später heißt es Witwenverbrennung für mich. Aber dann habe ich genug, und ich spiele Darts, eine Runde Billard und trinke ein paar Bier mit einer netten Lesbe. Wieder zu Hause, mache ich meiner Nadia Spaghetti mit rotem Paprika, geriebenen Karotten, Käse und Petersilie. Ich laufe nach unten und kaufe eine Flasche Weißwein. Als ich über die Straße renne, sehe ich ein paar Kids in einem vorbeifahrenden Bus. Sie sitzen oben im Doppeldecker und glotzen auf mich runter, ein Schwarzer ist dabei. Sie machen eine Sondertour zur Plattform am Ende des Busses, wo die kleinen Äffchen um die Haltestange schwingen, ihre Schnauzen aufreißen und rassistische Verwünschungen gegen mich schleudern.

»Curry-Stinker, Curry-Stinker, Curry-Stinker!«

Der Bus fährt weiter. Ich bin baff.

Endlich taucht sie auf, meine Nadia, verschlafen, Falten um die Augen und dunkel. Sie sitzt am Tisch, Wimpern kaum auseinander, noch nicht zu einem kleinen Schwatz aufgelegt. Ich bring ihr das Essen und ein Glas Wein, das sie mit erhobener Hand ablehnt. Ich werfe meinen Blick zwischen ihre Augenlider, aber sie sieht mich nicht an. Um das Schweigen zu unterbrechen, lege ich ihr eine Jazzplatte auf – Wynton Marsalls' erste. Ich frage, wie ihr die Platte gefällt, aber sie sagt nichts. Wahrscheinlich kann sie beim ersten Hören nicht viel damit anfangen. Ich beobachte sie beim Essen. Sie will nicht gestört werden.

Sie isst fast nichts und sitzt nur da. Ich gebe ihr ein Paar schwarze Levi's Levis 501, vorne zum Zuknöpfen. Und einen großen Kaschmirpullover mit Rollkragen (geklaut), außerdem noch eine schwarze Lederjacke.

»Probier die mal.«

Sie ist verblüfft. »So sollst du aussehen. Du kannst alle meine Sachen tragen.«

Sie rührt sich immer noch nicht. Ich dränge sie sanft ins Schlafzimmer und schließe die Tür. Sie hat Glück. Das ist meine allerbeste Jacke, verdammt noch mal. Ich warte. Sie kommt aus dem Zimmer, in ihren alten Klamotten.

»Nina, ich glaube, die sind nichts für mich.«

Ich weiß, wie ich meinen Willen durchsetze. Ich schieb sie wieder zurück. Sie kommt aus dem Zimmer, rückwärts. Hände auf dem Gesicht.

»Lass dich ansehen, bitte.«

Sie wirbelt herum, Arme ausgestreckt, mit fliegendem Haar.

»Na?«

»Schwarz passt zu deinem Haar«, bringe ich über die Lippen. Sie sieht besser aus als ich, kann ich nur denken. Sie sieht überwältigend aus, gefährlich, verletzbar, überlegen, mit ihrem Juwel in der Nase.

»Aber bin ich nicht ... wirke ich darin nicht ein bisschen zu hart?«

»Klar! Jetzt können wir gehen. Ein kleiner Spaziergang, okay? Sehenswürdigkeiten und so.«

»Ist es gefährlich ?«

»Natürlich. Aber ich habe das hier.«

Ich zeige es ihr.

»Mein Gott, Nina. Das passt zu dir.«

Ach, wie mich das quält, wie mich das vernichtet. Sie hat sich schon ihre Meinung über mich gebildet, dabei habe ich mit meinen Entschuldigungen noch gar nicht angefangen.

»Hast du das schon mal benutzt?«

»Nur zweimal. Einmal gegen einen Vergewaltiger in einer Kneipe. Und einmal gegen einen Schläger, der mich fragte, ob ich ein paar Juwelen für ihn übrig hätte.«

Ihr Gesicht nimmt einen sehr entschlossenen Ausdruck an. Sie sieht zur Seite.

»Weißt du, ich will Medizin studieren. Ich will Menschen heilen, nicht verletzen.«

Sie geht zur Tür. Ich stecke das Klappmesser ein.

Daddy, dies habe ich meiner Schwester gezeigt: Ich schiebe sie aus der Wohnung und über den Flur. Sie hört, wie der Wind durch die eingeschlagenen Fenster heult. Sie riecht den Gestank und hält die Luft an. Eingeschlossene Hunde bellen. Irgendein Idiot hat sich ein Schild vor die Tür gehängt: *Nich einbrächen, gibt nix zu klaun, bin schon alles losgeworn.* Und ein anderes Schwein hat: *Nina ist eine alte Schlampe* an die Wand gesprüht. Ich drücke den Knopf für den Fahrstuhl.

Ich habe sie gerade aus dem Gebäude raus, als das Schlimmste passiert. Drei Jungs, zehn oder elf Jahre alt, steigen aus einer Tür, die sie eingetreten haben. Nachbarn sehen zu und murren. Die Kids tragen einen fetten Fernseher, einen Mikrowellenherd und die Lieblingsturnschuhe von irgendjemandem unter ihren Armen. Der Kleine lässt die Turnschuhe fallen.

»Hey«, sagt er zu Nadia (es ist ihr erster Tag hier). Nadia zuckt zusammen. »Hey, willse die nich aufhebn?«

Sie sieht mich an. Ich summe eine Melodie. Das Lied heißt »Just My Imagination«. Diese Zwergblödmänner machen mir keine Angst. Aber der schlechte Eindruck bricht mir das Herz. Nadia hebt die Turnschuhe auf.

»Steck sie mir untern Arm«, sagt der Kleine und zeigt ihr seine Achselhöhle.

»Sind die nicht ein bisschen zu groß für dich?«, fragt Nadia.

»Verpiss dich.«

Dann sind wir draußen und im Freien. Wir gehen Richtung South Africa Road und General Smuts Pub. Kinder spielen Fußball hinter Gittern. Die alten Frauen in ihren dicken Mänteln sehen aus wie isolierte Boiler auf zu kleinen Füßen. Sie schimpfen vor sich hin und schieben Einkaufswagen mit Schokolade und Katzenfutter durch die Straßen.

Ich bin mittlerweile völlig verkrampft und würde alles sagen. Ich spüre so ein mächtiges Verlangen, alles sagen, alles erklären zu wollen, dass ich für sie den Führer durch mein Herz und meine Tage mache.

Ich erkläre (ich kann nicht anders): Hier passierte dies, und da passierte das. In dem Abbruch da wurde ich geschwängert. Von dem Typen mit Strohhut und gelbem T-Shirt habe ich schlechten Stoff gekauft. Da hat man mich überfallen, und durch diesen Park bin ich entwischt. Aus dem Laden habe ich Kugelschreiber geklaut, habe sie in meinem Motorradhelm verschwinden lassen (ein Motorradhelm eignet sich übrigens hervorragend zum Klauen, falls es euch interessiert). Dann stand ich da an der Ecke, mir war alles und jeder egal, und ich konnte nicht weitergehen und nicht stehen bleiben und nicht zurückgehen. Mein Motor lief leer, mein Getriebe hatte sich ausgekuppelt. Dann hatte ich einen Nervenzusammenbruch. Kommentarlos hört sie zu und nickt und schüttelt manchmal den Kopf. Ist da jemand drin? Ich fasse sie unter den Arm und lege mein Gesicht gegen ihrs.

»Ich erzähle dir, was ich noch niemandem erzählt habe. Ich will, dass wir alles voneinander wissen.«

Sie bleibt mitten auf der Straße stehen und vergräbt ihr Gesicht in den Händen. »Aber mein Vater hat mir von so wunderschönen Gegenden erzählt!«

»Was meinst du, Nadia?«

»Und du zeigst mir nur diesen Dreck!«, sagt sie. Sie berührt meinen Arm. »Es könnte so nett sein, Nina, wenn du dich bemühen würdest, mir etwas Schönes zu zeigen.«

Etwas Schönes. Wir werden mit dem Bus nach Osten fahren müssen, zum Holland Park oder in die Nähe der Ladbroke Grove. Da liegt Zuckerguss-London für die Reichen mit ihren *Konservierungsstoffen* in *Wintergärten*. Da gibt es *La*-Restaurants, Wein-Bars, Buchläden, da sind die Häusermakler reicher als die Ärzte und hübsche Menschen ganz in Schwarz, da bleiben alle jung.

Da gibt es Gesundheitsläden, in denen man Tofu kaufen kann, Nüsse, Naturjoghurt und Kräuterzahncreme. Da üben die süßen schwarzen Kleinen unter der Autobahnüberführung auf ihren Stahltrommeln für Karneval, sitzen die Alten draußen auf Apfelsinenkisten und rufen sich etwas zu. Da steigen die Dope-Dealer im Versace-Outfit aus den Vorortzügen, tragen Brieftaschen und versuchen den Slummern Stückchen von alten Autoreifen zu verkaufen.

Und da gibt's mehr Stars als Bettler. Zum Beispiel? Van Morrison in seinem weiten Mantel hastet nervös an uns vorbei. »Hey Van! Van? Willse nich Tach sagen?«, schrei ich über die Straße. Wie ein Köter mit 'nem Stiletto-Schuh im Arsch beschleunigt Van der Mann seine Schritte, als er mich schreien hört.

Sie sieht müde aus, also gehe ich mit ihr in Julie's Bar, wo's Zeitungen gibt und wir auf nett-gestrickten Kissen auf langen Bänken sitzen. Weiß der Teufel, was für einen schamlosen Preis die hier für eine Tasse Tee verlangen. Nadia sieht jetzt etwas besser aus. Wir sitzen da, ganz Freundlichkeit, und sie fängt an.

»Wie oft hast du unseren Vater gesehen?«

»Ich treffe ihn alle zwei, drei Jahre. Wenn er geschäftlich hierherkommt, steht ein Besuch bei uns in seinem Terminkalender.«

»Das ist lieb von ihm.«

»Das glaubt er auch. Kannst du mir etwas verraten, Nadia?« Ich rücke etwas dichter an sie heran.

»Wenn er nach Hause zurückkam, unser Vater, was hat er dann von mir erzählt?«

Wenn ich die Ereignisse nur nicht so herausfordern würde. Aber ihr kennt mich: Ein schlaffes Leben ist nichts für mich.

»Er machte sich Sorgen. Sorgen, Sorgen.«

»Scheiße. Dreimal Sorgen?«

»Er sagte ... nein.«

»Was hat er gesagt?«

»Nein, nein. Er hat nichts gesagt.«

»Hat er doch, Nadia.«

Sie sitzt da, hält ihre Klappe und starrt auf Filmregisseure in schlecht sitzenden Leinenanzügen.

»Erzähl mir, was mein Vater gesagt hat, oder ich gieß mir diese Teekanne über den Kopf.«

Ich hebe die Teekanne an und nehme den Deckel ab, damit es sich besser über-den-Kopf-gießen lässt. Nadia sagt nichts; genauer gesagt, sie sieht mich gar nicht an. Habe ich also eine andere Wahl, als mir einen Teefluss über die Birne zu schütten? Es tropft über mein Gesicht und von meinem Kinn. Es ist brennend heiß, kann ich euch sagen.

»Er sagte, ich geb ja schon nach, er sagte, du wärest wie ein wildes Tier!«

»Wie ein wildes Tier?«, frage ich.

»Ja. Und manchmal würde er dich am liebsten abknallen, um dich von deinem Elend zu erlösen.« Sie sieht starr vor sich hin. »Du hast mich danach gefragt. Du hast mich dazu gezwungen.«

»Der Arsch. Seine eigene Tochter.«

Ich sehe mich um. Diese Kneipe eignet sich ideal für einen »run«. Man wäre aus der Tür, über die Straße und in der U-Bahn, noch bevor die einmal Luft geholt hätten. Ich will Nadia einen entsprechenden Vorschlag machen, aber da ich ihr schon erzählt habe, dass ich heroinsüchtig bin, zwei Abtreibungen hatte und mir gerade eine Teekanne über den Kopf gegossen habe, sage ich lieber nichts; ich will nicht, dass sie einen schlechten Eindruck von mir bekommt.

»Ich hoffe«, sage ich zu ihr, »ich hoffe nur, dass wir auch befreundet und nicht bloß verwandt sein können.«

Was für ein Arsch mein Dad ist! Wildes Tier! Dabei ist er selbst kein Engel. Wie kann er nur so etwas sagen. Ich habe mich ihm bloß von der besten Seite gezeigt und die Handgelenke und Arme immer bedeckt gehalten. Jetzt muss ich ständig an ihn denken. Ich muss heulen.

So kreuzte er bei uns auf, mein Daddy, in den Tagen, als er uns noch besuchte.

Zuerst herrscht ein Tag lang Terror und Vorfreude und Vorbereitung. Wenn Ma und ich erledigt sind, weil wir die ganze Wohnung praktisch mit unseren Zungen geschrubbt haben, schiebt sich ein schwarzes Taxi, seltener als ein Krankenwagen, über den Horizont der Siedlung, Geschenke blitzen auf den Rücksitzen: Champagner, Fahrräder, Kleider, die nicht passen. Bücher, Träume in Schachteln. Dad strahlt in Seidenschlips und 10 000-DM-Anzug.

Nachbarn beugen sich über Balkongeländer, um ihre Augäpfel am Prinzen zu erfreuen. Zwei oder drei müssen schichtweise arbeiten, um die Beute nach oben zu buckeln.

Dann verschwinden wir mit dem Taxi, zischen zu Restaurants, in denen Dad den Manager kennt und die Speisekarten auf Französisch geschrieben sind. Dad erzählt uns Geschichten über fanatische Religiosität und übermütige Korruption, und wenn Ma sich beim Lachen ertappt, dann beißt sie sich fest auf die Lippen – warum? Ich denke mir, sie merkt, dass sie wieder mal vom Magnet seines Charmes angezogen wird.

Nach der Völlerei gehen wir in ein großes Musical, und Mum und Dad halten Händchen. Die letzten Musicals waren alle von Andrew Lloyd Webber.

Wir leben vom Besten; nur wenn Dad wieder abgefahren ist und wir uns wieder in unser altes Leben fügen müssen, dann ist uns manchmal nicht danach. Wir fühlen uns ziemlich daneben, sehen uns an und schlurfen mit unseren gewöhnlichen Füßen aufs Neue durch die ordinäre Welt. Warum muss er uns jedes Mal wieder verlassen?

Nach einem seiner Besuche gehe ich aus dem Haus, ich vermisse ihn. Wenn ich allein bin, dann rede ich mit ihm. Um fünf Uhr morgens komme ich zurück. Um acht steht Ma in meinem Zimmer, eine einsame Frau und so wütend und verzweifelt. »Bist du in Drogen und Prostitution verwickelt?«

Ich habe es mit Typen für Geld gemacht. Im Massagesalon macht jede so wenig, wie sie kann. Aber von den Typen hat mich keiner angeekelt, und wir haben unseren Spaß mit ihnen gehabt. Ma ist dahintergekommen, weil ich immer so viel Geld habe. Sie weiß Bescheid. Sie steht über mir.

»Ja.« Keine Ausflüchte. Ich sag es einfach. Ja, ja. ja.

»Habe ich mir gedacht.«

»So ist das Leben nun mal. Kann ich jetzt weiterschlafen? Ich soll um zwölf wieder bei der Arbeit sein.«

»Nenn das nicht Arbeit, Nina. Dafür gibt es andere Worte.« Sie geht. Und noch ehe ihr Wagen im Hof nicht anspringt, bin ich ins Bad gerannt, habe das Becken voll Wasser laufen lassen, Mas beschissenen Beinrasierer genommen, ihn mir in die Handgelenke gehackt, erst in das eine, dann in das andere, und nach den Adern gestochert. (Ihr solltet es mal probieren; es ist schwieriger, als ihr denkt: Haut ist zäh, und die Kehle zieht sich mit kotzsaurem Ekel zusammen.) Es hat die Sehnen erwischt, und sie mussten operieren, und alle waren genervt, weil ich ihnen so viel Schwierigkeiten bereitet hatte.

Wochen später versuche ich es auf eine andere Tour und schlucke dreißig Pillen und verschaffe mir einen Trip in Sureys Nervenklinik: Ich lege Puzzles, flechte Körbe und werde regelmäßig aus medizinischen Gründen vom Kunsttherapeuten gevögelt, der sich an seinem kleinen Finger einen langen Nagel wachsen ließ.

Selbstmord ist auch eine Art, um Entschuldigung zu bitten. Mit Nadia zum Tower von London, zum Monument, Hyde Park, Buckingham Palace, danach was Kulturelles mit einer Menge Perücken im National Theatre. Mit ihrem Geschwätz, das meinen Panzer bearbeitet wie Zucker den Zahnschmelz, hält Nadia mich von weiteren Bekenntnissen ab.

Ma schlecht gelaunt, leistet aber einen erstklassigen Job in Sachen Gastfreundschaft. Meistens nicht einfach, Nadia aus ihrem Zimmer zu locken.

Hockt jeden Tag Stunden im Bad und experimentiert mit ihrem Make-up. Und dann kreuzt Held Howard auf.

Ma noch nicht zu Hause. Früher Abend. Ratet, was passiert ist? Mir gegenüber sitzt Nadia auf dem Sofa mit Howard.

Sie sehen sich zum ersten Mal, und sie sitzt ihm schon fast auf dem Schoß. (Fast hätte ich »Scham« geschrieben.) Den ganzen Nachmittag habe ich mir schon dieses Treffen verwandter Seelen mitansehen müssen. Sie haben es mit der Politik. Worte prallen von den Wänden: Pluralismus, Demokratie, Theokratie und Benazir! Howards sämtliche Sinne stehen auf ihren Zehenspitzen! Der kleine Scheißer kann gar nicht fassen, dass im selben Körper (in schwarzem Pullover und schwarzer Lederjacke) so viel Intelligenz und Schönheit wohnten und Nadia trotzdem so phantastisch mit Fakten über die Dritte Welt jonglieren kann! Ich sehe, wie sie mit ihm redet, mit ihren Armreifen und ihrem Parfüm, wie sie kein einziges Mal mit mir geredet hat – gestikulierend!

»Howard, aus tiefster Seele sage ich dir, es ist ein korruptes Land! Sogar die Revolutionäre sind korrupt! Niemand hat mehr einen Funken Hoffnung!«

Er antwortet im Gegenzug, nachdem er unter dem Niagarafall ihres Redeflusses wieder aufgetaucht ist: »Nadia, kann ich dir etwas zeigen? Videos von den Sachen, die ich fürs Fernsehen geschrieben habe?«

Sie kann es kaum erwarten.

Keiner von uns hat sie hereinkommen sehen. Ma ist da, Mantel an, Tüten in den Händen, sie sieht Nadia und Howard, die so dicht beieinandersitzen, dass sich ihre Arme ständig berühren. »Hallo«, sagt sie endlich zu Howard. »He«, zu Nadia. Ma hat sich ein paar Blumen gekauft, die sie unter dem Arm trägt – Nelken. Howard steht nicht auf, um sie zu küssen. Außer Nadia fasst er niemanden an, und er ist mit sich sehr zufrieden. Nadia nickt Ma zu, aber ihre Augen fliegen zurück zu Held Howard.

Nadia sagt zu Howard: »Dem Westen ist es egal, ob wir ein undemokratisches Land sind oder nicht.«

»Ich bin erledigt«, sagt Ma.

»Tach jedenfalls«, sage ich zu ihr.

Ma und ich packen in der Küche ihre Einkäufe aus. Howard ruft Ma Fragen über die Schule zu, die sie nicht beachtet. Der Schaden ist geschehen. Yeah. Nadia hat Ma in ihrem eigenen Haus praktisch ignoriert. Ich merke, dass Howard nicht wohl dabei ist. Er will sich gerade aus seinem Sessel erheben, als Nadia ihm ihre Hand auf den Arm legt und fragt: »Wie arbeitest du, wenn du schöpferisch tätig bist?«

»Wenn ich schöpferisch tätig bin?«

Wenn Howard schöpferisch tätig ist? Mit fünf Wortküssen hat sie in Howard eine Nelsonsäule aus blankem Enthusiasmus errichtet. Wie sie arbeiten, wenn sie schöpferisch tätig sind, ist das Letzte, was man diese Typen fragen sollte.

»Sie verstehen sich wohl ganz gut?«, fragt Ma und beobachtet sie durch den Türspalt.

Ich lehne mich an den Kühlschrank.

»Warum auch nicht?«

»Nur so«, sagt sie. »Nur, dass dies hier mein Haus ist. Nur, dass alles, was ich außerhalb dieser Wände mache, reine Zeitverschwendung ist und mir keiner dafür dankbar ist, und dass sich keiner um mich kümmert, und jetzt bin ich noch aus meiner eigenen Wohnung verbannt!«

»Hey, Ma, reg dich nicht –«

»Gieß mir einen verdammten Whisky ein, okay?«

Ich gieß ihr einen ein.

»Dein Abendessen steht im Ofen, Ma.«

Ich reiche ihr den Whisky. Meine Ma legt ihre Hände um das Glas. War schon immer ein Kampf für sie. Ihr Dad in der Armee; weißer Abschaum. Sie musste lernen, wie man kämpft. Ich sehe sie an, und sie dreht sich um und beobachtet Howard, der mit der Schwester turtelt, die ich hergebracht habe. Ma ist traurig und sanft. Ich könnte sie jetzt in die Arme nehmen und sie trösten und ihr sagen, sie braucht sich um mich keine Sorgen zu machen, aber ich will sie nicht zu sehr verwöhnen. Eine seltsame Frage fällt mir ein.

»Ma, warum bist du noch mit Howard zusammen?«

Sie sitzt auf dem Küchenstuhl und nippt an ihrem Drink. Sie starrt ungefähr drei Minuten lang auf den Boden, sagt nichts, sammelt sich, schlägt sich mit der Faust auf den Oberschenkel, wie jemand, der sich gerade verschluckt hat. Durch die Tür dringt Howards erklärende Stimme.

Ma steht auf und tritt die Tür zu.

»Weil ich ihn liebe, auch wenn er mich nicht liebt!« Ihr Whiskyglas zerschlägt auf dem Boden, und Splitter spritzen uns um die Füße.

»Weil ich Sex brauche, warum auch nicht! Weil ich einsam bin. Ich bin einsam. OKAY! Und ich brauche einen intelligenten Menschen, mit dem ich reden kann! Glaubst du vielleicht, ich kann mit dir reden? Glaubst du vielleicht, du interessierst dich jemals für mich, auch nur für eine Minute?« – »Ma –«

»Du hast dich nie um mich gekümmert! Und dann hast du Nadia hergebracht, gegen meinen Willen, diese süße, heuchlerische Nadia, und erinnerst mich damit an diese ganze katastrophale Vergangenheit und an die Anstrengung, die mich die lange Zeit des Alleinlebens gekostet hat.«

Ma schluchzt in ihrem Zimmer. Howard ist bei ihr. Nadia und ich sitzen auf dem Sofa, jede in einer Ecke. Mas nackter Kummer lässt sich trotz der Wände hören, meine Ohren laufen dunkelrot an.

»Du bedeutest mir ja etwas.«

Howards Stimme wird lauter.

»Ich liebe dich, Baby. Und Nina liebe ich auch. Euch beide.«

»Ich weiß nicht, Howard. Du zeigst nie deine Gefühle.«

»Aber ich bin doch nur zu gehemmt!«

Ich sage zu Nadia: »Männer sind verdammt egoistische Idioten, die können uns nicht verstehen. So viel steht fest.«

»Howard ist ein interessanter Typ«, sagt sie gelassen.

»Sehr aufgeschlossen in künstlerischer Hinsicht.«

Auf meine alten Tage lasse ich mich noch dazu verleiten, jemanden in Schutz zu nehmen; ich habe langsam die Schnauze voll. »Er ist der Freund meiner Mutter und ihr langjähriger Liebhaber.« »Ja. Das weiß ich.« »Also lass die Finger von ihm. Bitte, Nadia. Versuch doch zu verstehen.«

»Was willst du, gerade du, mir denn vorwerfen?«

Ich bin nicht besonders scharf auf dieses »Gerade du«-Gerede. Aber hört euch das an.

»Ich dachte, ihr fortgeschrittenen Westler glaubt an den freien Tausch der Geschlechtspartner?«

»Tun wir. Wir tauschen die ganze Zeit.«

»Und was willst du mir dann sagen, Nina?«

»Es geht um ihn«, erkläre ich und gehe zum Angriff über. »Er ist schwach, ein schwacher Mensch. Ein freundliches Wort von einer Frau, und er glaubt, sie will mit ihm schlafen. Zwei freundliche Worte, und er glaubt, er sei der einzige Mann auf der Welt. Es ist eine Art Geisteskrankheit, ein Wahn. Wenn ich du wäre, würde ich mich mit so einem Wahnsinnigen nicht einlassen!«

Ja, ja!

Ein paar Tage später.

Ich hänge bei Howard rum. Howards Loch oder »Bude«, wie er es nennt, liegt in einem Wohnblock aus rotem Backstein mit Privatschule, stattlichen Eichenalleen, nicht weit von der Kensington High Street. Die Situation wird schlimmer und schlimmer.

Nadia bleibt in ihrem Zimmer, oder sie geht aus, zückt ihre kleine Kamera und fotografiert »Geschichte«. Ma geht zu jedem Treffen, das ihr zu Ohren kommt. Ich bin schon fast wieder zu einem Trip entlang Ader-Straße aufgelegt.

Ich habe euch gerade einen Gefallen getan. Ich hätte euch jede Sekunde von unserer Sitzung vor Howards Fernseh-*Œuvre* beschreiben können (und ich dachte immer, das

Wort bedeutet *Ei*). Aber – vorgespult zu den pikanteren Einzelheiten!

Da sitzen sie, Howard und Nadia. Wange an Wange, so eng beieinander, dass jeder den Atem des anderen inhalieren kann, und gehen das Skript durch.

Heute Morgen waren wir zuerst in Covent Garden einkaufen. Nadia hat sich Sachen zum Anziehen besorgt und wollte dabei meinen Rat.

Also kaufen wir Pepitajacken, echt City, aus leichter brauner und weißer Wolle, die Jacke in der Taille mit einem schwarzen Ledergürtel abgesetzt; einen kurzen Glockenrock, ein Polohemd aus weißer Seide; dazu einen flachen schwarzen Hut, Wildlederhandschuhe und Pumps. Wenn ihr etwas gefällt, wenn sie etwas haben will, dann kauft sie es. Die Reichen. Nadia hat mir eine Leinenjacke gekauft.

Vielleicht seufze ich zu viel. Sie werfen mir nicht gerade entzückte Blicke zu.

»Wenn du möchtest, bring ich Nadia nach Hause«, sagt Howard.

»Um meine Schwester kann ich mich alleine kümmern«, sage ich. »Aber ich geh mal um den Block spazieren. Ich bin bald wieder da.«

Ich zottele zu einem Café in Notting Hill, quer durch Holland Park, an dem blauen geschwungenen Dach des Commonwealth Instituts vorbei (oder Nigger-Eck, wie wir es früher genannt haben), in dem ich einmal, auf einem Klassenausflug, in einen Papierkorb gepisst habe. Vorbei an modernen Kindermädchen – junge Frauen in meinem Alter mit schwarz gefärbtem Haar –, die Hunde oder Kinder spazieren führen. Der Park ist überfüllt mit pfiffigen Kids aus der Holland-Park-Schule, die auf dem Gras liegen und rauchen; schwarzen Typen mit Flattops und Muskeln; Yuppies mit fliegenden Frisbees; und mit weißen Jungs, die Madonna und Prince spielen. Schwule mit schnellen Augen ziehen durch den Park, und die üblichen Londoner Schnorrer, die Drachensegler und Bösewichte, die nur darauf warten, irgendwo mitmischen zu können. Ich fühl mich zu niemandem zugehörig, also geh ich weiter, über die blumengesäumte Allee am Ende des Parks, bis dahin, wo sich nachts die Beilagenpacker zum Straßenstrich aufreihen. An der Mauer steht: *Schwulen-Solidarität ist Klassen-Solidarität.*

Draußen vor dem Café parkt ein Mannschaftswagen der Polizei, Gitter vor den Fenstern, voller kleiner, kichernder Jungbullen ohne Helm. In dieser Gegend ist das normal, aber die Straßen sind etwas ruhiger als sonst. Ich gehe an einer asiatischen Polizistin vorbei, sie sagt »hallo« zu mir. Ich zischele »Tante Tom« und gehe ins Café.

Hier spielen sie den neuesten Calypso, Soca und die neue Platte von Erik Satie. Ein weißer Rasta setzt sich zu mir. Er zahlt für meinen Tee. Ich bestell mir Chili, eine gebackene Kartoffel und geriebenen Käse, als Beilage Tomatensalat, danach polnischen Käsekuchen.

Die Stimmung im Café ist gedrückter als sonst; die Bullen machen die Leute nervös. Aber der Rasta ist ein lieber Typ. Sogar noch lieber als lieb: Er fasst unter den Tisch und drückt mir etwas in die offene Hand. Ein klotziges schokoladenbraunes Dope-Piece.

»Hey. Davon würde ich gerne was kaufen«, sage ich und wickele meine entzückten Nüstern um das Stück.

»Das ist alles, was ich besitze, meine Süße«, sagt er. »Behalt es. Mein letzter Brocken Nirwana.«

Er geht. Ich beobachte ihn. Als er in seinen Trödelklamotten über die Straße geht, mit seinem Haar, das wie winzige Sprungfedern von seinem Kopf absteht, steigen die Polizisten aus ihrem Wagen und halten ihn an. Er fuchtelt vor ihren Gesichtern herum. Der Wagen leert sich. Ungefähr sechs Polizisten umringen ihn.

Es gibt eine Auseinandersetzung. Er riskiert eine dicke

Lippe. Sie durchsuchen ihn. Einer zerrt an seinen Haaren. Im Café sehen alle zu.

Ich stecke mir das Dope in den Mund und schlucke es runter. Lecker-lecker.

Als ich von meinem Spaziergang zurückkomme, sitzen sie auf Howards Habitat-Sofa. Irgendetwas geht hier vor, und es hat nichts mit Kultur zu tun. Sie sitzen zu weit auseinander, zu unbequem. Ich fahr meine Knopfaugenantenne aus und mess die Temperatur.

Kann ich das schlechte Gewissen nicht fast riechen?

»Komm«, sage ich zu Nadia. »Ma wartet bestimmt schon.«

»Bestimmt«, sagt Howard und steht auf.

»Und sag ihr, dass ich sie liebe.«

Ich werf ihm einen meiner Blicke zu.

»Meinst du das ernst, oder meinst du ›nur ein bisschen‹?«

Wir sitzen im Bus, nett und freundlich, der Bus fährt an Geschäften vorbei, an Menschen und am Sozialamt, als plötzlich diese schrecklichen Szenen beginnen, die ich nicht erklären kann. Das Oberdeck des Busses, die Sitze vor mir bäumen sich auf. Ich drehe mich zum Fenster in der Hoffnung, wenigstens die Straße sei fest mit der Erde verankert, aber sie ist es nicht. Die Straße wirft sich mir an den Kopf und hebt und senkt und krümmt sich wie ein Hochhaus im Tornado. Von der Seite schlagen die Geschäfte nach mir aus. Die Welt hat sich in ein Monster verwandelt. Um Himmels willen, alles ist in Bewegung, aber ich bin entschlossen, ich werde durchhalten. Also klammere ich mich mit meinen Fäusten an den Sessel und frage Nadia, zumindest glaube ich, dass ich sie frage: »Hast du ihn geküsst?«

Sie sieht starr geradeaus, als wäre sie von einem Bettler belästigt worden. Ich weiß, jeden Augenblick schleudert es mich aus diesem Bus. Aber ich gebe nicht auf.

»Nadia. Du hast. Stimmt's?«

»Das ist doch unwichtig.«

Hatte ich nicht recht? Kann ich einen Kuss nicht auf hundert Meter riechen?

»Küssen ist unwichtig?«

»Nein, Nina«, sagt sie. »Ist es nicht. Aber zwischen uns ist nur Zuneigung. Das ist normal. Und Howard und ich haben uns viel zu sagen.« Auf einmal wirkt sie sehr bedrückt. »Er weiß, dass ich jemanden anderen liebe.«

»Gegen reden hab ich nichts. Aber man kann zusammen reden, ohne sich gegenseitig mit der Zunge über die Mandeln zu l-l-lecken.«

»Du hast eine vulgäre Art, dich auszudrücken«, antwortet sie, dreht sich heftig zu mir um und wächst bis an das Dach des Busses. »Schade! Du wirst nie verstehen können, was Leidenschaft ist.«

Ich bin vulgär, na und? Aber gleich werde ich in dieser Ecke von zweihundert braunen Luftballons zerquetscht. Oh. Schwester.

»Geht's dir nicht gut?«, fragt sie und steht auf.

Danach sehe ich uns aus dem fahrenden Bus stolpern, und ich liege auf einem freien Abschnitt des feuchten Bürgersteigs vor der Albert Hall.

Über mir schaukelt der Himmel. Nadias Gesicht schwebt vor meinen Augen wie eine Protoplasmazelle. Dann legt sie in Doktormanier ihre Hand auf meine Stirn. Ich gebe ihr einen kräftigen Klaps.

»Warum weinst du?«

Wenn unser Vater uns sehen könnte.

»Dein schlechtes Benehmen mit Howard! Ich weine wegen Ma.«

»Schlechtes Benehmen? Warte nur, bis ich meinem Vater von dir erzähle –«

»Unserem Vater –«

»Von dir.«

»Was willst du ihm erzählen?«

»Ich sag ihm, dass du drogensüchtig bist und eine Prostituierte.«

»Das würdest du ihm sagen, Nadia?«

»Nein«, sagt sie nach einer Pause. »Wahrscheinlich nicht.« Sie hält mir ihre Hand hin, und ich halte sie fest. »Es wird Zeit, dass ich nach Hause fahre«, sagt sie.

»Für mich auch«, sage ich.

Sandra Naidoo

SAG DEINER MUTTER, DASS ICH MICH WASCHE

Mit den Augen einer, die es selbst erlebt hat: Wer nach dem Krieg als Einwanderer nach London kam, musste sich gleich nach zwei Seiten behaupten – gegen die Skepsis der Einheimischen und gegen die eigene Unsicherheit. Sandra Naidoo über ein Mädchen, das glaubte, seiner milchweißen und blonden Schulfreundin den Beweis liefern zu müssen: Dunkle Haut bleibt auch nach heftigem Schrubben dunkel.

Als ich in den fünfziger Jahren in London ankam, galt es als vorteilhaft, etwas anders als die andern zu sein. Es gab nicht viele Farbige; und wenn auch viele Fragen gestellt wurden, dann aus freundlicher Neugier und oft als Ausdruck des Willkommens für einen unverkennbaren Ausländer. Und wir – meine Eltern und meine beiden jüngeren Schwestern – waren offensichtlich Fremde. Mein Vater war sehr dunkel, wie alle Südinder, und wir Mädchen reichten von einem blassen Kaffeebraun bis zu etwas, das als tiefe Sonnenbräune hätte durchgehen können. Meine Mutter war auf ihr weißes gutes Aussehen ebenso stolz wie auf ihre braune Nachkommenschaft. Ganz gleich, wohin wir gingen – unsere Familie erregte Aufsehen. Es kam mir nicht in den Sinn, dass die Blicke, die wir auf uns zogen, etwas anderes als Bewunderung ausdrückten. Doch langsam änderten sich die Dinge. In unsere Straße, wo wir die einzige dunkle Familie waren, zogen fast unbemerkt ein paar Westinder, eine Handvoll Pakistani ein ... Ein irischer Nachbar wies als Erster darauf hin. Indem er meinem Vater freundschaftlich auf die Schulter klopfte, meinte er vertraulich: »Es ist schön, dass ihr ankommt. Uns geht's hier schlimm. Die kommandieren einen herum und überlassen einem die ganze Dreckarbeit – das lernt ihr auch noch kennen.«

Mein Vater war schüchtern und zurückhaltend. Die Unterhaltung machte ihn verlegen. Ich hatte zugehört, war aber zu jung, um mir Gedanken darüber zu machen. Doch bald darauf wurde uns auf ziemlich nachdrückliche Weise einiges klargemacht. In der Untergrundbahn tätschelte eine stattliche, vollbusige Frau meine Schwester und gratulierte meinem Vater zu seiner schönen Tochter. Dann leerte sich das Abteil, und meine Mutter setzte sich voller Stolz auf ihre Familie zu uns. Plötzlich geriet diese nette, freundliche Frau in Wut. Fluchend beschimpfte sie meine Mutter als Schlampe, weil sie etwas mit *blackies* zu tun hätte und nicht zu ihren eigenen Leuten hielte. Wir waren so bestürzt, dass wir nichts taten. Doch diese Begegnung hinterließ einen ungeheuren Eindruck.

Ähnliche Vorfälle begannen sich zu wiederholen. Anfang der sechziger Jahre begannen auch wichtigere Dinge schiefzulaufen. Es gab keine Arbeitsplätze für »Einwanderer«. Häuser und Mietswohnungen waren schwer zu bekommen; fand man etwas, dann war es horrend teuer. »Farbige brauchen sich nicht zu bewerben«, wurden sehr vertraute Worte. Die Zeitungen begannen über die »Invasion der Einwanderer« zu berichten. Forderungen wurden laut, weniger ins Land zu lassen. Und obgleich die Medien nicht von »Schwarzen« oder »Dunklen« oder »Farbigen« sprachen, war ganz deutlich, wer gemeint war. Unser Ire hatte recht gehabt. Der Londoner hatte ein »Problem« entdeckt; es würde nicht leicht sein, es zu lösen.

Natürlich bestand das Problem zum Teil darin, dass die Neuankömmlinge nicht wussten, wie sie sich verhalten sollten. Viele schluckten alles herunter, gaben aber den in ihnen aufgespeicherten Groll und große Bitterkeit als Erbe an ihre in England geborenen Kinder weiter. Es gibt genug Beispiele dafür. Ein junges Mädchen erzählte mir aus ihrer Schulzeit: »Meine allererste Freundin war eine schöne Engländerin – sie war milchweiß mit blonden Haaren und grünen Augen. Es kam mir vor, als hätte ich noch nie so etwas Schönes gesehen. Eines Tages sagte sie, ihre Mutter habe ihr erzählt, ich sei so dunkel, weil ich mich nicht wüsche. Mir schoss das Blut ins Gesicht. Ich zerrte sie in den Waschraum unserer Schule, ließ Wasser einlaufen, drückte ihr eine Bürste in die Hand, streckte meine Hände ins Becken und sagte: ›Los – schrubb!‹ Und das arme Mädchen schrubbte und schrubbte und schrubbte, bis die Haut ganz spröde und aufgerissen war und ich sie abtrocknete. Ich fragte sie, ob meine Hände jetzt anders aussähen, und sie schlug die Augen nieder und sagte: ›Nein.‹ Da befahl ich ihr: ›Geh nach Haus und sag deiner Mutter, dass ich mich wasche!‹«

Die Wirkung solcher Vorfälle lässt sich schwer abschätzen. Andere Dinge können schlimmer sein. Sich mit einer in der Heimat abgeschlossenen Berufsausbildung auf niedrige Arbeiten beschränken zu müssen, kann zu anhaltender Frustration führen. Oft liegt es auch an etwas nicht Greifbarem, was die Neuankömmlinge durcheinanderbringt. Eine Frau, die sich in Indien für das Lehramt qualifiziert hatte und in England nur als Postbotin Arbeit fand, beschrieb es als die Kunst der Engländer, ihre wahren Gefühle nicht zu zeigen. Anders ausgedrückt, könnte man es als Heuchelei bezeichnen. Jemand, der aus einer Kleinstadt in ein riesiges Land kommt, kann London zuerst sehr attraktiv finden. Der Lärm, die Aktivität und schon allein die Größe der Stadt können einem Menschen das Gefühl vermitteln, dass alles möglich sei. Und wenn ein Kollege oder jemand an der Bushaltestelle einen fragt, wie es einem geht, braucht man schon einige Erfahrung, um zu erkennen, dass er es überhaupt nicht wissen will und nur eine bloße Redensart benutzt. Auf jemanden, der in einer engen Gemeinschaft aufgewachsen ist, kann diese mechanische Art des Umgangs äußerst einsam und deprimierend wirken. Oft führt sie zu einem tiefen Schock. Ich habe eine neu angekommene Inderin beobachtet, die sich bei ihren Nachbarn vorstellte und ihnen Mangos und hausgemachte Gewürze anbot und kalt abgewiesen wurde.

Das ist, soweit ich beobachten konnte, typisch für London. Anderswo in England sind die Leute freundlicher und haben etwas Zeit für einen. Doch die Londoner scheinen eine ganz besondere Kälte zu besitzen. Die zeigen sie allen Ausländern, doch insbesondere den schwarzhäutigen Fremden. Verständlicherweise stellen sich die meisten Einwanderer der ersten Generation auf sie ein und lernen, mit ihr fertigzuwerden. Schließlich haben sie nicht erwarten können, dass das Leben in dem fremden Land, das sie sich ausgesucht hatten, ganz leicht sein würde. Doch die Ärgernisse der Einwanderer und der Gesellschaft, die sie aufnimmt, werden zu wirklichen Schwierigkeiten, wenn diese Gesellschaft auch den schon in England geborenen schwarzen Kindern, die sich an keiner anderen Kultur orientieren können, die kalte Schulter zeigt.

Das Establishment ist sich dieser Situation bewusst. Über die Jahre haben die Politiker aller Parteien Maßnahmen entwickelt, um die Einwanderung einzudämmen, gleichzeitig aber versucht, die schon in England Lebenden vor Diskriminierung am Arbeitsplatz, auf der Wohnungssuche, in der Schule und auf anderen Gebieten des täglichen Lebens zu schützen. Während die Einwanderung erschwert wird, hat man durch Gesetzesmaßnahmen, die im »Race Relations Act« von 1977 gipfelten, versucht, durch die Bestrafung von diskriminierendem Verhalten einen Rahmen für gute Beziehungen zu setzen. Man hat ein Netz von Büros in einzelnen Stadtteilen eingerichtet, die sich mit der schwierigen Aufgabe befassen sollen, Harmonie zwischen den verschiedenen Gruppen zu schaffen. Diese offiziellen Maßnahmen befriedigen aber weder die eine noch die andere Gruppe. Im Verlauf der letzten Jahre haben sich die Fronten verhärtet und die Ansichten polarisiert: Die »Einwanderer« haben sich in Gruppen zusammengeschlossen, die oft miteinander in Streit liegen und sich in ihren Reaktionen auf die Bewohner des Gastlandes unterscheiden. Einige jüngere Leute lehnen die passive Bejahung ihrer Eltern ab und versuchen, zu der Kultur zurückzukehren, die ihre Familien hinter sich gelassen haben – dabei sehen sie sich oft einer verwirrenden Vielzahl von Möglichkeiten gegenüber. Andere haben ihrer Vergangenheit gänzlich den Rücken gekehrt und sind dem weißen Lehrer, Polizisten oder Arbeitgeber, der sie nicht ganz genauso wie ihre englischen Mitbürger behandeln kann oder will, in zunehmendem Maße feindlich gesinnt.

Einige behaupten, dass es sich hier um ein psychologisches Identitätsproblem handele, während andere darin ein politisches und gesellschaftliches Problem sehen, das von der ganzen Gesellschaft gelöst werden müsse. Schließlich kann man nicht völlig ignorieren, dass die Forderungen nach größeren Rechten vieler Menschen vor einem kolonialen Hintergrund gewachsen sind. Sich in glücklicher Vergesslichkeit treiben zu lassen und die Augen davor zu verschließen, dass sich vieles geändert hat, ist ein Luxus, den sich niemand leisten kann. Londons Straßen sind nicht mehr dieselben: Die indischen Kinos, Tempel und Moscheen sind ebenso real wie die afrikanischen, westindischen, griechischen und türkisch-zypriotischen Restaurants und Läden. Schwarze Gesichter sind nichts Exotisches mehr – und wenn sie den Mund aufmachen, hört man immer öfter diese undefinierbare Sprache der Londoner, wenn nicht Cockney, dann Slang. Roy Jenkins, der sich später mit den Problemen der europäischen Einheit herumschlug, gab 1966 als Innenminister die Integration als sein Ziel an: »Kein gleichmacherischer Prozess der Assimilierung, sondern eine von kultureller Vielgestaltigkeit begleitete Chancengleichheit in einer Atmosphäre gegenseitiger Toleranz.« Es muss sich noch herausstellen, ob sich dies in etwas für die ganze Gesellschaft Praktizierbares übersetzen lässt.

LONDONS TÖCHTER UND SÖHNE

Genies, Exzentriker, Lebenskünstler

Julia Grosse

DER FEINE LORD

Mag sein, dass sie anderswo als Spinner abgetan werden – London begegnet seinen Exzentrikern mit Ehrfurcht: Sie sind Menschen, die ihr Leben einer ganz besonderen Kunst gewidmet haben, die das Spezielle suchen, das Eigenwillige, vielleicht gar wahre Schönheit. Der Maler Frederic Leighton war so einer. Sein Haus wurde von den Erben geplündert, was übrig blieb oder mühsam rekonstruiert wurde, verschlug Julia Grosse dennoch den Atem.

Von diesem Moment muss er immer geträumt haben. Es war das Jahr 1895, und Frederic Leighton stand kurz vor der Fertigstellung des letzten Raumes seiner eleganten Gemäldegalerie, dem »Silk Room«. Er hatte die vergangenen dreißig Jahre an seinem Wohnhaus gebaut, daran gefeilt wie an einer Skulptur, und er wusste, dass spätestens jetzt das ganze Land darüber sprach. Voller Entzücken oder mit kopfschüttelnder Verwunderung. Denn das private Domizil des englischen Malers, Bildhauers, Sammlers und Zeichners ist alles andere als ein Heim, in dem der Besitzer lediglich gesteigerten Sinn auf Stil und Einrichtung legt. Die Villa im wohlhabenden Westlondoner Bezirk Kensington ist eine Bühne. Eine gigantische, durchperfektionierte Bühne für das Leben eines Vorzeige-Dandys. Dabei ist der Schritt in Leightons elaborierte, ausgeschmückte Welt mitnichten eine Reise in ein blendendes Gesamtkunstwerk aus glamourösem Prunk, der durch jede Pore ausdünstet, welch wohlhabender Edelmann hier gelebt hat.

Wer das heutige Museum betritt, verschwindet in einer dunklen, geheimnisvollen Schatztruhe: Die Augen müssen sich an das wohldosierte Licht in den Räumen erst gewöhnen, ehe sie das effektvolle, exzentrische Spiel mit Schönheit richtig erfassen können. Ein majestätischer, ausgestopfter Pfau posiert in der »Inneren Halle« auf einer mächtigen Holzbank mit Elfenbeinintarsien. Säulen werden von hauchzart bemalten Porzellanvasen aus Japan gesäumt. Die schweren Holzböden bedecken handgewebte, historische Teppiche, auf denen Leoparden dargestellt sind, die Hirsche jagen.

An den Wänden von Atelier und »Silk Room« buhlen in dichter Hängung Ölporträts mit üppigen Rahmen um die Aufmerksamkeit des Besuchers. Eine Welt aus dekorativen Details ist hier so gekonnt in Szene gesetzt, dass die einzelnen Schätze gerade in ihrem tollkühnen Zusammentreffen perfekt harmonieren.

Lord Leightons eigene Gemälde, in denen Phantasiewesen antike, idealisierte Landschaften bevölkern, befinden sich heute in internationalen Sammlungen und waren Liebhabern schon um 1880 sagenhafte 6000 Pfund wert. Zum Vergleich: Die erste, große Bauphase seines Hauses ab 1865 kostete den damals Mitte Dreißigjährigen Leighton gerade einmal 4500 Pfund. Bereits im Alter von zehn Jahren bekam er Zeichenunterricht und studierte sich später durch diverse Akademien von Berlin über Florenz bis Frankfurt. 1859 zog der Sohn aus gutem Hause endgültig nach London, wo er in die dortige Künstlerszene eintauchte. Leighton pflegte Kontakte und Freundschaften zu europäischen Adelshöfen und anderen internationalen Machtkreisen. Das belegen zahlreiche vergilbte Briefe, die das Museum in seinem Archiv verwahrt.

Auf Besucher wirkt Leighton House heute wie ein Stein und Seide gewordener Moment britischer Kulturgeschichte. Seine Versessenheit und Sehnsucht nach einer idealisierten, schönen Welt war ansteckend. In den drei Jahrzehnten, in denen Leighton seine Schatzkammer ausbaute, zogen immer mehr Künstler in Leightons Nachbarschaft um den Holland Park und versuchten, ihre Häuser in einem dekorativen Wettrüsten ähnlich kühn auszustatten.

»Keiner schaffte es mit einer vergleichbaren Meisterschaft wie Lord Leighton«, sagt der langjährige *Senior Curator* und Seele des Hauses, Daniel Robbins, »das Haus hatte für ihn vor allem die Funktion einer gebauten Visitenkarte, es war sein Markenzeichen.« Dem groß gewachsenen Briten Robbins mit dem feinen Oxford-Akzent steht die Rolle des zeitgenössischen Hausherren ausgezeichnet, er kennt jedes Detail und war an den diversen Renovierungsphasen der vergangenen Jahre federführend beteiligt.

Der prächtige Treppenaufgang über türkis leuchtenden Fliesen ist reines, gebautes Drama: Der geladene Gast, auf dem Weg in Leightons prächtiges Atelier mit dem hohen Fenster, sollte damals spüren, dass er soeben einen verzauberten Ort betreten hat. So erinnerte sich ein amerikanischer Journalist an das »Apartment eines Virtuosen: In jedem Quadratmeter hängt oder liegt ein altes oder neues Kunstwerk, besonders selten, erstklassig, herrlich. Man weidet sein Auge hier ununterbrochen an Schönheit.«

Leightons Ästhetizismus war nicht zuletzt eine edel verpackte Auflehnung gegen den hässlichen Materialismus, die moralische Enge und Altbackenheit der viktorianischen Welt. Um ihr zu entfliehen, wurde das Reisen seine größte Leidenschaft und prägte seine eklektizistische Ästhetik. Wochenlang konnte er sich in Italien, der Türkei oder in Ägypten an Kunst berauschen.

Leightons regelrechter Zwang, Stile und Epochen zu mischen, zieht sich daher nicht nur durch die Auswahl des Interieurs, sondern zeigt sich auch in der Thematik der Räume: Hat die Bibliothek beinahe intellektuelle Kühle mit Porträts und feinen Stichen, spielt das Kernstück des Hauses, der mit hauptsächlich aus Damaskus stammenden Fliesen übersäte, 1881 fertiggestellte »Arabische Saal«, vor allem mit damaligen Sehnsuchtsbildern vom Orient. Fenster mit Schnitzereien aus Sandelholz, die er in Ägypten erwarb, lassen eine einmalige Stimmung des Privaten, fast Heimlichen entstehen.

Derart austoben konnte Leighton sich in seinen eigenen vier Wänden vor allem deshalb, weil er ein Leben lang allein wohnte. Seine Exzentrik verbot es auch, dass außer ihm und seinen wenigen Hausangestellten angeblich niemals ein Gast über Nacht bleiben durfte. Gleichwohl war sein Haus eine bekannte Adresse für regelmäßige Treffen, zu denen die Eingeladenen, je nach Tiefe der Freundschaft, in verschiedene Bereiche des wunderlichen Hauses gebeten wurden. Mitglieder der britischen Monarchie kamen zu seinen legendären Musik-Soirées in dem weitläufigen Atelier. Befreundete Künstler dagegen durften im »Silk Room« entspannen, wo Leighton neu gekaufte Bilder unprätentiös, aber höchst dekorativ auf Stühle und Sofas verteilte. Andere Gäste wurden in das leuchtend rot gestrichene Esszimmer mit Blick auf den Garten gebeten. Auch den diversen Modellen, die für seine antiken Szenen in Öl posierten, sollte es in seinem Reich an nichts fehlen: Damit sie an kalten Tagen beim Umziehen nicht froren, befand sich im Atelier ein abgetrennter Umkleidebereich mit eigenem, aufwendig verziertem Kamin.

Als Leighton 1896 starb, hatte er bis zuletzt am Wachsen seiner opulenten Bühne gearbeitet. Was dann geschah, würde Daniel Robbins am liebsten aus der Geschichte des Hauses und seinen Gedanken streichen. Da Leighton zeitlebens unverheiratet und (wahrscheinlich) kinderlos blieb, waren seine beiden Schwestern die direkten Erben. Sie entschieden sich, die über Jahrzehnte gesammelten und aufeinander abgestimmten Gemälde von Tintoretto bis Delacroix, feine Möbel, Teppiche, Porzellanteller oder Skulpturen zu verkaufen. Im Sommer 1896, gerade ein halbes Jahr nach seinem Tod, wurde das meiste in einem acht Tage langen Marathon beim Auktionshaus Christie's unter den Hammer gebracht: Ein präzise zusammengestelltes Gesamtkunstwerk wurde innerhalb einer Woche in alle Welt verstreut. Daniel Robbins schmerzt dieser Gedanke bis heute. Niemand weiß, ob die Schwestern von der exzentrischen Pracht überfordert waren oder ob sie den Willen ihres Bruders vollzogen.

Das Haus wurde in den folgenden Jahren von der Stadt verwaltet. Während des Zweiten Weltkrieges beschädigten es zweimal Bomben der Nazis. Nach dem Krieg hatte man wenig übrig für die Exzentrik von Leighton House, die in jeder seidenen Faser steckt: Das Blattgold in der Kuppel des »Arabischen Saals« verschwand unter trister Deckfarbe, der dunkle, satte Holzboden wurde mit funktionalen Platten überdeckt. Das Karminrot und das Lindgrün der Wände wurden durch mattes Weiß ersetzt, auf dem nun grelles Neonlicht zuckte. Daniel Robbins läuft schon beim Gedanken an den damaligen Umgang mit Leightons Vermächtnis ein Schauer über den Rücken. Erst ab den achtziger und vor allem in den neunziger Jahren des vergangenen Jahrhunderts wurde ernsthaft damit begonnen, ein wenig Geld und Zeit zu investieren, um das Haus in seine goldenen Jahre zurückzuführen. Doch es sollte bis ins Jahr 2010 dauern und über 1,6 Millionen Pfund kosten, bis man Leightons Träume zurück auf die Bühne geholt hatte.

Die Rekonstruktion verwandelte sich für Robbins und sein Team aus Restauratoren und Kunsthistorikern in eine kriminologische Spurensuche. Viele Bilder, Möbel und Zeichnungen fanden nach und nach ihren Weg aus aller Welt zurück ins Leighton House. Viele Gemälde wurden Robbins von den Privatbesitzern oder Museen zum Kauf oder als Leihgabe angeboten. Bei der originalgetreuen Wiederherstellung überstrichener, verfremdeter Zimmer führten oft schon Details zum Erfolg: So kratzten sich die Restauratoren durch Jahrzehnte alte Farbschichten und stießen auf winzige Partikelchen des damals vom Hausherrn gewählten Tons. Oder sie fanden Zeitungsartikel oder Stiche aus Leightons Lebenszeit, in denen Zimmereinrichtungen und die Muster der Gardinen dargestellt wurden. »So musste man die Puzzleteile nur zusammenfügen und Details, wie die hellgrüne Seide für den ›Silk Room‹ nachweben lassen«, erklärt Robbins.

Lord Leighton war besessener Perfektionist. Doch er wäre mit dem, was hier langsam, aber sicher in seinen Originalzustand zurückwächst, zufrieden gewesen. Die Arbeit am Leighton House könnten Robbins und sein Team wohl auf ewig ausdehnen, denn nach wie vor befindet sich der Großteil der Bilder und Möbel irgendwo auf dem Globus. Bei jedem Klingeln seines Bürotelefons hat Robbins die heimliche Hoffnung, dass es ja auch ein Sammler aus New York oder Nürnberg sein könnte, der ein kleines Puzzlestück aus dem Leighton House bei sich stehen oder hängen hat.

Wie das feine Kabinettschränkchen, das eine Dame in Australien gekauft und in dessen Schublade den vergilbten Katalog der Auktion von 1896 entdeckt hatte. »Das war ein absoluter Glückstreffer«, erinnert Robbins sich. »Die Dame schrieb uns einen Brief und fragte, ob das Stück zu uns gehöre und wir Interesse daran hätten!« Und so steht das fein gearbeitete Schränkchen nach seiner Reise um die Welt inzwischen wieder oben an seinem Platz im Atelier. Als sei es in den letzten hundert Jahren nie weg gewesen.

Tom Hodgkinson

DIE HOHE KUNST DES MÜSSIGGANGS

In England wurde die Dampfmaschine erfunden und damit die industrielle Revolution ins Rollen gebracht. Seither schuldet das Land der Welt so etwas wie eine Entschuldigung. Tom Hodgkinson ist ihr Überbringer: Als junger und äußerst einfallsreicher Guru der Faulheit verrät er, wie der gehetzte Großstadtmensch Sinn und genussvolle Langsamkeit in sein Leben bringen kann.

Mein Streben nach einem Leben in Müßiggang war immer von einem Widerspruch begleitet. Auf der einen Seite sehnen wir Freiheitssuchenden uns nach bummeligen Nachmittagen und ausgiebigem Faulenzen am Flussufer. Auf der anderen Seite sind wir ehrgeizig und erpicht darauf, die Welt zu beeindrucken, etwas von Wert zu erschaffen und unsere Ideen einem großen Publikum mitzuteilen.

Für mich verkörperte John Lennon dieses Paradox. Lennon schrieb viele Liedtexte, die das Faulenzen preisen: »I'm Only Sleeping« und »Watching the Wheels« sind die zwei bekanntesten Beispiele. Lennon liebte es, nichts zu tun, und er kämpfte gegen die Welt des sinnlosen Konsums. Aber er war auch ein harter Arbeiter. Er war es, der sagte, die Beatles müssten von Liverpool nach London ziehen, um ihre Karriere voranzutreiben. Und später zog er weiter in die ultimative Nonstop-Stadt New York, weil er in der Welt noch höher aufsteigen wollte. Diese Entscheidung hatte gemischte Folgen – deswegen auch der etwas defensive Tonfall von »Watching the Wheels«.

Wir finden die gleiche Ambivalenz gegenüber weltlichem Erfolg bei vielen Literaten. Samuel Johnson schrieb Lobgesänge auf den Müßiggang und war von Natur aus sehr faul, geradezu melancholisch, aber er stellte auch ein ganzes Wörterbuch zusammen und schrieb viele weitere Bücher – Lyrik, Prosa und Drama. Oscar Wilde verachtete Konventionen, aber er war Herausgeber kommerzieller Zeitschriften und unternahm strapaziöse Rednerreisen. Er pries das Leben der intellektuellen Besinnung, aber er war eindeutig zur gleichen Zeit produktiv.

Obwohl ich es nicht wagen würde, mich auf die gleiche Stufe zu stellen wie die genannten drei überragenden Geister, spüre auch ich die konkurrierenden Versuchungen des weltlichen und weltfremden Lebens. Vor neun Jahren verließ ich mit meiner Familie London und zog in ein verwahrlostes Bauernhaus in der englischen Provinz. Wir lebten wie Bohemiens in glücklicher Armut: Unser drittes Kind kam auf dem Fußboden des Badezimmers zur Welt. Wir lernten backen und Gemüse anpflanzen.

Aber vor kurzem spürten meine Frau und ich wieder die magnetische Anziehungskraft Londons. Wir eröffneten einen Buchladen und ein Café in West-London und warfen uns abermals hinein in das Getümmel des »großen Geschwürs«, wie der Landwirt und Journalist William Cobbett London im frühen neunzehnten Jahrhundert nannte. Nun verlässt also einer von uns jede Woche unser Faulenzernest, um ein fleißiger, bürgerlicher Ladenbesitzer in London zu sein, der jeden Tag um zehn Uhr seine Türen öffnet und versucht, viele Bücher und Kaffees zu verkaufen. In meinen Tagen des Müßiggangs habe ich Kaffee, den Treibstoff des modernen Lohnsklaven, gemieden. Ich bevorzugte Tee. Aber jetzt, da ich öfters in der Stadt arbeite, ertappe ich mich immer häufiger dabei, dass ich ihn trinke und deswegen den Morgen in einer Art aufgedrehtem Zustand verbringe.

Wie kann man das Stadtleben mit seiner Hektik und seinem Stress – mit der Sehnsucht, ein Müßiggänger zu sein – versöhnen? Vielleicht können wir etwas von den *flaneurs* lernen. Baudelaire und andere Dichter im Paris des neunzehnten Jahrhunderts schufen diese literarischen Figuren. Und vor allem Edgar Allen Poe, der seinen »Mann in der Menge« durch London flanieren lässt. Diese Figuren sind melancholische Beobachter der Stadt, die sich dennoch nicht als Teil von ihr sahen. Der Flaneur streicht durch das rege Treiben und bewahrt dabei eine Distanz zu allem und jedem. Gérard de Nerval, Poet und Zeitgenosse Baudelaires, nahm auf seinen Streifzügen durch Paris meist eine Schildkröte mit, denn er »wollte die Schildkröte das Tempo bestimmen lassen«. Die entscheidende Erkenntnis der Flaneure war, dass sie als Müßiggänger die Stadt nicht verlassen mussten, sondern durch ihre Distanziertheit glücklich dort leben konnten. So wurden sie kein Opfer der Stadt.

In London sind unsere vielen wunderschönen Parks die nahe liegendsten Orte, um abzuschalten. Hyde Park, Kensington Gardens, Green Park, Hampstead Heath, Richmond Park mit seinen Rotwildherden: Sie alle sind herrliche öffentliche Anlagen, Oasen der Ruhe und des Miteinanders in einer Stadt voller selbstsüchtiger Menschen. Parks – und seien sie noch so künstlich – stellen für den Londoner eine Verbindung zur Natur dar, zu Bäumen, Blumen, Wasser und Erde. Und man kann sehen, wie sich das Verhalten der Menschen ändert, sobald sie eine dieser eleganten Oasen betreten. In der U-Bahn neigt man dazu, wie eine verrückte Ratte mit großer Geschwindigkeit durch den Tumult zu eilen. Pendler boxen sich gegenseitig aus dem Weg, das ist nichts Neues. William Morris – Sozialist und Kunsthandwerker im neunzehnten Jahrhundert – nannte die Londoner U-Bahn abfällig »dieses stinkende Dampfbad der missmutigen Menschheit«.

Aber wenn der aggressive Städter aus der U-Bahn oder dem Büro zur Mittagspause entlassen wird, verwandelt er sich in einen trägen Träumer. Dann rollen Sekretärinnen ihre Röcke hoch, junge Buchhalter ziehen vielleicht sogar die Schuhe aus, räkeln sich auf dem Gras und genießen die Sonne. In den Parks gibt es Freibäder und Seen, Vögel und Eichhörnchen, sich ständig wandelnde Blumenschauspiele. Man kann hier sogar reiten. Es gibt Cafés und Kunstgalerien. Von einem Moment zum anderen wird das Leben besinnlicher: nur am Geländer vorbei, hinein in eine neue Welt.

Und falls Sie London geschäftlich besuchen sollten oder Termine haben, hier ein Tipp, um die Geschwindigkeit zu drosseln: Gehen Sie zu Fuß. Ich meide in London stets die U-Bahn und laufe – überallhin. Ich lief einmal absichtlich langsam von Paddington nach Piccadilly und ließ das ganze Leben einfach an mir vorbeiströmen. Ein langsamer Spaziergang kann einen zurückbringen ins Hier und Jetzt. Lassen Sie Ihre Terminnot zurück und bummeln, schlendern, wandern Sie. So wurde ich in meiner eigenen Stadt zum Touristen.

Der Weg entlang des Regent's Canal ist ein weiterer Tipp. Mein Freund Danny lebt auf einem kleinen Boot, das auf einem See hinter dem Bahnhof von King's Cross liegt. Inmitten der Stadt befindet sich hier eine Art »Entschleunigungs-Gemeinschaft« von Hausbootlern. Sie haben ihren eigenen Garten und Club, und wenn ihnen danach ist, können sie einfach durch London treiben. Sechs Wochen nach Eröffnung unseres Buchladens fühlte ich mich erschöpft, und Danny bot mir an, mich und meine Familie an meinem Geburtstag auf eine Bootsfahrt mitzunehmen. Wir tuckerten durch die drei Schleusen von Camden Town und wurden von den Touristen angeglotzt. Glitten weiter durch die Vogelhäuser des Londoner Zoos, einen langen Tunnel entlang und hinein in die Ruhe von Little Venice. Der Kanal führte dann unter dem gewaltigen Westway hindurch – der erhöhten Schnellstraße, die Autofahrer vom Westen in die Stadt bringt – und wir picknickten an der Ladbroke Grove. Dieser Tag am Kanal war durch das gemächliche Tempo der Fortbewegung ungemein beruhigend und unterhaltsam. Und er war nicht langweilig: mein Sohn Arthur, elf Jahre alt, sagte über unsere Bootsfahrt: »Das war bis jetzt der beste Tag meines Lebens!«

Ich schaffte es sogar, auf dem Boot ein kleines Nickerchen zu halten – das A und O des Daseins als Müßiggänger. Nichts kann mir etwas anhaben, wenn ich nur irgendwann am Tag ein Schläfchen halten kann. Selbst ein kurzes genügt schon. Was zu der Frage führt: Kann man in der Stadt einnicken? Und die Antwort ist ein schallendes Ja! Es gibt Orte, an denen man ganz einfach in die Traumwelt hinübergleiten kann.

Auch hierfür hat London seine Parks. Ich habe viele träge Nachmittage damit verbracht, unter einem Baum auf dem Rasen eines Londoner Parks vor mich hin zu dösen, während die Wolken am Himmel schwebten und Väter ihren Söhnen Fußbälle zuspielten. Das Zweite sind die Kirchen – und London ist völlig überzogen von prächtigen Kirchen. Selbst wenn man sich nicht traut, in der Kirche einzuschlafen, kann man dort immer hingehen, um allein zu sein, zu schweigen, zu beten, zu meditieren. Kirchen sind Orte des Friedens – wie die Gärten. Und wie die Parks sind sie kostenlos.

Und dann ist da noch die einfache Parkbank. Auf ihr kann man sein Buch lesen, in die Luft starren, sich in erotischen Tagträumen verlieren oder in einen sanften Schlaf sinken. Ich habe immer davon geträumt, die Aufstellung neuer Bänke in London zu finanzieren und sie alle mit Zitaten von Samuel Johnson oder Oscar Wilde gravieren zu lassen. Doch ich bin niemals dazu gekommen. Wahrscheinlich bin ich zu faul.

Das Busoberdeck ist ein weiterer Tipp für alle, die sich danach sehnen, durch die große Stadt zu trödeln. Victor Hugo nannte das Oberdeck einen »reisenden Balkon«, und es ist leicht, sich hier in seinen Träumen zu verlieren. Vom Oberdeck aus kann der begabte Müßiggänger das ganze Leben betrachten, über all die fleißigen kleinen Leute erhaben und mit der Blasiertheit eines typischen Flaneurs. Ich fühle mich dann sowohl unscheinbar als auch den Göttern ebenbürtig. Das Busoberdeck ist auch ein guter Ort, um Poesie zu lesen. Anstatt sich von der schrecklichen Propaganda der Zeitungen, von den entsetzlichen Bildern und Schocktherapien für die müden Pendlerseelen den Kopf verdrehen zu lassen, empfehle ich, einen dünnen Gedichtband mit in den Bus zu nehmen. Auf diese Weise erhebt sich der Leser in eine unnahbare Position. Romantische Poesie ist dafür am besten geeignet.

Und dann gibt es zur Entschleunigung ja noch diese brillante Erfindung des neunzehnten Jahrhunderts, die so effizient Muskelkraft in Bewegung umsetzt: das Fahrrad. Auf dem Fahrrad kann jeder – im Gegensatz zur ohnmächtigen Fortbewegung mit Taxi und U-Bahn – sein eigenes Tempo bestimmen. Das kann man zwar auch im Auto, aber mit dem Rad kann man im Schneckentempo trödeln, um in jeder noch so unbedeutenden, aber reizvollen Gegend zu rasten – oder aber die Nebenstraßen entlangrasen – London ist ziemlich eben. Auf dem Fahrrad spürt man wahre Freiheit und erfährt, wie wunderschön es ist, kein oder zumindest sehr wenig Geld ausgeben zu müssen: Unsere neuen öffentlichen Fahrräder sind ausgesprochen preisgünstig.

Die erste Maßnahme eines Touristen in London sollte es daher sein, eine Karte mit Fahrradwegen zu kaufen. Die Bedingungen für Radfahrer verbessern sich ständig. Das Fahrrad verbindet einen mit der Natur – in unserem Fall mit Wind, Sonne und Regen.

Und wer es in London satthat, sich treiben zu lassen, bewegt sich einfach schneller und koppelt wieder an die Welt an. Freiheit ist der Stoff des Lebens, und in London kann man sie noch immer einatmen, die altmodische englische Freiheit.

Stephen Spender

VIRGINIA WOOLF UND BLOOMSBURY

Bloomsbury ist ein Stadtteil. Dass es bald zum Inbegriff einer geistigen Atmosphäre wurde, so versichert Stephen Spender, war ein Zufall. Es hatte sich einfach so ergeben, dass eine Gruppe von Intellektuellen in der Nachbarschaft lebte; man traf sich, man kam ins Gespräch. Virginia Woolf stand im Mittelpunkt, der Philosoph Bertrand Russell war dabei, der Ökonom Maynard Keynes, der Maler Duncan Grant. Was sich daraus entwickelte, beschrieb der Schriftsteller E. M. Forster als eine »Aristokratie der Feinfühligen, der Rücksichtsvollen und der Beherzten«.

Bloomsbury liegt nördlich der New Oxford Street in der Nähe des Britischen Museums. Das im 18. und 19. Jahrhundert entstandene Stadtviertel ist bemerkenswert gut angelegt, mit breiten Straßen und mehreren großen Plätzen, vor allem dem Bedford-, Russell-, Fitzroy- und Bloomsbury-Platz. Hier findet man reihenweise rechteckige Häuser mit harmonischen Proportionen, die meisten sind aus Backstein.

Dieser Teil Londons war vor dem Kriege dafür bekannt, dass hier viele Intellektuelle des sogenannten Bloomsbury-Kreises lebten. Nach dem Krieg hat er aufgehört, ein solches Zentrum zu sein, und zwar aus dem etwas paradoxen Grund, dass die scheußlichen Neubauten der Londoner Universität eine Reihe von Straßen und Plätzen zerstört oder überwuchert haben, in denen der Schwerpunkt des geistigen Lebens lag. Der Bezirk ist zu einer Siedlung für Studenten geworden, die die Hörsäle dieser architektonischen Missgeburt bevölkern.

Arthur Waley, der große Übersetzer chinesischer Klassiker, und ein oder zwei Mitglieder der Familie Strachey leben allerdings noch immer in Bloomsbury. Und das ruft uns in Erinnerung, dass vor dem Kriege Virginia Woolf und ihr Mann Leonard Woolf am Fitzroyplatz wohnten und E. M. Forster, der Kunstkritiker Clive Bell und der Maler Duncan Grant in der engeren oder weiteren Nachbarschaft lebten und ständig bei ihnen aus- und eingingen. Nicht weit davon entfernt lagen, und liegen noch heute, die Büroräume des Faber & Faber Verlages, den T. S. Eliot leitet.

Der Bloomsbury-Kreis ist heute scharfer Kritik ausgesetzt. (Als z. B. vor kurzem ein Band von Lytton Stracheys Briefwechsel mit Virginia Woolf erschien, wurde er fast nur abfällig besprochen.) Trotzdem wird er wohl weiter im Gespräch bleiben, wenn auch nur aus dem sehr englischen Grund, dass niemand so recht weiß, was Bloomsbury eigentlich bedeutete. Selbst in seinen besten Tagen hatte man keine Ahnung, wer dazugehörte und ob es überhaupt ein Kreis war.

Eine Bloomsbury-Bewegung hat es nie gegeben. Niemand hat je ein Programm oder Richtlinien aufgestellt, wie wir das von den Futuristen, den Impressionisten oder den Surrealisten kennen. Bloomsbury war im wesentlichen ein geographischer Zufall. Harold Nicolson hat mir erzählt, es sei entstanden, als Virginia und Vanessa Stephen (später Virginia Woolf und Vanessa Bell), die Töchter des Philosophen Lesley Stephen, in jenes Londoner Stadtviertel zogen.

Jedenfalls lag das geographische Zentrum Bloomsburys an einem Platz, an dem mehrere hervorragende Autoren lebten, die stark unter dem Einfluss gewisser Intellektueller von Cambridge standen. Es waren G. E. Moore, der Verfasser der »Principia Ethica«, der Romanschriftsteller E. M. Forster, der Volkswirtschaftler Maynard Keynes und der Philosoph Bertrand Russell. Bloomsbury war also eine geistige Atmosphäre, bis zu einem gewissen Grad eine Clique, mit einem guten Schuss Cambridge- und Gesellschaftssnobismus, der seinerseits einen eigenen intellektuellen Snobismus gebar. Die großen Vorzüge Bloomsburys lagen in der außerordentlichen und für England keineswegs typischen Bedeutung, die seine Mitglieder dem geistigen Leben und vor allem der französischen Kunst beimaßen; in der großen Hochschätzung aller Angehörigen des Kreises für die Beziehungen von Mensch zu Mensch, die das Hauptthema der Romane Forsters bilden; und im Antipuritanismus. Seine Hauptschwäche war, dass seine Anhänger jede religiöse Überzeugung oder auch nur eine religiöse Grundeinstellung zum Leben für stillos hielten. D. H. Lawrence war für sie eine Entgleisung; und die religiöse Auffassung T. S. Eliots fand bei ihnen kaum größeren Anklang. Ebenso misstrauten sie großen Männern und öffentlichen Angelegenheiten. Sie neigten dazu, anmaßend und exklusiv zu sein. In ihrem Kreis bekam man leicht das Gefühl, nicht dazuzugehören oder immer drauf und dran zu sein, etwas Abgeschmacktes zu sagen. So kam es, dass sie, die Hemmungen und Komplexe bekämpften und in Fragen der Sittlichkeit außerordentlich weitherzig waren, ihrerseits dazu beitrugen, erhebliche künstlerische und gesellschaftliche Komplexe hervorzurufen.

Virginia Woolf galt ironischerweise als »Königin von Bloomsbury« – sie hätte diese Bezeichnung verabscheut, ja sie hielt überhaupt nichts vom sogenannten Bloomsbury. Trotzdem stand sie geographisch wie geistig im Mittelpunkt all dessen, was im besten Sinne Bloomsbury war. Sie war schön, wenn auch von einer abweisenden Schönheit, sie war klug, gebildet, geistreich, besessen von ihrer Arbeit und ihren Freunden treu zugetan, ebenso wie sie dies von ihnen erwartete. Vor allem aber war sie überaus feinfühlig. Wenn ihr Werk im Augenblick auch aus der Mode gekommen ist, so ist es doch in seiner inneren Wahrhaftigkeit, Dichte und Intensität Zeugnis eines echten Genies. Es lebt sein eigenes Leben, wenn auch oft auf so überfeinerte Weise, dass seine Vitalität sehr verdünnt wird und die Romanfiguren überzüchtet erscheinen.

Virginia Woolf gehörte zu den seltenen Menschen, die alles so intensiv erleben, dass man in ihrer Gegenwart alle Dinge schärfer zu gewahren glaubt. Sie konnte sehr komisch sein, sie rauchte Manilazigarren und lachte, bis ihr die Tränen über die Wangen liefen.

Dank ihrer großen Unbefangenheit konnte sie über die phantastischsten sexuellen Probleme und sogar über den Wahnsinn (an dessen Schwelle sie ihr Leben lang stand) diskutieren, ohne dass man sich peinlich berührt fühlte. Über andere Menschen sprach sie manchmal sehr boshaft und grausam, und das auch in deren Gegenwart.

Bloomsbury war politisch immer liberal oder tendierte nach links und bekämpfte jede diktatorische Tendenz, bis zu dem Punkt, wo die Ausübung politischer Macht überhaupt infrage gestellt wird. Viele der spöttischen Bemerkungen George Orwells gegen die »intellektuelle Linke« waren gegen Bloomsbury gerichtet.

»Wenn ich zwischen meinem Vaterland und meinem Freund wählen müsste, würde ich mich hoffentlich für meinen Freund entscheiden«, schrieb E. M. Forster in seinem Essay »Woran ich glaube«. An anderer Stelle erzählt er uns, dass er große Männer nicht liebt, dass er ein religiöser Skeptiker ist und dass er an die »Aristokratie der Feinfühligen, der Rücksichtsvollen und der Beherzten« glaubt. Einen Essayband betitelt er: »Die Demokratie: zweimal hoch!«, und man kann wohl sagen, dass es Forster geradezu Vergnügen macht, die Fruchtlosigkeit aller Dinge, für die er sich einsetzt, zu betonen.

All dies wurzelt in Bloomsbury, das schließlich zu einem fast allen Inhalts entleerten Glauben an Kunst und geistige Werte führt. Clive Bell erfand die Formel von der »bedeutsamen Form« als jener geheimnisvollen Qualität, die, losgelöst vom Inhalt, der Kunst ihre Bedeutung verleiht.

Eine Gegenbewegung gegen Bloomsbury war unvermeidlich, und zwar aus folgendem Grund: Wenige Menschen sind stark genug, um wirklich schwach zu sein. Die meisten brauchen Führer, Ziele, Überzeugungen und Dogmen. Vom Leben verlangen sie Leidenschaft und von der Kunst einen eindrucksvollen Gegenstand.

Im Ganzen halte ich die Reaktion gegen Bloomsbury für gesund, obwohl man sich als Freund Virginia Woolfs darüber empören kann, wie sie heute in England von Schriftstellern heruntergemacht wird, die nichts aufzuweisen haben als ihre Ressentiments und ihre überhebliche Dickhäutigkeit. Mir scheint, dass Bloomsbury mit seinem Agnostizismus, seiner hochherzigen Amoralität, seiner Verehrung der Individualität und des »l'art pour l'art« allzu große Ansprüche an seine eigenen Anhänger stellte. Es hätte seine Aufgabe gehabt in einer Welt der Philosophen, der reinen Künstler und der platonisch Liebenden, die genug Humor besessen hätten, um mit Schelmen und Dieben fertigzuwerden, und die imstande gewesen wären, Machtpolitiker auszulachen, bis sie sich ihrer selbst schämten. Die Welt jedoch, in der der Faschismus gedieh, war nicht so verfeinert, und auch heute ist wenig Platz für eine überzüchtete Kunst.

AFTER HOURS

Vom guten Leben
in London

John Peel

YEAH YEAH YESTERDAY

Die größtmögliche Annäherung an himmlisches Glück: in einem Ruderboot über die Serpentine gleiten und Pink Floyd im Hyde Park lauschen. Oder Little Feat im Rainbow, ein paar Jahre später; da kam schon nicht mehr alle gute Musik der Welt aus London. Aber wenn der berühmteste DJ seiner Epoche, John Peel, sich an den **Summer of love** ***erinnert, sind sie alle wieder zu hören: die Stones, Cream, Donovan, die Bonzo Dog Doo-Dah Band ...***

»Umm, und jetzt die letzte Nummer. Sie heißt ›Somebody's Digging My Potatoes. Trampling On My Vines‹. Soll heißen – na ja so was wie: Jemand nimmt sich was raus.« Das ist O-Ton Lonnie Donegan. Lonnie Donegan, unangefochtener King des Skiffle, dessen Hit-Singles – von »Rock Island Line« (1956) bis »Pick A Bale of Cotton« (1962) – ich heute noch komplett vorsingen könnte (keine Angst, ich werd's nicht tun). Lonnie also steht auf der Bühne der Royal Festival Hall in London. Es ist der 30. Oktober 1954, die alljährliche Traditional Night der britischen National Jazz Federation, und ich bin nicht dabei.

1954 war ich in meinem ganzen jungen Leben noch nie in London gewesen. Die Hauptstadt erschien mir, diesem Schuljungen aus Nordengland, als ein ebenso ferner und fremder Ort wie heute – sagen wir – Tbilissi oder Tirana meinen Kindern. Das Konzert in der Festival Hall, bei dem auch die Bands von Ken Coyler, Chris Barber und Alex Welsh auftraten, kam später als Langspielplatte heraus. Es war die erste LP, die ich mir kaufte, und ich saß in meinem Zimmer in der Shrewsbury School und hörte sie mir an – 300 Kilometer von London entfernt, und Autobahnen gab's noch nicht.

Etwa zwei Jahre später ließen sich meine Eltern scheiden; meine Mutter zog nach London, in eine stets übervölkerte Wohnung neben der Nachrichtenagentur *Tass*: Wir in der Provinz fanden ihr Leben echt ausgeflippt. Nachts konnte man, erzählte sie uns, von nebenan deutlich das Stöhnen der in die Falle gelockten sowjetischen Dissidenten hören. Bei der nächsten Gelegenheit machte ich mich auf zu ihr nach Süden. Ich war damals ein Donegan-Fan von solch hirnrissiger Ergebenheit, dass ich mir die LP mit dem Konzert in der Royal Festival Hall nur wegen der paar von Lonnie gesprochenen Worte kaufte (die einzelnen Stücke waren schon vorher als 78er-Singles erschienen). Außerdem konnte man auf der LP deutlich hören, wie Donegan während der ersten Takte von »Oh, Didn't He Ramble?« der Chris Barber Band im Hintergrund laut »Woooooh!« grölte. Als ich in der großen Stadt angekommen war, musste ich also unbedingt als Erstes einen Donegan-Auftritt ausfindig machen.

Das London der späten Fünfziger war für einen pickligen Teenie aus der Provinz der reine Wahnsinn. Zu Hause, in der Nähe von Birkenhead, musste ich, wenn ich Schallplatten kaufen wollte, extra nach Liverpool fahren und zu Cranes oder Rushworth & Draper's gehen. Das waren eigentlich Möbelläden, und ihre Schallplattenabteilungen hatten nur dieses Hitparadenzeug, Petula Clark und so. In London gab es dagegen haufenweise affenstarke Schallplattengeschäfte, wo einen abgedrehte, bärtige Männer bedienten und man jede Menge völlig abgefahrener amerikanischer Veröffentlichungen finden konnte. Hier hörte ich Platten von Musikern, die mir vorher nur als Namen im *Jazz Journal* oder natürlich auch im *Jazz Monthly* über den Weg gelaufen waren.

Bevor ich wieder in den Norden musste, um zwei Jahre Militär abzureißen, schaute ich in die wichtigsten Londoner Szenetreffs rein: die Heaven and Hell Coffeebar, wo die Insider ihre Milch vorzugsweise im Hell, der Hölle, tranken, einem schwarz gestrichenen Keller mit echt geilem Geisterbahn-Feeling; dem Macabre, auch schwarz, auch mit Bunker-Touch, wo Särge anstelle von Tischen standen; und dem 2 I's, das so angesagt war, dass ich, im Schweiße meines provinziellen Unbehagens, mich nur so lange dort aufhielt, bis ich abgecheckt hatte, dass weder Tommy Steele, Wee Willie Harris noch einer der anderen allerersten britischen Rock-'n'-Roll-Musiker auch tatsächlich anwesend waren.

Von 1960 bis 1967 war ich in den Vereinigten Staaten und kam nur zweimal zu Weihnachten nach Hause, um neiderfüllt die Storys von den Rolling-Stones-Konzerten in der Royal Albert Hall zu hören und ganze Wochenenden in unerlöster Keuschheit mit einer Schallplattenverkäuferin zu verbringen, die behauptete, mehr als hundertmal die Beatles im Cavern Club gesehen zu haben. 1966 hatte ich einen Job beim Sender *Kmen* in San Bernardino. Mein Draht nach London war Rick Brown, Sänger von 'ner Riverside-Combo namens The Misunderstood; ich hatte die Jungs überredet, nach England zu gehen, weil ich dachte, dass ihre radikale Musik dort echt Anklang finden würde. Sechs Monate wohnten sie bei meiner Mutter in ihrem kleinen Haus in Notting Hill, und Rick schickte mir regelmäßig Infos über unheimliche und merkwürdige Erlebnisse, bei denen ein farbiger Gitarrist namens Hendrix eine Rolle spielte – und außerdem etwas, das, wenn ich seine Schrift richtig entzifferte, als ein Pink Floyd bezeichnet wurde.

Im nächsten Jahr flog ich zurück, änderte meinen Namen von Ravenscroft zu Peel und bekam einen Job an Bord des

Piratensenders *Radio London*. Die zweiwöchigen Schichten an Bord dieser zerbrechlichen Barkasse sahen so aus, dass ich mit den Technikern viel Dope rauchte und spätnachts ein Zweistundenprogramm moderierte, das sich »The Perfumed Garden« nannte. Die einwöchigen Freischichten an Land verbrachte ich, indem ich recht viel Dope rauchte und eine aberwitzige Anzahl farbenfreudiger Veranstaltungen besuchte, bei denen ich gemeinsam mit vielen meiner Mitbürger auf dem Boden lag und mich nur gelegentlich auf einen Ellbogen aufstützte, um die eigenartigen Darbietungen der Soft Machine, der Crazy World of Arthur Brown oder der bereits erwähnten Pink Floyd zu begutachten. Zum Hauptereignis in diesem *Summer of love* ging ich allein. Einsam – und feucht – wie eine Wolke schwebte ich durch den 24-Hour-Technicolor-Dream im Alexandra Palace, in riesigen, ausgestellten Hosen, in denen eine ganze Familie spielend Unterschlupf gefunden hätte, und einem aus einer alten Tagesdecke zugeschnittenen Kaftan, unerträglich smart aussehend und immer in der Hoffnung, jemand – irgendjemand – könnte mich als die Kreatur der Nacht vom Perfumed Garden erkennen und den Wunsch verspüren, mit mir »außerehelich intime Beziehungen« aufzunehmen (wie sich zu dieser Zeit sogar die sensationslüsternsten Boulevardblätter noch ausdrückten). Damit war ich so beschäftigt, dass ich einen Auftritt von Pink Floyd verpasste, welchen Augenzeugen als den »endgültigen« bezeichneten, und auch weder Brian Jones noch Jimi Hendrix noch Donovan, John Lennon oder gar Gott sah, von denen allen das Gerücht ging, sie seien irgendwann da gewesen. Als sich der *Summer of love* seinem Ende näherte, ging auch die Zeit *Radio Londons* zu Ende, und ich wurde vom Ersatzprogramm der *BBC*, Radio 1, übernommen.

Diese Erhebung in den Zustand fast bürgerlicher Anständigkeit hatte unter anderem zur Folge, dass ich gebeten wurde, als Ansager bei Popkonzerten aufzutreten. Da ich ein eher zurückhaltender Mensch bin – »Er ist noch etwas jung für sein Alter«, pflegte unser früheres Kindermädchen mit schriller Stimme zu verkünden, selbst als ich schon in den späten Zwanzigern war –, empfand ich diese Verpflichtungen meist als eher anstrengend. Am schlimmsten war's, als ich ein Konzert im Saville Theatre moderierte, bei dem The Cream zusammen mit der Bonzo Dog Doo-Dah Band auftraten. An diesem erlauchten Ort wurde von den Zeremonienmeistern erwartet, dass sie das zahlende Publikum so lange unterhielten, bis ein rotes Lämpchen zu ihren Füßen signalisierte, dass man die Hauptattraktion ankündigen konnte. Ich stand also vor ausverkauftem Haus auf der Bühne und schwitzte furchtbar, während sich hinter der Bühne die Mitglieder von The Cream gegenseitig anbrüllten. Nach ein, zwei Minuten fiel mir nichts mehr ein außer dem Hippie-Tiefsinn, den ich auch mit großer Ernsthaftigkeit für die *International Times, Oz* und *Gandalfs Garden* in schriftlicher Form produzierte. Das klang ungefähr so: »Geh aus der Stadt, geh weit weg, geh barfuß. Berühre die Rinde von tausend Bäumen. Es gibt eine Million Blumen, die nur für dich blühen, bitte geh und finde sie und lass sie deinen Frieden wissen.«

Bei diesem Cream-Konzert spielte dann Ginger Baker ein Schlagzeugsolo von derartiger Länge, dass ich schon über bewaffnete Intervention nachdachte: Doch das Publikum fand alles toll, ihn und mich. Später wurde ich sogar gebeten, auch beim letzten Auftritt der Gruppe in der Royal Albert Hall einleitende Plattitüden abzulassen. Wieder erinnere ich mich leider an kaum was, außer dass ich später mit Germaine Greer eine Verabredung hatte. Inzwischen war die Albert Hall fast ein zweites Zuhause geworden. Von ihrer Bühne herab hatte ich, im Schneidersitz, eine halbausgegorene Kindergeschichte von Marc Bolan vorgelesen; hinter der Bühne war ich tiefbedrückt Zeuge geworden, wie Donovan, den meine

Altersgenossen und ich als Ausbund von Unschuld und angeborenem Seelenadel betrachteten, jemanden »Wichser« titulierte! Es kann gut sein, dass ich geweint habe.

Selbst für jemanden, der so naiv war wie ich, war London in den späten Sechzigern der ideale Ort. Obwohl die Legende von Swinging London langsam starb, lag dennoch ein verrückter Optimismus in der Luft, und es gab eine Menge Leute – die das heute natürlich nicht mehr zugeben würden –, die fest daran glaubten, dass Intoleranz, Gewalt, Armut und Ausbeutung durch den freigebigen Einsatz von Gladiolen und Osterglocken beseitigt werden könnten. So konnte man die harte Realität wenigstens eine Weile von sich fernhalten. Das politische Engagement, wenn wir Hippies uns überhaupt eines erlaubten, war sorgfältig darauf zugeschnitten, solche naheliegenden Unannehmlichkeiten wie den Bürgerkrieg in Nordirland zu übersehen und sich stattdessen mit einem Krieg zu beschäftigen, in den Großbritannien nicht verwickelt war: Vietnam.

Unsere Einstellung Frauen gegenüber war ziemlich chauvinistisch, und meine Anwesenheit bei solchen Schlüsselereignissen wie den Freiluftkonzerten im Hyde Park war eher durch meine Hormone als durch meine Liebe zur Musik beflügelt. Das berühmteste dieser Konzerte, das der Rolling Stones, war sowieso nicht wahnsinnig anturnend: Die denkwürdigsten Augenblicke des Nachmittags bestanden aus der Ankunft einer Busladung von Skinheads, die scharf darauf waren, den Glauben an Manchester United zu verkünden und nebenbei noch ein paar Hippies zu verprügeln. Das Pink-Floyd-Konzert im Hyde Park hatte da ein ganz anderes Kaliber: In einem gemieteten Ruderboot über die Serpentine zu gleiten und den Klängen von »A Saucerful Of Secrets« zu lauschen, die in den wehrlosen Himmel donnerten – das war die größte Annäherung an himmlisches Glück auf Erden, die ich je erlebt habe. Jedenfalls bis Alan Kennedy in Paris das europapokalentscheidende Tor gegen Real Madrid schoss.

Für die restlichen Jahre der Sechziger blieb London der Mittelpunkt der Rock- und Popwelt. Keine Woche, in der nicht ein bedeutender Auftritt über die Bühne ging, und bei den meisten konnte man mich irgendwo entdecken: Zeitgenössische Fotos zeigen eine etwas verklemmte Type, deren Gesichtshaare in so abscheuliche Formen modelliert waren, dass sie heute eher wie Hilfeschreie wirken als wie Mode-Statements.

Die Doors und Jefferson Airplane spielten im Roundhouse. Ich war dabei, aber ich kann mich an nichts erinnern. Captain Beefheart spielte im Middle Earth, und ich stand tränenüberströmt mitten auf der Bühne und versuchte, eine Ansage zustande zu bringen. Ich habe nämlich immer behauptet, dass in einer Welt, in der auch noch die letzte Pfeife, die in der Lage ist, eine Gitarre richtigrum zu halten, als Genie gilt, Captain Beefheart vielleicht der einzige Insasse ist, der tatsächlich eins ist.

In den frühen Siebzigern wurde Londons Musik irgendwie beängstigend schlechter. Mein Schlüsselerlebnis in dieser Hinsicht war ein Konzert von Emerson, Lake & Palmer in der Royal Festival Hall. Es zog eine Unmenge von Schickeria an, Anhänger der Rock-als-Kunst-Richtung, die nur glücklich waren, wenn ihre verkniffenen Näschen Rock-Klassik-Mischungen witterten. ELP waren an diesem Abend fürchterlich, prätentiös, holperig und übelgelaunt. Eigentlich waren sie immer fürchterlich, aber es war das erste Mal, dass *ich* einem derartig leeren Unsinn ausgesetzt war. Irgendetwas war schrecklich schiefgegangen, und der erste Bote dieser Katastrophe war ein Mann in Lederhosen – immer ein schlechtes Zeichen, liebe Leser – und einem teuren, maßgeschneiderten Kaftan. Er lief durch die ganze Halle, um seine in der Reihe vor mir sitzenden Freunde anzukreischen. »Geschafft«, brüllte er, »ich bin absolut geschafft!« Ich war allerdings auch restlos geschafft.

Blickt zurück, wenn ihr euch traut, zurück in jene dunkle Zeit, in der Monster wie ELP und Yes die Welt unsicher machten, eine Zeit, in der Prätentionen und quasi-mystische Angeberei uns alle zu überwältigen drohten, und ihr werdet feststellen, dass bemerkenswert wenige wirklich neue Gruppen den Durchbruch schafften. Fast die einzige Art, es zu schaffen, war das Ausgraben irgendeines alten Sacks, egal wie abgewrackt er war, der früher in einer erfolgreichen Gruppe gespielt hatte. Nur dann waren die Londoner Schallplattenfirmen vielleicht zu bewegen, von Newcomern überhaupt Notiz zu nehmen. Na ja, um fair zu sein, muss man zugeben, dass es doch noch ein paar Lichtblicke gab. Bryan Ferry und Roxy Music oder die Faces zum Beispiel. Ich war ein sehr ernsthafter Hippie, als ich zum ersten Mal den Faces begegnete, hinter der Bühne bei einem ihrer Konzerte. Ich war – nüchtern und preziös, wie ich war – echt schockiert, als sie laut, vulgär und sehr *cockney* aus ihrem Umkleideraum strömten. »Ähmm, nein, danke. Nein, wirklich nicht«, murmelte ich nervös, als sie mir etwas zuriefen, das wie »Na los, John, du alter Trauersack, komm mit, wir gehen einen trinken« klang. Während sie den Flur entlangstürmten und verschwanden, wurde mir klar, dass die Faces sehr viel mehr Spaß am Leben hatten als ich selbst. Das nächste Mal, als sie mich einluden, ging ich mit. Und das nächste Mal danach auch. Und danach auch. Die Faces und ihr Sänger Rod Stewart änderten mein Leben. Bei einem ihrer Auftritte soll ich doch mit einer Flasche Blue Nun im Arm auf der Bühne getanzt haben. Und dabei bin ich ein Mensch, der nie tanzt. Nie, nie, nie.

Und dann gab es noch Little Feat im Rainbow Theatre. Sie traten als dritte Gruppe auf, nach Tower of Power und den Doobie Brothers. Das Rainbow war randvoll. Doobie-Fans, hätte man denken sollen. Aber nichts da. Als Little Feat auf die Bühne kamen, wurden sie mit einem orkanartigen Applaus begrüßt; zuerst etwas überrascht, erholten sie sich dann aber rasch und lieferten einen Hammer sondergleichen, angespornt durch den Tumult, den jedes neue Stück begleitete. Gegen Ende ihres Auftrittes waren sie den Tränen nahe. Ich saß in der dritten Reihe und weinte wirklich vor Begeisterung.

Aber das waren einsame Felsen in einer öligen, verschmutzten Brandung. Es gab zwar andere Momente, auch durchaus zumutbare: Neil Young kam von Zeit zu Zeit nach London, Jackson Brown auch. Aber den echten musikalischen Genuss gab's bald nur noch in den Pubs, in denen Gruppen wie Dr. Feelgood oder Eddie & the Hot Rods auftraten und sich wieder auf Rhythm'n'Blues besannen, wie es vor ihnen schon die Stones, The Who und die Yardbirds getan hatten.

Das Leben, so rief mir meine Vernunft laut zu, ändert sich. Diese scharfsinnige Erkenntnis bestätigte sich einige Monate später, als ich im Rainbow The Prefects aus Birmingham als Vorgruppe von The Clash sah. »Und jetzt ein Stück über Geschlechtskrankheiten«, verkündete ihr Sänger Robert Lloyd kummervoll. Drei Akkorde auf den Gitarren. »Ich hab 'nen Tripper«, kläffte Robert ins Mikro. Ende des Stücks. Ende der Rockmusik für mich. Und Anfang vom Ende der Vorstellung von Swinging London. Punk hat natürlich viel mehr verändert als nur die Musik. Seht mal aus dem Fenster und stellt euch vor, wie anders alles dort draußen aussähe, wenn es die Punk-Kultur nie gegeben hätte. Die Farbe, die Klamotten, die Haarschnitte, die Einstellungen, fast alles, fast jeder hat sich verändert. In Höllenkellern in ganz London, in Kellern, die das Macabre oder den Skiffle Cellar verweichlicht und fast morbide hygienisch hätten aussehen lassen, in solchen Kellern habe ich schlechtes Bier getrunken und mich von netten

Leuten anspucken lassen, während ich Siouxsie and the Banshees zuhörte oder the Slits, Billy Idol's Generation X oder irgendeiner anderen dieser unzähligen lauten und unausstehlichen Gruppen. Der länger anhaltende Effekt der Punkbewegung war die Entmystifizierung der Schallplattenaufnahme. Die Jungs und Mädels draußen in der Provinz stellten fest, dass sie, wenn sie genug Geld zusammenbekamen, auch eine Schallplatte aufnehmen konnten. Also taten sie das.

Swinging London hat sich in den vergangenen 13 Jahren verwandelt, mal zu Swinging Manchester, mal zu Swinging Glasgow, Swinging Leeds, Swinging Liverpool, Swinging Sheffield, einmal sogar kurz zu Swinging Norwich. Wenn man will, haben wir inzwischen ein Swinging United Kingdom, in dem gute Musik plötzlich in unerwarteten Ecken ausbrechen kann. Meine eigene Hoffnung ist, dass wir von hier aus weitergehen können zu einem Swinging Europe und unterwegs auch noch einer Swinging World begegnen werden. Die Vorzeichen sind gut, die Londoner Musikzeitschriften schreiben heute mit der gleichen Selbstverständlichkeit über die Musik Kolumbiens, Japans oder Marokkos, mit der sie das einst über die Jungs und Mädels von nebenan taten.

Susanne Kippenberger

JAMIE OLIVER

Die Briten haben begriffen, dass Yorkshire Pudding oder Kidney Pie nicht als Botschafter einer noblen und selbstbewussten Küche taugen. Jetzt setzen sie an, den Rest der Welt von ihren Qualitäten als Köche, Gastgeber und Genießer zu überzeugen. Der jugendliche Held ihrer Offensive heißt Jamie Oliver und – anders lässt es sich nicht sagen: Dem Charme dieses jungen Wilden der modernen Küche hatte Susanne Kippenberger einfach nichts entgegenzusetzen.

Es gibt böse Jungs, die Stinkbomben werfen, und brave Jungen, die Papa in der Küche helfen. Junge Männer, die der Traum jeder Schwiegermutter sind, warmherzig, aufrecht und treu – und solche, von denen alle Teenies träumen: schnoddrig, sexy und cool. Es gibt Erwachsene, die nicht mal richtig buchstabieren können, und andere, die einen Bestseller nach dem anderen schreiben: Fernsehstars, die Millionen verdienen, und Menschen, die sich für Arbeitslose engagieren. Es gibt Leute, die am liebsten mit ihren Kumpels rumhängen, und andere, die in jungen Jahren eine Familie gründen und Missionare werden. Die einen trinken Bier aus der Büchse, die anderen verkaufen Wein für ein paar Hundert Pfund.

Aber dass einer all das ist und macht und kann, sodass er von der Queen einen Orden umgehängt bekommt und von den Londoner Obdachlosen als Held gefeiert wird – das gibt es nur einmal. »Er sieht aus wie ein Rockstar, klingt wie ein Flegel und kocht wie ein Engel«, flötete der *Daily Telegraph* über Jamie Oliver, dem das Kochen im Blut liegt, dessen Eltern, Großeltern, Onkels alle in der Branche arbeiten. Kein Wunder, dass Dustin Hoffman die rasante Lebensgeschichte schon verfilmen wollte.

Mit vier hat Jamie Oliver Omelettes gebraten und sich an dem Wunder ergötzt, eine Sache zu nehmen und in etwas ganz anderes zu verwandeln. Mit sieben hat er seinen Freunden Pizza gebacken und als Achtjähriger in der Restaurantküche seines Vaters »mit Messern hantiert, die größer waren als mein Arm«. Mit 16 hat er am College Kochen studiert, als Twen den Premierminister bekocht und mit 21 seine erste TV-Kochshow gehabt.

Da hat er die Schürze ausgezogen und ist nach Hause gegangen: »Ich war nahe dran, ein prätentiöses kleines Arschloch zu werden, mich ins Fernsehstudio zu stellen und ein abgefahrenes Menü zu kochen.« Also: Weg mit der professionellen weißen Kluft. In der eigenen Küche ließ er sich filmen, beim Kochen mit Freunden, jagte mit der Vespa durch die Stadt, von einem Markt zum nächsten Händler, ununterbrochen unterwegs in seiner Mission.

Jeder Mensch ist ein Künstler, hat Joseph Beuys einmal gesagt. Jeder Mensch ist ein Kochkünstler, ist die Botschaft, die Jamie Oliver vermittelt: »Kocht, Leute, kocht!« Und er zeigt, wie es geht: einfach und ruck, zuck, ohne Millimetermaß und Briefwaage, ohne Schnickschnack und Firlefanz, mit drei Zutaten und einem Kick. Der junge Mann ist ein Missionar im Turnschuh, der Biokost predigt, gesunde Kinderkost und guten Geschmack, ein Sunnyboy, der gegen Gen-Food auf die Barrikaden geht. Engländer hassen Salat? Dann mischt er eben ein paar gegrillte Pfirsiche oder saftige Birnen unter die Blätter, schon lieben sie ihn. Sie fürchten sich vor dem Abwasch? Dann schmeißt er halt alles auf ein Blech: Schweinekotelett, mariniert mit Thymian und Zitronenschale, Sellerie, Kartoffel.

Jamie Oliver sitzt in seinem Restaurant »Fifteen« am Ende einer kleinen Sackgasse im East End, einer Ecke, die ein bisschen schäbig aussieht, in Wirklichkeit aber schon furchtbar in ist. Er sitzt da, ein Star ohne Star-Allüren, wirkt wie im Fernsehen, nur nicht so aufgedreht, und kocht mit Worten. Mit leuchtenden Augen beschreibt er seine Rezepte und Tricks, so, dass einem das Wasser im Munde zusammenläuft. Dabei trommelt der Koch mit den Fingern auf den Tisch, redet mit den Füßen, hackt und schneidet und knetet mit den Händen, wo es gar nichts zu kneten gibt, redet in einem Affentempo – viel Zeit hat er nicht, also nutzt er sie aus. »Bei Jamie ist es immer GoGoGo!«, meint sein Sommelier Matt Skinner.

Schreiner, erzählt der Koch, wär er auch gern geworden, seine Hände sind sein wichtigstes Instrument, sind es schon in der Schule gewesen, wo er in allen Fächern miserabel war außer in jenen, in denen er richtig anpacken konnte: Kunst und Geologie. Heutzutage gucken ihm allein in England sechs, sieben Millionen Fernsehzuschauer zu, wie er mit seinen dicken Patschefingern den Salat mischt, Tomaten und Zitronen quetscht, wie er die Finger ins Risotto steckt, abschleckt und dann wieder rein ins Risotto damit, oder wie er den Chili zerhackt, nach dem er süchtig ist. »Diese scharfen Schoten bringen deine Endorphine in Bewegung, deinen ganzen Körper in Wallung!«

Mit Begeisterung drückt er Käse und knetet Brot, als sei es eine Frau. Das hat ihm sein Lehrer beigebracht. Am College, sagt Jamie Oliver, habe er Handwerk und Technik gelernt, »aber das war eine etwas sterile Art des Kochens«. Dann ging er zu Gennaro Contaldo in die Lehre, im Restaurant Neal Street in Londons Covent Garden. Von Gennaro, schwärmt der 29-Jährige, habe er alles gelernt. Herz und Seele, Romantik und Phantasie, Sensibilität und Menschenverstand. All das, was er heute seinen Lehrlingen im eigenen Restaurant weiterzugeben versucht.

Aus dem früheren Klassenclown und bekennenden Legastheniker ist ein cleverer Lehrer geworden: Jamie Oliver redet, wie er kocht, und kocht, wie er als Drummer in einer Band spielt. »Freestyle« könnte man seinen Stil nennen. Seine Lieblingsmaßeinheit: »eine Hand voll« statt man nehme drei Gramm, füge einen Zentiliter hinzu. In 50 Ländern werden seine Sendungen ausgestrahlt. Oliver weiß genau, dass kein Teenager Brokkoli essen würde, wenn er ihm mit erhobenem Zeigefinger erklärt, dass Gemüse gesund sei, und dass kein 13-Jähriger zur Pfanne greift, wenn er ihm sagt, dass Kochen Spaß macht. Der Entertainer führt den Spaß einfach vor. *»Actions speak louder than words«*, heißt die Lehre, die er von seinem Vater übernommen hat.

»Ein mutiger Mann«, so nennt Jamie ihn, der vor Jahrzehnten schon das Konzept des Gastro-Pubs verwirklichte, als es das Wort noch gar nicht gab. In Essex, zwischen London und Cambridge war das, auf dem Dorf. Und weil es dort »keine Schwarzen, keine Juden, keine Schwulen gab, nicht mal geschiedene Leute«, war die Großstadt ihm anfangs ein bisschen unheimlich: Als er mit 16 aufs Westminster Catering College ging, stand er lieber jeden Morgen um halb sechs auf, ließ sich von Mom ein *English breakfast* braten und pendelte nach London, statt dort hinzuziehen.

Auch Mom ist ein großes Vorbild für den »Beckham in der Küche«, überhaupt, wenn er so nachdenkt, sind seine Helden vor allem Frauen: Rose Gray und Ruth Rogers, in deren italienischem Restaurant »River Café« er arbeitete, als er vom Fernsehen entdeckt wurde. »Beim Kochen neigen Männer dazu, sich wie Idioten zu verhalten.« Die nur nach den Michelin-Sternen greifen. Hummer servieren, unabhängig von der Saison, das Gemüse vom anderen Ende der Welt einfliegen lassen. Im »River Café« lernte Oliver eine entspannte Art des Kochens kennen – mit Gaumen und Liebe – und einen zivilisierten, humorvollen Umgang miteinander.

Auch im »Fifteen« wird nicht gebrüllt oder mit Pfannen geschmissen.

Natürlich lief nicht immer alles glatt. Selbst Jamies Anhänger hatten irgendwann die Nase voll, von dem ganzen Hype, von seiner penetranten Allgegenwart, in Buchläden wie im Fernsehen, dem Exhibitionismus, mit dem er im TV alles öffentlich machte, der pubertären Kumpelei. Sie empfanden seinen Cockney-Akzent als aufgesetzt, warfen ihm seine Selbstvermarktung vor – der *Observer* schrieb von einer »beachtlichen Ein-Mann-Industrie«. Die meiste Kritik brachte ihm aber ein millionenschwerer Werbevertrag mit der Supermarktkette Sainsbury's ein.

Als er aber verkündete, 15 arbeitslose Jugendliche, von denen einige noch nicht mal in einem richtigen Restaurant gegessen hatten, in Top-Küchenchefs zu verwandeln, da hielten selbst seine Fans das für einen geschmacklosen Publicity-Gag. Bis sie die Fernsehserie sahen, die darüber gedreht wurde, eine Dokusoap. Da lief so viel schief, und beileibe nicht nur die Bauarbeiten für das neue Lokal: Seine Frau meckerte, weil er keine Zeit für sie hatte, einige Jugendliche schwänzten dauernd, ließen sich nicht von Jamies Begeisterung anstecken, behandelten die Produkte nicht mit der Liebe und dem Respekt, die er erwartete. Am Ende waren nur noch acht Jugendliche dabei, als das Restaurant eröffnete. Aber gerade die Desaster, glaubt Jamie Oliver, haben ihm Sympathien eingebracht.

Im »Fifteen« herrscht hingegen unbekümmertes Crossover, wird Japan mit Sizilien vermischt, mediterrane Küche mit englischen Zutaten zubereitet: Carpaccio von schottischem Rind, die Krabben kommen aus Devonshire, die Tomaten für den Caprese stammen von der Isle of Wight. Raffiniert rustikal könnte man den Stil nennen.

Längst stehen selbst einstige Kritiker Schlange, um einen der begehrten Plätze in dem kleinen Restaurant zu ergattern, das aussieht wie ein futuristischer Club für hippe Großstadt-Twens und Preise hat wie ein deutsches Drei-Sterne-Lokal. Dessen Gewinn allerdings ins Restaurant zurückfließt, in die Stiftung »Cheeky Chops« für die Ausbildung der Jugendlichen. Inzwischen geht Jamie Oliver noch einen Schritt weiter: Jeder zehnte Lehrling, den er aufnimmt, hat schon im Gefängnis gesessen.

Wer allerdings ins »Fifteen« geht, in das Restaurant oder die Trattoria im Obergeschoss mit zivileren Preisen, um den Star zu sehen, wird oft enttäuscht werden. Der Koch kocht seltener hier, als ihm lieb ist. Er hat seine TV-Shows, ist unterwegs, um Geld für die Stiftung zu sammeln, fährt mit seinen Schützlingen zum Schäfer nach Wales oder zur Käserin nach Cornwall und hämmert ihnen ein, dass die Produkte das Allerwichtigste beim Kochen sind. Nie sollten sie sich mit dem Zweitbesten zufrieden geben, nur das Beste sei gut genug.

Auch beim Geschmack: Wo immer Jamie Oliver unterwegs ist, stürzt er sich aufs Essen und probiert, was in landes- oder regionaltypischen Restaurants auf den Tisch kommt. Immer auf der Suche nach dem besten Geschmack. Und so, wie er isst, glaubt man ihm sofort, wenn er sagt, dass er sich abends, wenn er ins Bett geht, schon aufs Frühstück freut. »Ich esse nicht, um zu leben, ich lebe, um zu essen.« Dass jemand nicht gern isst, unvorstellbar. »Der weiß es nur noch nicht.« Und eben das ist Olivers Mission: es ihm zu zeigen.

Jamie Oliver, 29 Jahre alt, hat fünf Bücher und zwei Töchter – und ein Leben. Was in der Branche ungewöhnlich ist. Seine Jugendliebe und heutige Frau Jools sorgt dafür, dass er Urlaub macht und die Wochenenden freinimmt. Und was macht er dann? Geht mit der Familie auf den Markt, lässt die Töchter Poppy Honey und Daisy Boo an Kräutern schnuppern und Tomaten betatschen, und abends wird für alle gekocht. Im Grunde, sagt der »naked Chef«, »bin ich eine verkappte italienische Mamma«.

Matthias Politycki

CHEERS, MATE!

Wenn die Kneipe auf dem Kontinent ein Landeplatz der neunmalklugen Sprüche ist, dann ist der Londoner Pub ein Ort profunder Weisheit. Was etwa sind drei Weltmeistertitel im Fußball gegen einen und zwei gewonnene Weltkriege? Ein Unentschieden – 3:3 – und Anlass genug, gleich noch ein Pint zu bestellen. Matthias Politycki hat sich auf dem Ale Trail von Zapfhahn zu Zapfhahn getrunken. Die Augen gingen ihm über. Und die Leber hat sich auch wieder erholt.

Kneipen sind bekanntlich Weltknotenpunkte des Menschlichen, Allzumenschlichen. Je härter das Pflaster, desto klarer die Weisheit, die dort gelehrt wird. In Mile End ist das Pflaster für die verbliebene Arbeiterbevölkerung sehr hart, ein Pub wie das »Lord Tredegar« kämpft ums Überleben, an einem Donnerstagabend geht's hier ziemlich trist zu. Unweigerlich kommt man mit den sieben Stammgästen ins Gespräch, der eine entpuppt sich als Verehrer von »Angela« (o ja, der Kanzlerin), der andere als Kenner der deutschen Wehrmacht ...

Als wir, die sieben Stammgäste und ich, das berühmte dritte Wembleytor der Engländer hinter uns und auch ihre sagenhafte 1:4-Niederlage bei der letzten WM abgehandelt hatten, stand es nach Weltcup-Trophäen aber immer noch 3:1 für Deutschland. Doch da erhob der Wirt selbst die Stimme, erinnerte daran, dass England auch zwei Weltkriege gewonnen habe, und als wir einen ratlosen Moment schwiegen: Das ergebe ein 3:3 unentschieden.

Solch ein Rechenkunststück erlebt man nicht alle Tage, und wenn man dann auch noch ein Spitfire-Bier aus dem Kühlschrank geholt bekommt, auf dem Flaschenetikett stolz als »The Bottle of Britain« beworben, schmeckt man Zug um Zug den herben Geschmack der deutsch-englischen Geschichte. Der Engländer trinkt erhobenen Hauptes weiter, der Deutsche wechselt sicherheitshalber das Lokal.

Will man als Nächstes vielleicht zu den alten Piratenpinten am Themseufer, etwa zum »Captain Kidd«? Von dort hatte man dereinst den besten Blick auf die Holzgestelle, in denen die Verurteilten dem Tidenhub ausgesetzt wurden; angeblich musste die Flut dreimal über sie hinweg, ehe sie abgenommen wurden. Oder will man lieber zu einer der unzähligen Stammkneipen von Charles Dickens? Die urigste gewiss »Ye Olde Cheshire Cheese« mit ihrem winzig-dunklen Schankraum (Tresen, Kamin, drei Tische). Oder will man gar das »Ten Bells« kennenlernen, wo Jack the Ripper verkehrt haben soll, um nach Opfern Ausschau zu halten?

Schon zwischen den genannten Pubs liegen Welten, die zwar allesamt London heißen, aber lange Hin- und Rückwege implizieren. Wer's logistisch nicht ganz so aufwendig treiben möchte, geht bis zur (über)nächsten Straßenecke: In London, so möchte man meinen, führen alle Wege in den Pub. Sie sind die traditionellen Fixpunkte einer unbegreiflich dynamischen Megacity, hier verwandelt sich die rastlose Weltstadt in ein Museum oder in tiefste Provinz. Und wie in einer gut besuchten Dorfkneipe ist's gern rappelvoll und der Lärmpegel gewaltig; wer sich auf den »Ale Trail« begibt, muss nicht nur Ausdauer und eine tapfere Kehle mitbringen, sondern auch Standvermögen im wahrsten Sinn des Wortes. Dafür wird er reichlich belohnt, manche der Pubs verschlagen einem schier die Sprache, wenn man sie zum ersten Mal betritt, so prachtvoll sind sie mit geschliffenen Spiegeln, gedrechselten Tresenaufbauten und antikem Mobiliar ausstaffiert: Das »Princess Louise« etwa ist nichts Geringeres als eine Prunkhalle viktorianischer Wohnkultur mit separierten Trinkabteilen am Tresen, Relikte aus einer Zeit, da man im *public house* noch Wert darauf legte, unter sich zu bleiben. Einer Zeit, da das British Empire auf dem Höhepunkt seiner Macht war, wohin der Blick auch fällt, er entdeckt opulente Mondänität, selbst die Toiletten gelten mittlerweile als Nationalheiligtum.

Zugegeben, das sind die Ausnahmen. Doch auch der ganz normale Pub hat mehr zu bieten als die gängige Kontinentalkneipe: Man erkennt ihn schon von draußen an den Blumenkübeln zwischen den Fenstern. Und drinnen dann am Kamin (meist mit künstlichem Feuer), am versifften Teppichboden, der schon manches umgekippte Bier aufgesaugt hat, am unvergleichlich muffigen Geruch, nach dem man süchtig werden kann. Und natürlich an den langen Holzpumpen, mit denen man das Ale aus dem Fass holt. Daneben wirkt die Serie kleiner Kipphebel, die für Importbiere Verwendung finden, wie Kinderkram. Nein, im Pub sollte man sich nicht an Beck's oder Staropramen festhalten. Die Herausforderung besteht darin, ein einheimisches, ein wirkliches Bier zu bestellen. Real Ale, und vor allem dann auch zu trinken.

Für manch einen endet das Vergnügen des Pub-Besuchs, jedoch vorübergehend, beim ersten Schluck. Ja, er kann bitter ausfallen, lack und lau, als habe man den alten Teppichboden doch endlich mal ausgewrungen und auf ein Fass abgezogen, als habe der Braumeister über Nacht seine alte Malzsocke hineingehängt, der Geschmack changiert nicht selten zwischen Kinderbier und Klosterfrau Melissengeist. Beim nächsten Bier wird alles anders? Das hoffen nicht selten auch die Einheimischen: Meine Freundin Laura, ansonsten von feinster Wimbledoner Noblesse, setzte ein Seafarer's Ale empört mit den Worten ab: »Good god, a seafarer's piss!«

Will man etwas Versöhnliches über den Geschmack der Ales sagen, so vielleicht dieses: Sie schmecken immerhin nicht wie Carlsberg oder Heineken, also nach dem kleinsten gemeinsamen Nenner alles Bierigen: Die englischen Brauereien beharren auf ihrer regionalen Tradition, und das mit Stolz und Humor – Hut ab. Dass das englische Reinheitsgebot, wie man's tatsächlich erst vor rund 40 Jahren dekretiert hat, vornehmlich darauf hinausläuft, dem Bier kein extra Kohlendioxid zuzusetzen, wird für immer die Gemüter spalten: Ob man ein Ale, Real Ale, Bitter, Pale, Stout, Porter oder India Pale Ale (und das sind nur die gängigen Oberbegriffe) nicht auch ein paar Grad kälter servieren könnte, ist und bleibt Weltanschauungssache.

Reichlich Chips zu essen, hilft ein wenig. Mehr noch, den Blick nicht allzu sehr ins Glas, sondern in den Pub zu richten. Und an einer Kollektiverfahrung teilzunehmen, die uns fast zwangsläufig, wenigstens für einen Abend, Teil der britischen Lebenskultur werden lässt. Hier ist er mit Händen zu greifen, der unvergleichliche Sinn für Situationskomik, der selbst schärfsten Konflikten die Spitze nehmen kann. Ein Beispiel:

Das »Coat Hole« ist eine beliebte Bierhölle nahe Charing Cross: Am Tresen hängt, zum Tresen drängt hier alles, was seinen Durst direkt von der Arbeit mitgebracht hat, man trinkt in hautengem Kontakt zum Mitmenschen.

Als ich dies veritable Trinkfachgeschäft um sechs betrat, schlug mir ein ohrenbetäubendes Geschnatter und Gelächter entgegen. Alle waren bereits heftig bei der Sache, ein gewaltiges Gelage, und obwohl jeder Einzelne zwischen seinen Mittrinkern festgeklemmt war, fast zur Reglosigkeit verdammt, war das Ganze auf seltsam wogende Weise in Bewegung: Alle veränderten zentimeterweise ihren Standort, und der Größte von ihnen, ein Zweimeterschrank, war der Allerbeweglichste und, leider, auch der Allerbetrunkenste von ihnen. Da er die anderen um Kopfeslänge überragte, behielt man ihn gut im Auge, wie er sich rücksichtslos seinen Weg zum Zapfhahn bahnte, wie er Pint um Pint in sich hineinstürzte, kurz stillstand, auf die Menge stierte.

Plötzlich sprang eine kleine Frau an ihm empor, versetzte ihm eine schallende Ohrfeige, und indem es in der nächsten Sekunde schlagartig still wurde, hörte man sie wild schimpfen, der Kerl habe ihr ans Gesäß gefasst. So drückte sie's allerdings nicht aus, wir lauschten hingebungsvoll, vereint in unserer Bewunderung für die Frau, die gar nicht aufhören wollte zu toben. Der Trunkenbold schwankte wortlos und glotzte sie an. Bis sich endlich einer der Barmänner vom Tresen löste, sich den Weg zu ihm bahnte, ihn kommentarlos unterhakte und zum Ausgang führte, der Riese leistete keinerlei Widerstand.

Bevor wir uns dann freilich in einem tosenden Applaus von der Anspannung erlösten, stemmte sich einer hervor und rief mit großer Bestimmtheit: »Give her a drink!«

Besser, meine ich, kann man eine derartige Geschichte nicht auf den Punkt bringen. Cheers, mate!

Thilo Bode

DIE SEASONS

Auch die besseren Kreise brauchten ihre Biotope. Sie hießen Ascot, Henley und Wimbledon und galten dem Vergnügen, sich unter seinesgleichen zu präsentieren, extravagante Hutkreationen zu balancieren und sich aus dem Kofferraum des Bentley am Picknickkorb zu delektieren. Sport? Ach ja: Das Pferderennen, die Ruderer oder das Tennismatch gab es auch zu sehen. Thilo Bode erlebte eine Zeit, in der exklusive Vergnügen noch exklusiv waren.

»Zeremonien«, sagt der Lord Mayor, der Oberbürgermeister der »City of London«, während er dem Besucher eigenhändig seine Amtsrobe aus Hermelin und rotem Samt, sein Amtsschwert aus der Zeit Elisabeths I. und das kleine Bürgermeistermedaillon aus Gold und 243 Brillanten aus dem Jahre 1802 (die große Amtskette ist 300 Jahre älter) vorführt – »Zeremonien sind eine britische Kunstform. Wir üben sie bis zur Perfektion, wir feilen an ihnen und geben uns ihnen völlig unbefangen hin, wenn sie dann abrollen. Dahinter steckt Drill, aber auch die Überzeugung, dass sie uns wirklich etwas bedeuten. Wir machen eben von unserer Geschichte täglichen Gebrauch und sperren sie nicht ins Museum.«

Wie der Oberbürgermeister, im Zivilberuf nüchterner Versicherungsmakler und Kapitän auf großer Fahrt, hätten auch der Turnierleiter von Wimbledon (das Turnier ist über 100 Jahre alt), der Veranstalter des jährlichen Ruderrennens zwischen Oxford und Cambridge (erstmalig 1829) oder die

Rennleitung von Ascot, wo Pferderennen seit 300 Jahren abgehalten werden, reden können. Die Namen markieren das jedes Jahr von neuem mit nie erlahmendem Enthusiasmus absolvierte Sommerzeremoniell des Landes, sie sind feste Eintragungen in dem Terminkalender eines ganzen Volkes. Viel von dem gesellschaftlichen Leben des Landes rankt sich um diese Namen - »gesellschaftlich« verstanden im weitesten Sinne. Was der Reiterclique ihr Badminton ist, die jährliche große Internationale Military im alten Schlosspark des Herzogs von Beaufort, mit etwa 20 Jahren das mit Abstand jüngste der großen Sportereignisse, das bedeutet einem nach Millionen zählenden Sportpublikum sein Endspiel im Fußballpokal, das Cup Final, im Londoner Wembley-Stadion. Es ist das wohl zelebrierteste aller Fußballspiele, mit großer Militärmusik, immer einem Mitglied der Königlichen Familie in der Loge und, bis vor zwei Jahren, eröffnet mit einem Choral. Viele Räder stehen still an solchen Tagen, und das Volk, das eigentlich im Büro oder am Fließband dem Sozialprodukt aufhelfen sollte, zieht stattdessen zum Massenpicknick neben die Rennbahnen oder bangt Stunden um Stunden vor dem Fernseher um einen britischen Sieg. Nur im Sommer, wenn das Derby auf das Cup Final und Ascot auf die große Gartenschau in Chelsea folgen, können schon einmal die sonst starren britischen Klassenschranken ein wenig nachgeben. »Es wird«, unterbrach kürzlich einer der sonst gottgleich über seinem Gericht thronenden britischen Richter seine Verhandlung, »uns alle interessieren, dass, wie ich soeben höre, Australien four for one ist«, unübersetzbar ins Deutsche, aber jedem Engländer sofort erkennbar als der Stand eines Cricket-Länderspiels.

Doch wieso Sport als Rahmen für die Gesellschaft? Gewiss sind die »Debütantinnen«, der einst vom Hof gutgeheißene jährliche weibliche Nachwuchs für die sogenannte Gesellschaft, seit 1959 als offizielle Einrichtung abgeschafft. Aber da sich weder der eigene Ehrgeiz noch der der Mütter wegkommandieren lässt, hat die Einrichtung mitsamt den alten Vorurteilen überlebt. So braucht niemand einer Debütantin auseinanderzusetzen, dass sie sich um Gottes willen nicht beim Hunderennen sehen lassen, dass sie aber in Henley bei der klassischen Sommerruderregatta nicht fehlen darf. Die »passenden« jungen Männer, um die es letzten Endes geht, denn »Gesellschaft« in England heißt immer auch altmodischer Heiratsmarkt, finden sich eben nur in Henley, in Badminton, bei der Sommersegelregatta in Cowes, höchstens noch in Ascot, nicht aber beim Windhundrennen, einem Sport allein der »working class«.

Doch wie wird man heute Debütantin, wie sieht der Start zur ersten *season* aus, angestrebt noch immer von einer dreistelligen Zahl von jungen Damen aus der Hauptstadt und der umliegenden »Countryside« mit ihren Landsitzen?

Etwa um die Zeit, wenn bei noch bitterkalten winterlichen Winden die Universitätsachter von Oxford und Cambridge schon auf der Themse für den Auftakt des sportlichen Jahreskalenders trainieren, versendet ein Redakteur des »Tatler«, des in keinem feinen Landhaus fehlenden, angejahrten Gesellschaftsblattes, diskrete Anfragen an sorgfältig ausgewählte Mütter. Läge es nicht, so gibt er zu bedenken, im Interesse der jetzt so blühend heranwachsenden Tochter, wenn sie ihren gesellschaftlichen Horizont erweiterte? Die Antwort, so verlautet, ist selten negativ; eher hat sich der Tatler-Mann der Initiative so mancher Mutter zu erwehren, die ihm aus eigenem kaum in den Sinn gekommen wäre. Als Endergebnis laden die Eltern jeder Debütantin jede andere Debütantin samt passendem männlichen Anhang ein, wobei die Skala vom traditionellen Tee bis zum formellen Ball reicht. Der Höhepunkt der Saison 1977 beispielsweise war der Ball, den der Herzog von Marlborough für bescheidene 50 000 Mark seiner Tochter Henriette auf Schloss Blenheim ausgerichtet hat (in dessen Bibliothek sehr unvorgesehen Winston Churchill geboren wurde, dessen Mutter noch im neunten Monat einem ähnlichen Ball nicht hatte widerstehen können). So ist für den Debütantinnen-Set auf Monate hinaus ein komplettes *social life* gesichert. Doch den eigentlichen Kern der ebenso überholten wie teuren Unternehmung gibt es nicht mehr, seit im Sommer 1959 zum letzten Male Debütantinnen vor der Königin im tiefen Hofknicks versanken und damit als bei Hof vorgestellt und in die »Gesellschaft« aufgenommen galten.

Warum leisten die doch modernen Einflüssen ausgesetzten Debütantinnen eigentlich nicht größeren Widerstand gegen den alten Ritus?

Einer der Gründe dafür ist, dass das äußere Bild der *season* nicht mehr so gezwungen ist wie früher. Es gibt heute eine modisch-verpoppte Version, deren Schlachtfelder nicht mehr so sehr das »Ritz«, das »Dorchester« oder die feudalen Landhäuser sind, sondern beispielsweise die Diskothek »Françoise« in der Londoner Sloane Street. »Françoise« ist, wie in England fast alle Fluchtburgen derer, die unter sich sein wollen, ein privater Club; die Exklusivität soll, nicht anders als bei den weitverbreiteten, ebenfalls privaten Arbeiterclubs, einen gesellschaftlichen Kraal abstecken. Das gemeinsame Kennzeichen aller »Françoise«-Mitglieder ist, dass sie auf Privatschulen waren, in England völlig unlogisch »Public Schools«, öffentliche Schulen, genannt. Dort zur Schule gegangen zu sein, ist noch immer der wichtigste gesellschaftliche Ausweis in Britannien; die Kinder der führenden Schichten oder was dafür gilt, werden nach wie vor auf den Internaten der Public Schools von den übrigen 99 Prozent aller britischen Schulkinder isoliert. Geändert hat sich nur, dass heute neben die Sprösslinge des klassischen Establishments neue Schichten getreten sind, etwa das Bankgewerbe, der Grundstückshandel oder die Versicherungsbranche. Einer der jungen Männer aus dem neueren Einzugsgebiet legte kürzlich dar, wie das kommt: »Früher stand uns intellektuellen Schlusslichtern der Oberschicht etwa die Offizierslaufbahn in der Marine offen. Doch dann verlangte die Marine plötzlich das Abitur, und wir mussten auf die Armee ausweichen. Dann bestanden auch die auf dem Abitur. So bleibt uns nur noch Lloyds Versicherung – das Abitur brauchen wir dort nicht vorzuzeigen, sondern nur 60 Braune als Einsatz.« Doch das ist schon höhere englische Soziologie. Wo aber ist das Bindeglied zwischen Sport und Gesellschaft? Nach einem berühmten englischen Kalenderspruch ist die Schlacht von Waterloo auf den Spielfeldern von Eton (der berühmtesten aller Privatschulen) gewonnen worden, womit gemeint ist, dass im wesentlichen die beim Sport vermittelte Charaktererziehung der englischen Offiziere über Napoleon gesiegt habe. Das stimmt zwar schon deshalb nicht, weil nur ein Drittel der Wellington-Blücher-Armee Briten waren und der die Schlacht entscheidende Stoß nicht von den Engländern, sondern von den Preußen geführt wurde. Doch der Satz bleibt brauchbar als Ausweis der engen Verbindung zwischen der »Gesellschaft«, die sich früher wie heute im wesentlichen aus den Public Schools rekrutiert, und dem Sport. Alle jungen Engländer, die im März 1977 in den Universitäts-Achtern von Oxford und Cambridge saßen, kamen von Public Schools, ein Viertel von ihnen allein aus Eton. So etwas färbt unvermeidlich die Atmosphäre, etwa beim großen klassischen Ruderfest in Henley. Zwar kann sich die sportliche Qualität der Henley-Regatten nicht mehr mit anderen Ruderregatten in England messen, geschweige denn mit den kontinentalen Titelkämpfen. Aber als gesellschaftliches Ereignis gehört Henley in die erste Reihe.

In Henley erscheint der Mann mit dem steifen Strohhut und die Dame mit dem Wagenrad und dem engen, langen Taillenkleid der Jahrhundertwende; nicht der Sport, sondern die Erhaltung einer traditionellen gesellschaftlichen Atmosphäre wird auf solche Weise leicht zum Wesentlichen. Anderswo dagegen kommt man einfach nicht an einschneidenden Änderungen vorbei. Beim Cricket etwa, für den Fremden ein Buch mit sieben Siegeln, für viele Engländer jedoch die Essenz des Englisch-Seins schlechthin, unterscheidet man zwar immer noch im stillen zwischen »gentlemen« und lediglich »Spielern«. Aber seitdem selbst die Gentlemen entdeckt haben, dass sich mit Cricket auch Geld verdienen lässt, beginnt sich die Atmosphäre im »Kennington Oval« oder bei »Lord's«, wie die beiden klassischen Londoner Cricket-Plätze heißen, zu wandeln. Dabei blieb es nicht. Als England 1976 in London gegen Westindien spielte, eine Cricket-Großmacht, waren die Ränge buchstäblich schwarz, denn noch der letzte westindische Einwanderer war aus dem äußersten Winkel Englands herbeigeströmt und half mit, die traditionell gemessene Atmosphäre des langsam dahinplätschernden Crickets, dessen Spielzeit nicht nach Minuten, sondern nach Tagen bemessen wird, unter Zuhilfenahme unzähliger Steelbands bis zur Unkenntlichkeit zu verwandeln. Seitdem berät der Vorstand des Marylebone Cricket Clubs, in der ganzen Cricket-Welt verehrungsvoll nur »M. C. C.« genannt, weil er nicht nur der englische Cricket-Club schlechthin ist, sondern zugleich die höchste Cricket-Autorität der Welt, wie sich wohl die traditionelle englische Langeweile auf den Cricket-Plätzen wiederherstellen ließe.

Der eigentliche Reiz des englischen Sportsommers bleiben eben seine ewige Wiederholung und die Kontinuität seiner Atmosphäre. Man weiß, dass Wimbledon immer »sechs Wochen vor dem ersten Montag im August« beginnen muss, und niemand will wissen, warum; man weiß genau, was einen in Badminton und beim Cup Final erwartet. Die eifernden Kritiker der grauen Zylinder in Ascot und der Kreissägen in Henley haben es nicht leicht, denn den Millionen, die seit

Generationen zum großen bunten Sommerzeremoniell strömen, ist es gleichgültig. Sie kommen aus vielen Gründen: wegen der Pferde, wegen der Boote, wegen der Hüte, oder auch, weil sie bangen wollen, etwa um die ewig unberechenbare Virginia Wade in Wimbledon, oder sich anvertrauen wollen, etwa dem ewig zuverlässigen Lester Piggott in Ascot oder Epsom. Vor allem aber kommen sie, weil die Mischung aus Sport und Garden Party, die die Atmosphäre des englischen Sportsommers ausmacht, einfach unwiderstehlich ist.

LONDON
KREATIV

Die schönen und
die starken Künste

Hans Pietsch

DIE MIT DEM HAI UND DEM EI

Kunst ist immer eine Antwort auf ihre Zeit. Kann sie zumindest sein. Nur so ist zu erklären, warum in den achtziger Jahren, während der Ära Thatcher und danach, die Künstler plötzlich verrückt spielten: Die Young British Artists stellten tote Schafe aus, gammelnde Rinderschädel und zerwühlte Betten mit allen Spuren eines verruchten Lebens. Der Kunstkritiker Hans Pietsch ließ sich schon damals nicht aus der Ruhe bringen. Und konstatiert ein paar Jahre später im Rückblick, dass im Kunstbetrieb längst wieder business as usual herrscht.

Eine zweigeteilte Glasvitrine. Maden kriechen über einen enthäuteten Rinderschädel und laben sich an dem verwesenden Fleisch. Die ausgeschlüpften Schmeißfliegen ernähren sich von Zuckerwasser und werden von einem Insektenvertilger vernichtet.

Die Schockwirkung von Damien Hirsts Arbeit »A Thousand Years« (1990) war groß. Brutaler lässt sich der ewige Kreislauf von Geburt und Tod wohl nicht darstellen. Schockierendes auch von anderen Künstlern: Die Brüder Jake und Dinos Chapman klebten kopulierenden Schaufensterpuppen einen Penis als Nase und eine Vagina als Mund an. Sarah Lucas fotografierte sich selbst, nackt auf einem Klo sitzend, mit dem Wasserbehälter auf dem Schoß. Marc Quinn modellierte aus mehreren Litern des eigenen Blutes einen tiefgefrorenen Porträtkopf.

Es war nicht zu übersehen: Eine neue Künstlergeneration meldete sich zu Wort. Schnell war auch ein griffiges Label für die aggressiven Künstler gefunden: Young British Artists. Die YBA dominierten die britische Kunstszene der neunziger Jahre. Ihre Kunst war frisch, laut, zynisch und nahm kein Blatt vor den Mund. Gewalt, Sex, Körperlichkeit, Tod – fast naiv und unschuldig packten sie die großen Themen der Kunst an und bedienten sich dabei sämtlicher Medien, von Malerei bis Video, von Skulptur bis Installation. Sie eroberten den internationalen Markt. Sammler, allen voran der Londoner Werbezar Charles Saatchi, zahlten Unsummen für tote Schafe, aufgespießte Schmetterlinge, ein T-Shirt mit zwei Spiegeleiern als Brüste und ein ungemachtes Bett.

Sommer 1988, die Geburtsstunde der YBA. Die Schau »Freeze« in einem leerstehenden Lagerhaus im East End, organisiert von einem jungen Kunststudenten. Sein Name: Damien Hirst. 16 Künstler, die meisten noch Studenten. Abstrakte Gemälde, Installationen, Plastiken. So professionell gemacht wie eine Museumsschau, mit Pressetag und Katalog. All das sagte vor allem eins: Wir haben Talent und Chuzpe, ihr könnt uns nicht ignorieren. Wir sind die Zukunft.

Die Schau schlug ein wie eine Bombe: Ihr 1965 geborener Organisator wurde zum Vorreiter seiner Generation, spätestens seit seinem in Formaldehyd eingelegten Hai mit dem enigmatischen Titel »The Physical Impossibility of Death in the Mind of Someone Living« (1991). Hirst veränderte die Einstellung der britischen Öffentlichkeit zur zeitgenössischen Kunst. Ohne ihn gäbe es wohl keine Schlangen vor der Tate Modern. Ohne ihn würde der begehrte Turner-Preis der Tate Gallery, für den er 1992 nominiert wurde und den er 1995 gewann, nicht jahraus, jahrein Schlagzeilen machen. Seine toten Tiere machten die BritArt – ein weiteres

Label – so bekannt wie Brit Pop oder den Fußballer David Beckham.

Brutstätte der YBA ist Hirsts Alma Mater, das Goldsmiths College. Hier gibt es keine Trennung der verschiedenen Disziplinen wie Malerei und Skulptur, die nichthierarchischen Lehrmethoden legen Wert auf eine Art Demokratie zwischen Material und Bedeutung. Die Studenten werden angeregt, sich mit der Welt von heute auseinanderzusetzen, auf neue Art Kunst zu machen und ihre eigenen Ausdrucksformen zu finden.

Goldsmiths' Guru der achtziger Jahre, der Maler Michael Craig-Martin, brachte seinen Zöglingen dazu noch bei, wie man sich draußen, in der harten Welt des Kunstmarkts, behauptet. Habt keine Angst vor Galeristen, bläute er ihnen ein, sie brauchen euch, ihr könnt Forderungen stellen. Sein Musterschüler in dieser Hinsicht war wiederum Damien Hirst. Schon wenige Jahre nach »Freeze« waren seine Arbeiten so bekannt, dass sich die Werbung ihrer bemächtigen konnte.

Auch die anderen YBA – Tracey Emin oder Sarah Lucas etwa – lernten, obgleich ansonsten keine kohärente Gruppe, schnell. Allesamt sind sie Kinder von Margaret Thatchers Ich-Gesellschaft. Wie ihr Förderer Charles Saatchi, ohne dessen unersättlichen Appetit auf schrille Kunst ihr kometenhafter Aufstieg wohl viel länger gedauert hätte. Der millionenschwere Werbemann kaufte en gros, manchmal ganze Ausstellungen, und zeigte die Schützlinge in seinem Nord-Londoner Museum und in der Schau »Sensation« (1997).

Die Steigbügel zum schnellen Aufstieg hielten neben Saatchi vor allem zwei junge Galeristen. Der Deutsche Karsten Schubert war der Erste, der die Künstler in seiner Londoner Galerie einzeln und gruppenweise vorstellte. Zum Epizentrum der neuen Kunst wurde jedoch die winzige Galerie White Cube im Stadtteil Mayfair – ihr Besitzer Jay Jopling machte Hirst und die anderen zu Superstars.

Jeder Künstler durfte in Joplings Weißem Kubus nur einmal ausstellen, doch die Sammler kamen in Scharen. Und der Sohn eines Lords und Absolvent der Eliteschule Eton tat das Seine, sie anzulocken: Als er Hirsts Hai ausstellte, lud er einen Fotografen ein, das tote Tier zusammen mit einem Teller Pommes frites als »teuerstes Fish and Chips« abzulichten. Mit dem gewünschten Erfolg: Das Werk war in aller Munde. Wie Hirsts Arbeiten überhaupt – die filetierten und in Formaldehyd eingelegten Rinder und Schafe oder die aufgespießten toten Schmetterlinge auf Leinwänden, auch seine Arzneimittelschränke, die gigantischen übervollen Aschenbecher, die Schmetterlingsgemälde, die fast wie am Fließband hergestellt werden. Ironisch spielt Hirst mit der scheinbaren Leere seiner Arbeiten: »Ich habe manchmal das Gefühl, dass ich nichts zu sagen habe, und dieses Gefühl möchte ich oft ausdrücken.«

Die Medien liebten die Clownerien der YBA in der Öffentlichkeit, die sie gleichzeitig als vulgär anprangerten – Emins betrunkene Auftritte vor den Fernsehkameras. Hirsts Ausflüge in die Welt der Popmusik und Restaurants. Bald sprach man mehr über die Künstler als über ihre Kunst, und sie taten ihr Bestes, diesen Prozess zu fördern. Ihr dementsprechender Ruhm gipfelte in Emins »My Bed« (1998), wofür sie 1999 für den Turner-Preis nominiert wurde: ein ungemachtes Doppelbett, mit Unterwäsche, leeren Ginflaschen, vollen Aschenbechern und benutzten Kondomen.

Daneben gab es aber auch stillere Künstler, die sich nicht in den Vordergrund drängten, und deren Kunst weithin Aufsehen erregte, ohne zu schreien. Wie Rachel Whiteread. Ihre melancholischen Abgüsse von negativem Raum sprechen von Erinnerung und Verlust – eine Badewanne, ein Zimmer, in dem sie einmal wohnte, ein zum Abbruch verdammtes Haus, eine Bibliothek ohne Bücher wie in ihrem Wiener Holocaust-Mahnmal. Oder der semi-abstrakte Maler Gary

Hume mit seinen bonbonfarbenen, mit Lackfarbe gepinselten Tür- und Fensterbildern. Botschaften sind seine Sache nicht, und so ist auch sein vielzitierter Spruch zu verstehen: »Von mir bekommt man nur Oberfläche.«

Doch dann kam, was kommen musste: Die Kunstöffentlichkeit hatte sich sattgesehen. »Hell« (1998–2000) der Brüder Jake und Dinos Chapman, eine apokalyptische Vision von Folter und Verstümmelung, dargestellt mit winzigen Plastikfiguren in der Form eines Hakenkreuzes, löste in der Schau »Apocalypse« (2000) lediglich milde Entrüstung aus: Ein Schmunzeln war die Reaktion auf die aus Zigaretten zusammengebauten Plastiken von Sarah Lucas: Tracey Emins traurige Geschichten aus ihrem traurigen Leben blieben weitgehend ohne Echo. Unter den für den Turner-Preis 2004 nominierten Künstlern befand sich keiner mehr aus dem Club der YBA.

Die heute nicht mehr ganz so jungen Provokateure von gestern sind Teil des Establishments geworden. Im zentralen Raum von Saatchis neuem Museum in der ehemaligen Town Hall, einer holzgetäfelten Rotunde mit ausladender Stuckdecke, werden die ikonenhaften Arbeiten wie Hirsts Hai und Emins Bett präsentiert, als seien sie von Tizian oder Raffael. Die Kunst der YBA, einst so direkt und frisch, erzielt zwar weiter Höchstpreise, doch London wartet auf Neues.

Martin Tschechne

DER ANONYME ARTOHOLIKER

Was tut einer, der Geld genug hat, den Kunstbetrieb wie ein dummes Tier am Nasenring durch die Arena zu führen? Er tut genau das! Und baut ein Museum, in dem zu sehen ist, was wirklich in der jungen Kunst steckt, wenn man sich die Drängeleien der Galeristen und das Gehabe der Schickimickis einfach wegdenkt. Für Martin Tschechne ist die Saatchi Gallery das spannendste und witzigste Haus der ganzen Stadt!

Dies ist das Porträt eines Abwesenden. Eines Mannes, der ein paar Hundert Kunstsammler, Kritiker und andere Schickimickis zur Champagnerparty einlädt, aber selbst nicht hingeht. Der Kunst kauft, bis die Ateliers einer ganzen Generation nahezu leergefegt sind. Der junge Künstler zu Stars macht und sich dann plötzlich für ganz andere interessiert. Der mit immer neuen Entdeckungen den internationalen Kunstmarkt wie ein dummes Tier am Nasenring durch die Arena führt. Ein früherer Mitarbeiter nannte ihn einen Meister des Marionettentheaters. Dies ist das Porträt eines der am meisten gehassten, bewunderten, gefürchteten und verehrten Akteure der Szene zwischen Schanghai und New York.

Ein Mann der Widersprüche, Zyniker und Romantiker zugleich, Spötter und Schwärmer: Stellt sich mit Londons wohl intelligentestem Forum für zeitgenössische Kunst in die Öffentlichkeit und hält sich selber doch sorgsam verborgen. Weiß genau, mit welchem Slogan sich welcher Impuls wachkitzeln lässt, genießt den Erfolg des Kreativen, dessen Werbeagentur jahrelang den Etat der British Airways hielt und Margaret Thatchers Wahlerfolg 1979 befeuerte. *Labour isn't working* war das unnachahmlich trockene Wortspiel, das beim Wähler hängenblieb. Doch ist Saatchi berühmt dafür, sich Interviewanfragen zu verweigern. Dafür hat er seine Autobiographie in Form eines Interviews geschrieben. Was das sein soll? Die krampfhaft originelle und deshalb peinliche Selbstdarstellung eines Kontrollfreaks? Nein: Das Interview mit sich selbst gehört zum Ehrlichsten und Witzigsten, was der Markt in diesem Genre zu bieten hat, erfrischend und entwaffnend schon in seinem Titel: »My Name Is Charles Saatchi and I Am an Artoholic«, was romantisch übersetzt so viel heißt wie »trunken von Kunst«, oder auch »Kunst-Junkie«.

»Mr Saatchi war heute Morgen hier«, sagt Rebecca Wilson, »aber er legt keinen Wert darauf, jemanden zu sehen.« Rebecca – der Vorname ist hier die Umgangsform – ist Direktorin der Saatchi Gallery an der King's Road, eine junge Frau, locker, wach, intelligent und sachlich wie die Galerie selbst. Die Galerie ist ein Hort der Sachlichkeit. Gefühle finden auf anderer Ebene statt. Dazu ist die Kunst da. So war es immer, früher im Geschäft, später zu gesellschaftlichen Anlässen.

Vielleicht ist es eine Marotte, vielleicht steckt Scheu dahinter, ein Prinzip: Charles Saatchi bleibt immer so weit im Hintergrund, wie es die Situation erlaubt. 1943 in Bagdad geboren, in London erzogen, 1970 gemeinsam mit seinem Bruder Maurice Gründer der Agentur Saatchi & Saatchi – heute hat das Unternehmen 140 Niederlassungen in 76 Ländern. Verheiratet ist er mit Nigella Lawson, die mit Fernsehshows und Kochbuch-Bestsellern zum Medienstar wurde. Nur zu gern würde die Kunst- und Kulturszene das glamouröse Paar jeden Abend auf einem roten Teppich sehen.

Saatchi verzichtet. Sein Bruder stieg in die Parteispitze der britischen Konservativen auf, nachdem die erste und auch eine zweite gemeinsam gegründete Agentur für viel Geld neue Eigentümer gefunden hatten: Heute sitzt Maurice als Baron Saatchi im House of Lords. Der Artoholiker Charles Saatchi dagegen gibt sich allein durch die Kunst zu erkennen, durch seine Entdeckungen und Ausstellungen, seine Kollektion, seine Leidenschaft. Deren Wesen beschreibt der Sammler in seiner Autobiographie wie ein Mantra in immer wieder wechselnden Formulierungen: »Ich kaufe die Kunst, die mir gefällt. Und wenn sie mich nicht mehr aufregt, anregt, inspiriert oder irritiert, dann kaufe ich etwas anderes.«

In den neunziger Jahren waren das die Young British Artists, junge, freche Künstler, die aus ihren britischen Kellerateliers wie Kometen zu Weltruhm aufstiegen – weil der Werbemanager und PR-Stratege einfach alles eingesammelt hatte, was ihm ins Auge stach. Und weil er an allen Fäden gleichzeitig zog und dafür sorgte, dass seine Truppe in der ehrwürdigen Royal Academy auftrat, mit wichtigen Preisen geehrt, von der Kritik verrissen und von den führenden Galeristen vermarktet wurde. Der eine präsentierte eine halbierte Kuh mit Kalb in Formaldehyd, der andere stellte das Porträt einer Madonna auf dicke Klopse aus Elefantendung. Eine Dritte hatte auf eine Zeltwand alle Namen derer gestickt, mit denen sie geschlafen hatte. Es waren viele, das Publikum staunte, der Teddybär war auch dabei.

Saatchi wusste nun mal, wie so ein Markt funktioniert: Wer damals Namen wie Damien Hirst, Chris Ofili oder Tracey Emin nicht aus dem Effeff hersagen konnte, der kam sich bald vor wie einer, der noch nie von den Rolling Stones gehört hatte.

Da war Saatchi wahrscheinlich längst in den Ateliers der nächsten Malergeneration aus den USA unterwegs, und auf Reisen durch Deutschland. Suchte junge Kunst in China, die heute auf Auktionen in London oder New York Millionenpreise erzielt. Oder die Avantgarde aus Indien, den Golfstaaten – der Sammler ist süchtig nach Stimulation: Nur was für ihn neu und unerhört ist, kann ihn noch reizen. Denn alles darf die Kunst, nur eines nicht: ihn langweilen. Als er ruckartig auf den Markt warf, was er bei den inzwischen etablierten jungen Briten zusammengetragen hatte, war das für einige Künstler, als würde ihnen der Teppich unter den Füßen weggezogen. Da war die Party vorbei. Nicht jeder konnte sich halten: Manche gingen unter. Mancher werkelt tapfer an einem Comeback. Saatchi hat solche Sorgen nicht. 2004 verkaufte er ein Werk von Damien Hirst, einen Haifisch in Formaldehyd, an den amerikanischen Hedgefonds-Manager Steven A. Cohen. Es heißt, der Sammler habe bei dem Geschäft rund sieben Millionen Dollar Gewinn gemacht. In der Galerie bleibt der Eintritt frei.

Es gibt nicht viele Ausstellungsräume, deren Architektur sich gegenüber der Kunst so selbstsicher zurückhält: schneeweiße Wände, hellbrauner Holzfußboden, gleichmäßig helles Licht. Sonst nichts. Keine dramatischen Effekte, keine imposanten Raumfluchten, keine Zierleisten.

Umso schockierender die Kunstwerke: ein unnatürlich verdrehtes Pferd, alle Körperöffnungen im braunen Fell sind zugenäht, es wirkt wie gemartert. Ein mit Müll bis zum Platzen vollgestopfter Kuhmagen. Vor Dreck und Haaren starrende Klumpen aus Bauschutt, zerbrochenen Leisten, abgeknickten Aluminiumträgern. Oder die Tanztruppe in Kostümen der Commedia dell'Arte: pechschwarzes Polyurethan das Material, anstelle der Arme hat der Künstler rosarote Balken aus Styropor durch die Körper gerammt. »The Shape of Things to Come« nennt sich die Schau in einer Offenheit, die erschauern lässt.

Der Sammler Saatchi ist nicht leicht zu erschrecken. Tausende von Ateliers hat er im Lauf der Jahre vermutlich besucht. Wie üblich, kommt auch in der laufenden Ausstellung fast alles aus eigenen Beständen. Das Programm ist schnell erklärt, fasst Rebecca zusammen: »Die Saatchi Gallery zeigt die Sammlung Saatchi.«

Und die ändert sich ständig. Zur Eröffnung der neuen Räume mit junger Kunst aus China hingen lebensgroße Figuren wie Folteropfer kopfüber von der Decke herab, in der Schau mit Gegenwartskunst aus Nahost füllte eine Schar betender Frauen einen ganzen Saal. Bei näherem Hinsehen erkannten die Besucher schockiert, dass die silbrig glänzenden Tschadors nichts als leere Hüllen waren. Worin sieht Charles Saatchi den Sinn der Kunst? »Sie verhindert, dass unsere Augen blöde werden bei all dem Schwachsinn, den wir uns die ganze Zeit über fröhlich im Fernsehen und in Filmen anschauen«, sagt er in seinem autobiographischen Interview.

Die Botschaften kommen an: 405 612 Besucher sahen bis Anfang 2009 die China-Schau. 837 200 waren es bei der Ausstellung neuer amerikanischer Malerei und Skulptur im Jahr darauf. Im Internet sind es gar Millionen jeden Tag, die das Magazin der Galerie online lesen und sich auf dem virtuellen Kunstmarkt umsehen, über Favoriten abstimmen, sich an Diskussionen beteiligen – »Sollte Kunst schön sein?« –, die Kunst kaufen oder eigene Werke anbieten. Saatchi online sei das populärste Kunstmagazin, die größte Kunstmesse der Welt, sagt Rebecca Wilson stolz und zeigt nun sogar Emotion: Mehr als 100 000 Künstler seien darauf anzutreffen. Der Berufsstand des Galeristen wird an die Wand gedrückt. Und ob es schön ist oder doch eher belanglose Massenware, was dort zu sehen, zu bewerten und zu kaufen ist – das bleibt reine Geschmackssache.

Ob er sich nach dem Pinkeln die Hände wasche, lässt sich der Sammler in seinem Interview fragen. Nein, vorher. Er achte auf Hygiene.

Simon Worrall

FARBEN AUS PUREM LICHT

Genies, von Nahem betrachtet, machen selten den Eindruck einer aufgeräumten Persönlichkeit. Der Maler William Turner zum Beispiel, dem Simon Worrall irgendwo zwischen den Zeiten begegnete: ungehobelt, bäuerisch, verbissen. Aber Augen hatte er! Keiner vor ihm und lange keiner danach hatte diesen Blick für das Licht und die Farben, für lodernde Dunkelheit und das Gleißen eines rosaroten Himmels. Der erste Abstrakte? Manche hielten ihn für einen Irren.

Turner war, wie gewöhnlich, bei der jährlichen Ausstellung bei der Royal Academy of Arts auch im Februar 1835 der Erste: Er kam mit den Handwerkern um sechs Uhr morgens. Klein, korpulent, den schäbigen schwarzen Biberhut in den Nacken geschoben, sah er dem Kapitän eines Walfängers von Nantucket ähnlicher als einem Künstler.

Die anderen Bilder oben in der Galerie – Landschaften in der Manier von Poussin; Genrebilder; schwülstige Paraphrasen klassizistischer Themen – waren alle fertig. Nur Turners Leinwand hing bis auf ein paar schnell hingeworfene Bleistiftstriche weiß da. Bei einem weniger prominenten Maler hätte das Komitee dieses Exponat höchstwahrscheinlich wieder nach unten geschickt.

Turner arbeitete überwiegend mit dem Spachtel; kleckste und schmierte die Farbe auf die Leinwand, presste die Nase gegen das Bild und verbog dabei seinen Körper derart, dass die Knöpfe an seiner Jacke, wie ein Zuschauer bemerkte, auf der einen Seite eine Handbreit höher waren als auf der anderen. Manchmal benutzte er die hölzerne Spitze des Pinsels, um auf der Leinwand herumzukratzen und zu schaben.

Als der Morgen weiter fortgeschritten war, hatte sich eine kleine Menge versammelt, um zuzuschauen. Turner hatte diese Vernissagen-Tage, an denen man den Künstlern erlaubte, letzte Verbesserungen an ihren Werken anzubringen, in Live-Malsitzungen verwandelt: Performance Art weit vor ihrer Zeit. Bei diesen Gelegenheiten demonstrierte er auch sein Geschick, Rivalen auszustechen. Ein paar Jahre früher hatte einmal ein Maler eine augenfällige Arbeit neben ein Gemälde Turners gehängt; der hatte daraufhin einen Pinsel ergriffen und in die Mitte des Bilds einen Klecks roter Farbe getupft, den man sogar noch aus einer Entfernung von 20 Metern sehen konnte. Als er an diesem Tag im Februar 1835 hier arbeitete, begann auf der leeren Leinwand allmählich ein Bild zu entstehen. Es wurde von einem riesigen Feuer beherrscht. Flammen schossen senkrecht in die Luft. Schwarze Rauchschwaden zogen über den Himmel. Die ganze Leinwand war ein wirbelndes Flammenmeer in Weiß und Gelb. Ins Zentrum des Infernos malte Turner das weiß glühende Skelett eines Gebäudes. Es war, als würde man in einen nuklearen Feuerball hineinsehen. 1834 war ein Jahr der Brände gewesen. Im April hatte ein Dampfschiff in Dublin Feuer gefangen, im August waren die Docks in Liverpool ausgebrannt. Und als die Glocke der Gemeindekirche St. Margaret's in Westminster am frühen Abend des 16. Oktober 1834 Alarm schlug, strömten die Menschen aus ganz London zusammen, um zuzusehen, wie die Flammen in Windeseile die Parlamentsgebäude verschlangen. Es war so hell, schrieb der Korrespondent von *The Times*, dass man noch eine halbe Meile vom Feuer weg ein Buch hätte lesen können. Irgendwann musste die Armee gerufen werden, um die Menge unter Kontrolle zu halten. Turner verbrachte die Nacht inmitten der Menschenmassen. Er ging immer wieder über die Westminster Bridge und bahnte sich seinen Weg durch die verstopften Straßen, wie ein Fotograf, der versucht, möglichst viele Bilder von dem Ereignis einzufangen. Irgendwann in der Nacht, so vermutet man, fuhr er in einem Boot hinaus, um das Feuer vom Fluss aus zu betrachten. Wie immer hatte er sein tragbares »Ränzel« mit Wasserfarben dabei. So schnell musste er arbeiten, dass die Rückseiten seines Skizzenblocks, der heute Teil des Turner-Nachlasses in der Tate Gallery ist, vom darunterliegenden Blatt beschmiert sind. Manche Blätter sind nur flüchtige Tuschen aus Blau, Rot und Gelb, andere zeigen Details.

Viele Menschen sahen in dem Brand eine tiefe, symbolische Bedeutung – die Auslöschung der alten Ordnung und den Beginn einer neuen. Turner selbst lag es sehr am Herzen, politische und soziale Themen ins Zentrum seiner Malerei zu stellen – diese Motive sind damals wie heute nicht bei seinem Publikum angekommen. In Wirklichkeit hat kein anderer europäischer Maler die gewaltigen wissenschaftlichen und politischen Veränderungen seiner Zeit so überzeugend eingefangen. Als Turner geboren wurde, war London schon der Puls Englands. Als er starb, war die Stadt bereits eine Metropole, elektrisiert von den Auswirkungen der industriellen Revolution. »Rain, Steam and Speed – The great Western Railway«, das Gemälde, das ein Jahrzehnt nach dem großen Brand entstand, kündigt die neue Epoche genauso nachdrücklich an wie »The Burning of the Houses of Lords and Commons« die neue Ära der Wahlurnen und Wahlkämpfe. Kurz nach 9.30 Uhr abends brach das Dach des House of Lords zusammen. »Unter Beifallklatschen der Menge«, wie die *Gentleman's Gazette* am nächsten Tag berichtete, als hätten sie einem dramatischen Schauspiel beigewohnt«. Für das Gemälde, das Turner in der Royal Academy of Arts malte – es hängt heute im Philadelphia Museum of Art –, wählte er genau diesen dramatischen Augenblick höchster symbolischer Bedeutung aus. Als er das Bild dann beendet hatte, so berichtete ein Beobachter, »klaubte Turner sein Handwerkszeug zusammen, legte es zurück in die Kiste, verschloss sie und schlich dann, immer noch mit dem Gesicht zur Wand, in einiger Entfernung von ihr, wortlos fort, und als er die Treppe in der Mitte des Raumes erreicht hatte, eilte er so schnell hinunter, wie er nur konnte«.

Joseph Mallord William Turner wurde am 23. April 1775 in Maiden Lane, Covent Garden, als Sohn eines Barbiers und Perückenmachers geboren. Ein Zeitgenosse beschreibt das Haus der Turners als einen »düsteren, horizontalen Schacht ... die Räume niedrig, dunkel und klein«. Das war das London von William Blakes verrußtem »Kaminfeger« oder von William Hogarths »Gin Lane« – eine Stadt harter, niederdrückender Gegensätze. Turners Schwester, Mary Ann, starb im Alter von acht Jahren: Seine Mutter litt an einer schweren geistigen Störung und landete im Irrenhaus von Bethlehem Hospital.

Turner ist ein typisches Exemplar jener zutiefst britischen Figur des *working-class hero* (den später John Lennon besang), und er zeigte all die Schrullen und Eigenarten dieses Typs. Das Selbstporträt, das einen byronesken jungen Mann im Gehrock und mit seidenem Halstuch zeigt – 1799 anlässlich seiner Wahl zum außerordentlichen Mitglied der Royal Academy gemalt –, stellt einen Künstler dar, der die Welt der Kindheit verlassen hat und in einer höheren Gesellschaftsschicht angekommen ist.

Obwohl dieser Junge aus der Unterschicht es bis zum Professor der Royal Academy brachte, kam er mit den Gepflogenheiten der feinen Gesellschaft nur schwer zurecht. Die Bindung an den Vater, der ihn sein Leben lang begleitete und ihm seine Lieblingseintöpfe kochte, den Garten in seinem Haus in Twickenham umgrub und die Leinwände für ihn aufzog, erklärt sich weniger aus Pietät dem Vater gegenüber als aus der Notwendigkeit, die Brücken zur Welt der Kindheit nicht abbrechen zu lassen. Viele Berichte legen Zeugnis ab von Turners gesellschaftlicher Unbeholfenheit. Sogar Eugène Delacroix, der es besser hätte wissen sollen, beschrieb ihn als »einen englischen Bauern, ziemlich ungeschliffen, mit schwarzen Kleidern, großen Schuhen und grobem, unfreundlichem Benehmen«. Und wenn Damen der Gesellschaft in seinem Studio in der Queen Anne Street vorbeischauten, waren sie oft schockiert von den ungehobelten Manieren des bedeutendsten englischen Malers und seinem kargen Lebensstil. Sein ganzes Leben über sprach Turner mit krächzendem Cockney-Akzent, kleidete sich auffallend nachlässig – sein Testament verzeichnet neben Schiffstruhen und Tauen nur sechs Paar Hosen und halb so viel Hemden – und achtete nicht auf die feinen Zwischentöne des englischen Gesellschaftsverkehrs. Nur John Ruskin, sein Bewunderer, schaffte es, den wahren Turner hinter der Fassade zu sehen: »Alle hatten ihn mir als ungehobelt, bäurisch, unintellektuell und vulgär beschrieben. Das konnte nicht wahr sein. Ich fand einen etwas exzentrischen, nüchtern denkenden, sehr englischen Gentleman mit geschliffenen Umgangsformen.«

Die Zerrissenheit aufgrund seiner Herkunft – Turners »Doppelleben« avancierte schnell zum Klischee der Forschung – führte zu einer fast obsessiven Geheimniskrämerei um sein Privatleben. Er erlaubte keiner der beiden Frauen, mit denen er enge Beziehungen hatte, mit ihm zusammenzuwohnen oder sich öffentlich zu ihm zu bekennen. Und die meiste Zeit seines Lebens führte er ein Vagabundenleben, zog vom Haus eines Gönners zum nächsten, verließ es wieder für längere Skizzentouren oder wanderte unerkannt durch die Stadt. Im hohen Alter kehrte er symbolisch zu seinen Ursprüngen zurück, indem er zwei Wirtshäuser erwarb. The Bladebone und The Ship in Shadwell im Docklands-Gebiet von London. Es ist bekannt, dass er regelmäßig dorthin ging, offenbar um die Miete zu kassieren. Doch als Ruskin nach dem Tod des Malers der Vernichtung zweier Skizzenbücher mit obszönen Zeichnungen aus der Welt der Huren, Seeleute und Chinesen zustimmte, wurde klar, dass Turners Interesse an den Docklands wohl mehr als ein finanzielles gewesen war.

Er mag ein *working-class hero* gewesen sein: Ein ums Überleben kämpfender Künstler war William Turner sicher nicht. Schon mit Anfang zwanzig war er ein enorm erfolgreicher Maler, ein professioneller Bildermacher, der gutes Geld verdiente, indem er die Landhäuser der englischen Upperclass malte und am laufenden Band brillante Kopien alter Meister produzierte, die er regelmäßig zu den jährlichen Ausstellungen der Royal Academy einsandte. Seine frühen Aquarellstudien der walisischen Berge, die dramatische Effekte von Licht und Schatten einsetzen, betonen die Note melancholischer Größe, die der Kunstkritiker Robert Hughes den Grundzug der englischen Romantik genannt hat. Und ebenso wie junge Engländer auf der Suche nach dem Erhabenen nach Chamonix oder zum St. Gotthard aufbrachen, mit Wanderstock und tragbarer Camera obscura bewaffnet, so reiste Turner unèrmüdlich quer durch Europa. Er setzte die Gegenwart in Erstaunen, indem er die Vergangenheit im Sturm nahm. Alle früheren Malstile standen ihm scheinbar mühelos zur Verfügung. Doch in seiner Auseinandersetzung mit der Vergangenheit erwies Turner den Meistern weniger Reverenz als virtuos über sie zu triumphieren.

Selbst dort, wo er die Vergangenheit nachzuahmen schien, stieß er in die Zukunft vor. Die vollkommene Organisation der Formen, der verhaltene lyrische Realismus und die durchgehaltene Stimmung des Bildes »Frosty Morning«, das 1813 ausgestellt wurde, ein Gemälde, das das Ende der ersten Hälfte der Turner'schen Laufbahn markierte und ein Lieblingsbild des Malers war, sind dafür bezeichnend. Turner schreckte auch vor physischem Einsatz nicht zurück. Für ihn war Kunst nicht Kontemplation, sondern Aktivität. Bei Windstärke zehn im Ärmelkanal ließ er sich wie Odysseus an den Mast der Fähre, auf der er fuhr, binden. Das Bild, das diesem Erlebnis entsprang, »Snow Storm«, von Ruskin als »eine der wichtigsten Aussagen über Meer, Dunst und Licht, die jemals auf die Leinwand geworfen wurden«, gepriesen, ist ein tosender Wirbel aus Wind und Wasser. Es ist das Universum, vom Innern einer Wäscheschleuder aus betrachtet. Kein Maler studierte die einzelnen Erscheinungen der Natur so genau wie er. Nach seinem Tod fand man in seinem Studio über 19 000 Zeichnungen und Aquarellskizzen, darunter auch genaue Studien der Wellen- und Himmelsbewegungen. Ein Zeichenblock trägt die schlichte Aufschrift »Himmel«.

Ein anderes kleines, in Leder gebundenes Skizzenbuch, das Turner auf einer Reise durch Schottland bei sich hatte, enthält eine Reihe von Wellenstudien und Fischfangszenen, die als Vorarbeiten zu einem seiner frühen maritimen Meisterwerke, »Fisherman at sea«, gedacht waren. Auf rötlichbraunem Untergrund mit Bleistift und Kreide ausgeführt, sind diese Studien wundervoll ausgereift. Viele von ihnen wurden vor Ort gemalt; die skizzierende Hand bewegt sich mit absoluter Sicherheit und Beherrschtheit, oft in einer ununterbrochenen Linie, kaum vom Papier abhebend. Um die Gischt auf dem Kamm einer Welle darzustellen, kratzte Turner einfach mit seinem Daumennagel (der für solche Zwecke besonders lang belassen war) den farbigen Untergrund bis auf das weiße Papier ab.

Die Tausenden von Studien, die später unter dem Titel »Colour Beginnings« zusammengefasst werden und heute Teil der Clore Collection der Tate Gallery sind, zeigen, dass

Turner sein Medium bis an die Grenzen ausschöpfte. Niemand arbeitete vor Paul Cézanne experimenteller mit Wasserfarbe als Turner. In einer Serie von Rhône-Skizzen in der Provence, die auf blauem Papier gemacht wurden, sind die Häuser scharlachrot, ein Hügelabhang rosa: Der freie Umgang mit Licht und Schatten, warmen und kalten Farben deutet auf Maler wie August Macke oder Chaim Soutine hin. In genauen Studien der Lichtbewegung, in denen er die Oberfläche des Papiers mit 1000 Farbpunkten bestreute, nahm er die pointillistische Technik von Malern wie Camille Pissarro und Georges Seurat vorweg.

Es sind diese »persönlichen« Werke (und nicht die ausgefeilten Nacharbeitungen klassizistischer Themen, die seinen damaligen Ruhm begründeten), mit denen uns Turner heute am meisten beeindruckt. Lawrence Gowing schrieb im Katalog zu einer bedeutenden Turner-Retrospektive in New York Mitte der sechziger Jahre: »Turners Vision und seine überbordende Phantasie gehören nur ihm selbst und sind mit niemandem zu vergleichen. Und dennoch begegnen wir ihm mit einem Gefühl, etwas Bekanntes wiederzuerkennen.« Tatsächlich ist man überrascht, dass die Signatur unten auf »The Pink Sky« – ein horizontaler Streifen satten Graugrüns mit einem leuchtend rosa Strich darüber – JMWT und nicht Mark Rothko lautet. Mehr und mehr wurde das Thema von Turners späten Bildern die Farbe selbst, mit dem Spachtel aufgetragen – »so mörtelartig«, klagte ein Zeitgenosse –, aufgekratzt oder mit den Fingern oder einem Taschentuch auf die Leinwand gerieben. Das Medium war, in der Sprache der Siebziger, die Botschaft geworden. Das Ergebnis verwirrte, ja verärgerte die Zeitgenossen: John Constable sprach gereizt von Turners »liber stupidorum«. Manche Kritiker waren beleidigend. Seine Vordergründe seien eine »Ansammlung von Klecksen«. »Snow Storm«, schrieb ein Kritiker, sei nichts als »Seifenlauge und Tünche.« Ein Cartoon aus den vierziger

Jahren des vorigen Jahrhunderts karikiert Turner als Winzling, der mit einem Mopp gelbe Farbe auf die Leinwand klatscht.

Anwürfen dieser Art begegnete Turner mit Gelassenheit. Als ein New Yorker Mäzen ihm durch einen Mittelsmann andeuten ließ, dass das Gemälde, das er gekauft hatte, an mangelnder Deutlichkeit litte, antwortete Turner: »Sag ihm, dass Undeutlichkeit meine Stärke ist.« Seine späten Bilder, in denen er sich ganz vom Naturalismus abwandte, sind eine Symphonie des reinen Lichts. »Norham Castle, Sunrise« nimmt den Schimmer der Bilder Sidney Nolans vom australischen Outback vorweg. In seinen Venedig-Studien stellt er eine Stadt dar, in der sich das Gewebe der materiellen Welt, die Ziegel und Steine der Häuser, in pure Farbe und reines Licht aufgelöst hat. Hier werden Formen und Licht auf ihre Essenz reduziert. »Gott ist die Sonne«, soll William Turner auf seinem Sterbebett gesagt haben.

DAS GROSSE GELD

Finanzmarkt London

Florian Hanig

GLÄNZENDE GESCHÄFTE

In der Welt der großen Finanzgeschäfte zählen Sekunden, und zehn oder zwanzig Jahre sind so weit entfernt wie das Pleistozän. Was Florian Hanig 1998 auf dem Parkett beobachtet hat, waren ein paar Augenblicke strotzender Kraft und krachender Gewinne. Sicher geht es heute dort etwas vorsichtiger und verhaltener zu. Aber vielleicht bricht schon morgen wieder der stampfende, schreiende Wahnsinn aus.

Beginnen wir damit, wie ich eine Privatbank versenkte. Das war ganz einfach. Ein Mausklick an der Computerkonsole des Bank of England Museums, und die Devisenhändler von Barclays melden sich: »Was können wir für Sie tun?« Der aktuelle Dollarkurs? 1,6621 – 26. Klasse, ich kaufe 5 Millionen. »Fehler«, meldet der Computer, der Kurs fällt: Minus 40 000 Pfund. Ich kaufe zehn Millionen Deutschmark. Minus 82 000. Verscherbel die Dollars. Minus 168 000. Ich deale immer hektischer, jongliere mit Nullen. Nach eineinhalb Stunden habe ich einen Schuldenberg von 20 Millionen angehäuft. Bleibt nur noch der Befreiungsschlag: »Reset«.

Jeder, der die City of London besucht, sollte diese kleine Simulation spielen. Sie lehrt Demut. Und die braucht man. Nicht nur, weil die City für Banker das ist, was Mekka für Mohammedaner und Jerusalem für Christen und Juden, sondern auch, weil man hier 28-jährige Broker trifft, die eine

Million Pfund im Jahr verdienen. Und dann fragt man sich doch: »Was können die, was ich nicht kann?« Viel. Leider.

Zum Beispiel drei Stellen hinter dem Komma richtig berechnen und gleichzeitig richtig laut schreien. Auf dem Handelsflur der Terminbörse geht es lauter zu als in jedem Fußballstadion. 2500 Händler in roten, grün-weiß-gestreiften, gelb-orangefarbenen Jacketts drängen sich in kleinen Arenen, in denen italienische Regierungsanleihen gehandelt werden. Oder Kakao. Oder Deutschmark-Bonds.

Über ihnen zeichnen Computerschirme die Kursentwicklung in fiebrigen Kurven, von hinten reichen die Läufer Order-Zettel. Ein kurzer Blick darauf, dann brüllen die Trader und tanzen den Geldregen-Tanz: Sie werfen ihrem Gegenüber die Handflächen entgegen (»ich kaufe«), zeigen ihm die Faust (»0 als letzte Stelle des Preises«), und tippen sich mit dem Finger an die Stirn (10 Stück). Sie strecken den kleinen und den Zeigefinger in die Höhe, und meinen damit den Vertragsmonat März. Es ist ein Ballet mit allen Obszönitäten des römischen Straßenverkehrs. Nur dass es hier nicht um Vorfahrt und Blechschäden geht, sondern um 207 Milliarden Pfund. Täglich.

Ohne dass jemals eine Million verloren ginge im hektischen Gefuchtel, denn die Gesten sind festgeschrieben, und die Farbe der Jacke verrät die Stammeszugehörigkeit, ob Kleinwort Benson, Nomura oder Salomon Brothers. Die London International Financial Futures Exchange (LIFFE) ist seit ihrer Gründung 1982 jedes Jahr um 43 Prozent gewachsen. Ihr Pressesprecher sagt: »Wir sind einer der Gründe, dass die City wieder Nummer eins ist.«

Die City. Die Banker sagen es nonchalant, denn welche andere Stadt könnte damit gemeint sein als die eine? Die City of London, der historische Kern zwischen Temple Bar und Tower. Im Herzen der Metropole ballte sich im 18. und 19. Jahrhundert alle Finanzmacht. In den Palästen in der

Threadneedle Street, der Cannon Street und der Victoria Street liefen die Nervenstränge des Empire zusammen, die Gelder aus den Webereien Bombays, die Erlöse der südafrikanischen Goldminen und guyanischer Kakao-Plantagen.

In seinem Buch »City within a state« beschreibt Anthony Hilton, wie sich der Geldadel in mahagonigetäfelten *dining rooms* mit Blick auf die Themse traf, und Kolonien wie Landsitze managte: »So how's Egypt, James?« Erst als in den Jahren nach dem Zweiten Weltkrieg das britische Kolonialreich zerfiel, rutschte London als Finanzplatz hinter New York und Tokio zurück.

Liverpool Street Station um 6 Uhr 30. Von der Empore aus gesehen ist jeder eintreffende Zug ein Spektakel: Ein Strom aus schwarzen und grauen Trenchcoats ergießt sich über den Marmorboden, eine Armee von Dienstleistern, Aktentaschen unter den Arm geklemmt, Schirme mit blitzender Metallspitze im Anschlag. Im Eilschritt hasten sie vorbei an Bodyshops, Krawattenläden, Schuhputzern. Wer um sieben am Schreibtisch sitzt, kann noch zwei Stunden mit Asien telefonieren, wer spätnachts nach Hause geht, noch an der New Yorker Börse sein Geld lassen. Viele machen beides. Früher, erzählt die Headhunterin Ann Semple, dauerten *luncheons* in der City schon mal zwei, drei Stunden. Man begann mit Weißwein, wechselte zu rotem und schloss mit Sherry ab. Heute hat niemand mehr Zeit für *boozy lunches*. Wir sitzen auf Stahlkorbsesseln, hinter der Bar reihen sich zwanzig Sorten Mineralwasser in blauen und grünen Flaschen, die Wände sind weiß, wir essen moderne Thai-Interpretationen.

Ann Semple rekrutiert für Londoner Firmen auf der ganzen Welt Broker, Banker, Manager. Deutsche auch? Wenig, sagt sie. »Zu alt, und dann diese Kündigungsfristen. Die Banken wollen dich morgen, nicht in einem Dreivierteljahr.« Wenn die City boomt – im »Bull Market«, wie sie hier sagen –, werben sich die Companys gegenseitig ihre Topleute ab, die »Rainmakers«. Dreißigköpfige Teams desertieren geschlossen. Wenn die Flaute kommt, der »Bear Market«, werden Trading Floors über Nacht geschlossen, müssen alle von einem Tag auf den anderen ihre Magnetstreifenkarte abgeben. Doch Bären sind nicht in Sicht. Osteuropäische Firmenchefs entdecken, wie viel Geld sich mit Junk Bonds mobilisieren lässt, verunsicherte Rentenzahler investieren in Aktien. Die Bullen galoppieren.

Und die alte Dame feiert ihr Comeback: *Business Week* krönte die City auf dem Cover zum »Center of Global Finance«, *Time Magazine* führt sie in der Headline schlicht als »The Money Machine«. Die Zahlen türmen sich höher als die Stahl-und Betonhochhäuser: 460 Milliarden Dollar an Devisen wechseln in der City jeden Tag ihren Besitzer, dazu 10 Milliarden in Gold. An der Londoner Börse werden mehr internationale Notierungen gehandelt als in New York und Tokio, und das in 36 verschiedenen Währungen.

Die City ist der größte grenzübergreifende Kreditgeber mit 1,5 Billionen Dollar in den Büchern, und größter Markt für Versicherungen. 565 Banken residieren hier, so viel wie in keiner anderen Stadt, dazu 170 Anlagefirmen – allesamt in vier Dutzend Straßen und Gässchen. Die City ist winzig, gerade mal eine Quadratmeile groß. In einer Stunde ist man von einem Ende zum anderen flaniert.

Es ist ein eigenartiges Gefühl, durch so viel Geld zu spazieren. Videokameras linsen von den Dächern, in den Lobbys der Büros tänzeln Boxer in Maßanzügen von einem Fuß auf den anderen – die Security Guards. Zahlenkolonnen rollen hinter getönten Scheiben über die Computerschirme. Aus Angst vor Bombenanschlägen gibt es keinen einzigen Papierkorb in der City. Ich trinke einen Pappbecher Kaffee, schaue mich um, schon taucht ein gekrümmter alter Mann mit Besen auf und hält mir seinen Müllsack hin. Er trägt einen in

Plastik eingeschweißten Fotoausweis. Wie alle hier. Ohne *badge* gehört man nicht dazu in der City, ist entweder Tourist oder IRA-Terrorist, und wird sicherheitshalber wie Letzterer behandelt.

Christina Frahm gehört zu den Deutschen, die es in London geschafft haben. Vor drei Jahren kam sie nach England und fing als Aushilfstippse an, weil sie nicht den Rest ihres Lebens Chefsekretärin in einem Hamburger Verlagshaus bleiben wollte. Heute ist sie Assistant Vice President im Fund Management bei einer amerikanischen Bank, trägt einen dunkelblauen Nadelstreifenanzug und kommt gerade aus einer Video-Konferenz mit Sidney.

In der City, sagt sie, zählt nicht, welchen Uni-Abschluss du hast, oder wer dein Vater war, sondern wie gut du bist. Eine Geld-Meritokratie: »Bei jedem Deal, den wir abschließen, wissen wir nachher ganz genau, wie viel die Firma daran verdient hat.« Die Computer drucken aus, wie viel Power einer hat. Power ist das Zauberwort der City: »Powerbreakfast«, »Powerworkout«, und natürlich »Powerdressing«. Nur ein paar erlauben sich eine Schwäche im großen Leistungsmarathon. Sie stehen in Grüppchen vor den Marmorportalen der Corporate Headquarters, schauen auf den Boden und rauchen. Aussätzige, vertrieben durch eine *non-smoking-policy*, die das Gebäude zum nikotinfreien Spielplatz für *workaholics* erklärt.

Wenn er am Freitag zu seiner Familie fährt, erzählt Christinas Boss Peter Simmons, dann weiß jeder im Zugabteil, dass er in der City arbeitet. Sie sehen es an den Schuhen, schwarzen geschnürten Church's, an dem maßgeschneiderten dreiteiligen Anzug (immer schwarz, höchstens noch dunkelblau, nie hellgrau oder gar grün, das wäre West End, *advertising* womöglich), an den Hemden mit Manschettenknöpfen, meistens in hellem Rosa, Pastell-Blau oder blassem Gelb. Nicht weiß, sagt Simmons, weiße Hemden tragen

Amerikaner. Und keinen Bart. Es ist eine Uniform, die Sicherheit gibt. Und gerade die ganz Jungen sehen umso besser aus, je konservativer das Outfit, in kleinen Gruppen kommen sie die verwinkelte Bow Lane herunter, die Krawatten gelockert, die Jacketts über der Schulter. Und jeder Schritt, jedes Lachen sagt: Die Welt gehört mir. Gib mir eine Million, und ich mach zwei daraus.

Frauen können da nicht mithalten. Bis vor kurzem waren Hosenanzüge tabu. Röcke müssen bis unters Knie reichen. Viele tragen die Haare in einem Knoten, dazu lange Schaftstiefel, hochgeschlossene Blusen. Das gibt ihnen etwas Hartes: Dividenden-Dominas, Gewinnmargen-Gouvernanten. In einem kleinen Studio zwei Seitenstraßen nördlich der Liverpool Street Station versucht Timothy Everest Seriosität und Sexualität zu vereinen. Elton John ordert bei ihm. Tom Cruise trägt seine Anzüge in »Mission Impossible«. 20 Prozent seiner Kunden, erzählt Everest, sind Frauen. Mit weißer Kreide zeichnet er Korrekturen nach an einer jungen Bankerin mit wallenden roten Haaren, die ihn um einen halben Kopf überragt. Er hat ihr ein tailliertes Jackett auf den Leib geschneidert, tief ausgeschnitten, dazu ein Paar Hosen und einen Rock. »Herrenanzüge für Frauen sind sexy, aber auf eine subtile Art.« Erotisches Understatement. Margaret Thatcher verschwindet langsam als modisches Leitmotiv aus den Straßen der City. Nicht aber als wirtschaftspolitischer Lotse. Die Eiserne Lady hat die Square Mile geformt. »Früher war die City ein Gentlemen's Club. Sehr britisch«, erzählt Klaus Diederichs, der für die amerikanische Bank JP Morgan die Abteilung »Fusionen und Übernahmen« leitet. Ein Mensch von gewinnender Geradlinigkeit, sein letzter großer Deal: die Verschmelzung von Hypo- und Vereinsbank.

Mit Thatcher kam der *Big Bang*, der große Knall. Im Handstreich schaffte die Regierung 1986 die fixen Handelskommissionen ab und öffnete die Londoner Börsen für ausländische Unternehmen. Ein niedriger Spitzensteuersatz von 40 Prozent und pragmatische Finanzgesetze sollten ausländisches Kapital und die besten Köpfe ins Land holen. »Die City ist nicht überreguliert wie viele der kontinentalen Märkte, die Innovationen abwürgen«, lobt Klaus Diederichs. Die Profession gebe sich ihre eigenen Statuten. Und wer gegen die Regeln verstößt, verliert die Lizenz. Die Rechnung ging auf. Von den 120 Mitarbeitern in Diederichs Team sind 30 Engländer, der Rest kommt aus aller Herren Länder. »Wir sind hier wie die Vereinten Nationen.«

Wir gehen durch einen Raum, in dem Tages- wie Jahreszeit aufgehoben sind im diffusen Licht der Leuchtstoffröhren, vorbei an einem Labyrinth aus kleinen, mit halbhohen Stellwänden abgetrennten Kojen. Der Komplex von JP Morgan steht stellvertretend für die Architektur der neuen City.

Vorne am Themseufer prangt noch das viktorianische Schulgebäude mit seinen marmornen Treppen, schweren Eichenbalken und Bleikristallfenstern. Auf dem Gelände des ehemaligen Schulhofs stapeln sich die Trading Floors und Großraumbüros in die Höhe. Das Gemeinschaftssekretariat, erzählt Diederichs, ist 24 Stunden am Tag geöffnet, sieben Tage die Woche. Sein Büro ist ein Glaskasten von zehn Quadratmetern, vollgestopft mit Umzugskartons, aus denen Ordner quellen. Das hat weniger mit Mietpreisen von bis zu 1500 Mark pro Quadratmeter zu tun als mit puritanischem Arbeitsethos.

Der Blick von der St. Paul's Kathedrale zeigt: Gott und Geld, nirgends sind sie sich so nah wie in der City. 52 Kirchen baute Christopher Wren nach dem Großen Feuer 1666 innerhalb der Stadtmauern: St. Stephen Walbrook, in deren luftiger Halle heute ein Steinaltar von Henry Moore steht. St. Mary-le-Bow mit ihrer prägnanten Glocke, die Printer's Church in der Fleet Street.

Dazwischen ragen die Tempel der Hochfinanz auf: die

Royal Exchange mit ihren mächtigen Steinsäulen und Bibelszenen im Marmorfries, Sir John Soanes' wuchtige Bank of England und dahinter der Nat-West-Tower. Schließlich das aufregendste Gebäude der City: das Bürohaus des Versicherungsmaklers Lloyd's of London von Richard Rogers, eine Sinfonie aus Rohren, Stahlträgern, gläsernen Kuppeln, ein Haus, das für alle sichtbar arbeitet: Menschen steigen in die Lifte, Metalltüren schließen sich hinter ihnen, sie gleiten drei Stockwerke hinab, eilen den Gang hinunter.

Von der Kuppel von St. Paul's, schreibt der Schriftsteller Iain Sinclair »offenbart sich die City als nacktes Gehirn, freigelegt, damit all seine pulsierenden Zellen ausgebeutet werden können. Die Kirchen sind Nadeln, die in die Gehirnmasse getrieben wurden, um den Fluss der Spannung zu steuern.«

7 Pfund 50 kostet es, den Turm von St. Paul's hinaufzuklettern, knapp 25 Mark. Die Kirche als *money-making enterprise.* Entlang der Kirchenschiffe stehen die Büsten von Admiral Horatio Viscount Nelson und von Charles Marquis Cornwallis, Generalgouverneur von Bengalen. St. Paul's ist eine Krypta für die Heiligen der City: Generäle, Kapitäne, Kaufleute, Buchhalter. Dazu passt, was die Headhunterin Ann Semple erzählt hat: Ein Priester habe vor kurzem bei der Crédit Suisse First Boston angefangen zu arbeiten, umgekehrt sei ein Banker der Hongkong and Shanghai Bank Geistlicher geworden – ein Karriereschritt, den sie nur spirituell profitabel fand.

Zum Schluss die Erlösung. Die kommt jeden Werktag, um 16 Uhr 20. Dann dröhnt ein Gong durch die Lautsprecher der Terminbörse. Das Geschrei ebbt ab. Unten auf dem Parkett schließt ein junger Trader die Augen, streckt die Arme in die Höhe und lässt aus den Fingern langsam ein Bündel Orderzettel über seine Haare regnen. Wie ein Messias sieht er aus, wie der Prophet eines neuen Glaubens, einer Religion, in der das Kreuz zum Pluszeichen geworden ist.

Kathrin Sander

ZITTERN, BIS DER HAMMER FÄLLT

Wer erleben will, wie der Markt wirklich funktioniert, wie Begehrlichkeiten geweckt werden, wie Neid und Konkurrenz alle Vernunft zersetzen und Preise in den Himmel schießen – der setze sich zu Christie's oder Sotheby's und verfolge dort, wie schwerreiche Sammler sich um eine Stradivari balgen oder um das Gemälde eines Alten Meisters. Kathrin Sander betrat die Räume der traditionsreichen Auktionshäuser mit aller gebotenen Ehrfurcht.

All das ist gut an einem Nachmittag zu schaffen, vorausgesetzt, man macht beim Bummel durch London an den richtigen Adressen halt – als da wären Christie's, Sotheby's und Bonhams, die drei größten Auktionshäuser der Welt, allesamt gegründet in London vor mehr als 200 Jahren und im West End mit noblen Repräsentanzen vertreten. Hier kaufen die Queen, der Sultan von Brunei und Bill Gates, und doch, das versuchen alle drei Häuser mit Nachdruck zu vermitteln, ist das Auktionsgeschäft auch ein Spaß für jedermann, spannend und erschwinglich zugleich.

»The best show in town« – das beste Kulturprogramm der Stadt biete ihr Haus, sagt Victoria Wolcough, eine elegante blonde Halbrussin, die seit 27 Jahren bei Christie's arbeitet. »Alles, was wir anbieten, wird drei, vier Tage vor der Auktion in unseren Galerien ausgestellt. Heute finden Sie hier Porzellan, morgen vielleicht Münzen. Möbel oder modernes Design. Wir sind wie ein Museum, das seine Sammlung ständig erneuert.«

Victoria ist Kundenberaterin in Christie's Filiale in South Kensington. 1975 eingerichtet, um als Zweigstelle der Zentrale in der noblen King Street den *middle market* zu erschließen, das Auktionsgeschäft für den Normalbürger. Bis zu vier Versteigerungen pro Tag laufen hier, parallel dazu Ausstellungen, bei denen Interessenten die Positionen der kommenden Auktionen besichtigen dürfen. 200 Jahre alte Violinen können angespielt, Gemälde von der Wand genommen werden. Und das Beste: Bis hierher ist alles umsonst.

Überhaupt: 98 Prozent aller verkauften Objekte bei Christie's wechseln für weniger als 100 000 Pfund den Besitzer. Manche Leute mag das beruhigen, die anderen bekommen, wenn sie denn selbst nicht mitbieten wollen oder können, bei einer Auktion zumindest den Kitzel des Geldes zu spüren. Zum Beispiel, wenn abends um sechs bei Bonham »Highly Important Antiquities«, also »sehr bedeutende Antiquitäten«, unter den Hammer kommen. Jeder, der im vollbesetzten Saal eine Karte mit dreistelliger schwarzer Nummer in der Hand hält, ist entweder registrierter Kunde oder hat vorher seine Bankbürgschaft über den Tresen im weiten mit Marmor verkleideten Vorraum gereicht.

Die Bieternummer allerdings hält der Profi nur selten in die Höhe. Eher hebt er den Stift oder leicht das Kinn, manchmal reicht ein Heraufziehen der Augenbrauen, um den Auktionator wissen zu lassen, dass er das Gebot hält. Für den Entschluss auszusteigen oder weiterzubieten, bleiben nur Sekunden. Eine gläserne, römische Schale aus dem 3. Jh., geschätzt auf 1,5 Mio. Pfund, ist binnen 90 Sekunden versteigert, eineinhalb Minuten, in denen sich im Saal ein Bietergefecht abspielt, so schnell und bis auf die Moderation des Auktionators so lautlos, dass selbst die Zuschauer auf den strategisch günstigen hinteren Plätzen nicht verfolgen können, wer wo wie viel bietet.

Für 2,3 Millionen Pfund geht der Zuschlag an einen Telefonbieter, den eine Mitarbeiterin mit Handy am Ohr im Saal vertritt. Ein Raunen geht durch die Menge, als der Hammer fällt, die Köpfe drehen sich, um einen Blick auf den Gesichtsausdruck des unterlegenen Saalbieters Nr. 246 einzufangen, doch der hat seine Karte längst in den Seiten des Katalogs versenkt und gibt sich ungerührt.

Es ist schon vorgekommen, dass bei Christie's zwei Konkurrenten handgreiflich wurden, bei Sotheby's soll ein aufgeregter Bieter eine Tanzeinlage im Saal geboten haben, doch das sind Ausnahmen. In der Regel zeigt der Bieter – ob erfolgreich oder unterlegen – absolute Contenance. Das Höchste der Gefühle ist eine kleine Notiz im Katalog.

»Sei so mutig, wie du nur irgend sein kannst«, rät Jussi Pylkkänen jedem Käufer. »Ich erlebe fast nie, dass sich jemand ärgert, weil er zu viel gezahlt hat, aber ich bekomme oft Anrufe von enttäuschten Sammlern, die mich fragen: ›Warum bin ich zu früh ausgestiegen?‹« Pylkkänen, ein Finne mit rosiger Haut im dunklen, perfekt sitzenden Anzug, ist Chef der Abteilung für Impressionismus und Moderne Kunst bei Christie's. Wird irgendwo auf der Welt ein unbekannter van Gogh entdeckt, dann schickt das Auktionshaus Pylkkänen als Experten. Seine Abteilung macht die Hälfte des gesamten Umsatzes im Kunstgeschäft des Hauses.

»Als Auktionator«, sagt Pylkkänen, »stehst du auf der Bühne. Eine Versteigerung ist großes Theater, du hast die Hauptrolle und musst sie beherrschen. Ein Auktionator braucht das richtige Tempo und er braucht Stil, er muss den Saal im Griff haben, erahnen, woher das nächste Gebot kommt. Das Ganze muss wirken wie ein Spiel, aber es ist ernst«, sagt er. »Und es geht um sehr viel Geld.« Eine von ihm geleitete abendliche Galaversteigerung kann um die 50 Millionen Pfund Umsatz bringen und dauert nicht länger als eine Stunde. Eine Stunde, für die sich die Gäste in Abendkleid und Smoking werfen, einfach nur, um zwei Dingen die Ehre zu geben – der Kunst und der Tradition. Es ist schwer zu sagen, was von beiden im Londoner Auktionsgeschäft mehr zählt.

Sotheby's etwa rühmt sich, das älteste Auktionshaus der Welt zu sein, auch wenn es dem Unternehmen als kleiner Stachel in der Seele sticht, dass kein Sotheby am Anfang der Firmengeschichte steht, sondern der Buchhändler Samuel Baker, der am 11. März 1744 zum ersten Mal eine Bibliothek im Wirtshaus versteigerte und dabei schwor, er werde den Raum nicht eher verlassen, bis alle Waren »zu günstigen Preisen« verkauft seien.

Auch als die Firma nach einem Neffen Bakers längst den Namen Sotheby trug, war man von renommierten Kunstversteigerungen noch weit entfernt, handelte stattdessen mit Büchern und Drucken. Christie's dagegen, 1766 von James Christie gegründet, betrachtete sich von jeher als Partner der Aristokratie, dem man vertrauensvoll die Kunstsammlung aus dem Nachlass des Vaters oder Ehemannes anvertrauen konnte. »Beim Versteigern von Kunst«, formulierte Christie, »geht es um Niveau.«

Selbst als Sotheby's von der Mitte des 19. Jahrhunderts an ebenfalls mit Kunst handelte und so zum direkten Wettbewerber aufstieg, betrachtete man die Firma bei Christie's als Neuankömmling. Im Sotheby's-Hauptquartier in der New Bond Street, keine Meile von der Konkurrenz entfernt, entwickelte man indessen eine eigene Strategie, und die setzte nicht zuletzt auf Schockeffekte. Einer der größten Coups gelang Peter Wilson, der dem Haus mehr als 30 Jahre lang seinen Stempel aufdrückte. 1954 organisierte Wilson, damals Direktor der Gemäldeabteilung, den Palastausverkauf des abgesetzten ägyptischen »Playboy«-Königs Faruk, der von sich selbst behauptet hatte, der größte Sammler der Welt zu sein.

Versteigert werden sollte auch die umfangreiche »Sammlung an erotischen Schriften«, will heißen das königliche Pornoarchiv. Wilson charterte ganze Jets, um Kaufinteressenten nach Kairo zu fliegen. Mit der ägyptischen Regierung wurde vereinbart, dass nur solche Kunden Zugang zum Erotikbereich bekommen sollten, die für mindestens 5000 Pfund auch Objekte aus Faruks unverfänglicheren Sammlungen wie den 2000 goldenen Armbanduhren, unzähligen Briefbeschwerern, Krawatten oder der weltgrößten Kollektion von Aspirintabletten erstehen. Die Auktion brachte Sotheby's zwar wenig Gewinn, aber dafür weltweit in die Schlagzeilen.

Hatte James Christie einst von Niveau gesprochen, so ließ Wilson, von 1958 bis 1980 Vorsitzender bei Sotheby's, nie daran zweifeln, dass es ihm ums Geschäft ging. »Kunst um der Kunst willen ist ein ziemlicher Mist«, erklärte Wilson gern und dozierte über den Nutzen menschlicher Gier.

Bei Christie's, sagt ein altes Bonmot, arbeiten Gentlemen, die versuchen, Geschäftsleute zu sein, bei Sotheby's Geschäftsleute, die versuchen, Gentlemen zu sein. Wie um dem Ruf gerecht zu werden, führte man in der New Bond Street 1971 sogar eine Zigarette namens »Sotheby's Special Reserve« ein: für den geschmackvollen, kunstsinnigen Raucher von Welt. Bei Christie's reagierte man mit einem einzigen Satz: »Sotheby's könnte Ihrer Gesundheit schaden.«

Trotz solcher Häme zweifelte Sotheby's nie am eigenen Niveau, nur wurde dies flexibel definiert. 1983 ließ die Firma zwei kunstbeflissene amerikanische Teppichhändler abblitzen, die als Kaufinteressenten an das angeschlagene Haus herantraten. Die Herren Amerikaner, hieß es darauf bei Sotheby's, könnten vielleicht Teppiche verlegen, aber es fehle ihnen doch an anderen Qualitäten, derer es bedürfe, ein Haus wie Sotheby's zu führen.

Nur ein Jahr später wurde ein anderer Amerikaner, A. Alfred Taubman, Supermarktbaulöwe aus Detroit, als Retter gefeiert, der Sotheby's aus der wirtschaftlichen Misere führen sollte. Taubmans Kunstsinn wurde gelobt, genauso seine hübsche Frau, ehemals Schönheitskönigin und noch früher Empfangsdame bei Christie's, und niemand dachte laut darüber nach, was den Unterschied zwischen kunstsammelnden Teppichhändlern und einem kunstsammelnden Supermarktkönig ausmachte.

Christie's Führungsspitze hatte nicht lange Zeit, sich über den Selfmademan ohne Studienabschluss zu mokieren, der die Konkurrenz auf neue Wege führte. Die eigenen Zahlen waren so schlecht, dass man 1998 dem Übernahmeangebot des französischen Luxuswarenmagnaten François Pinault zustimmte. So schnell wie Sotheby's amerikanisch, wurde Christie's französisch, in keinem der beiden Londoner Hauptquartiere wird gern darüber geredet.

Das besorgt dafür das Auktionshaus Bonhams, das sich selbst gern »das älteste und größte britische Kunstauktionshaus« nennt. Mit dem größten Netz an Filialen in England, einer florierenden Dependance an der Westküste der USA und steil steigenden Umsätzen befindet sich Bonhams seit knapp fünf Jahren im Höhenflug.

Dass Christie's und Sotheby's im Jahr 2000 illegaler Preisabsprachen für schuldig befunden wurden und je 256 Millionen Dollar Schadensersatz zahlen mussten, machte die Sache für Bonhams nur einfacher. »Wir genießen die große Loyalität unserer Kunden«, sagt George Plumptre. Er ist bei Bonhams Auktionator und entwickelt zudem Ideen, die das Auktionsgeschäft auch solchen potenziellen Kunden nahebringen sollen, die nie einen Fuß in die noblen Hallen im West End setzen würden.

Und das, erklärt Plumptre, funktioniere nur über neue Märkte: weg von alten Meistern, hin zu Pop Art und

Rock 'n' Roll. Bonhams sei es gelungen, etwa in der Filiale im Stadtteil Knightsbridge, eine »für Auktionen eher unkonventionelle Kundenschicht« anzusprechen.

Was er damit meint, weiß jeder, der eine Versteigerung von »Rock 'n' Roll & Film Memorabilia« in Knightsbridge besucht. Hier trägt man Muscle-Shirt und Lederjacke statt Smoking und Abendrobe. Ein Pärchen, er in zu eng gewordenem Hawaii-Hemd, sie in blauem T-Shirt, sitzen auf dem Fußboden, weil alle Stühle besetzt sind. Irgendwo zwischen einigen Dutzend verschiedener Beatles-Autogramme, von denen manche zweitklassig sind, weil Paul oder Ringo bei Zeitdruck schon mal für die anderen mitunterschrieben, holt sie ihr Trinkpäckchen aus der Tasche und zieht am Strohhalm, während er sich mit der Bieternummer Luft zufächelt, wenn er die Karte nicht gerade hochhält, um mitzusteigern. Kurz vor Schluss ziehen die beiden mit einem Kasten Pink-Floyd-Devotionalien von dannen.

Dabei wäre Spektakuläreres im Angebot gewesen, der ferngesteuerte Gummi-»Alien« zum Beispiel, der 1979 – lange vor der Ära der Computeranimation – per Fernbedienung gesteuert wurde, um die Besatzung des Raumschiffs Nostromo in Panik zu versetzen. Für Stephen Maycock, Leiter der Abteilung Rock 'n' Roll & Film bei Bonhams ist das Plastikmonster ein unschätzbares Glanzstück. »Was ist ein Unikat wert, das einen der schockierendsten Momente der Filmgeschichte repräsentiert?« Er schätzte es für Bonhams auf 5000 bis 12 000 Pfund, der Hammer fällt bei 25 000 Pfund, neuer Besitzer ist der Popsänger Chris de Burgh, der am Telefon mitsteigerte.

»Unsere Kunden«, sagt Maycock, der in seinem anthrazitfarbenen Anzug so gediegen wirkt, als würde er eher mit Meißener Porzellan handeln als mit Fotos von Iggy Pop, »sind keine Investoren, sondern Fans.« So sicher ist, dass ein van Gogh seinen Wert nicht einbüßen wird, so wenig Garantien gibt es dafür, dass in 30 Jahren ein Lederkostüm aus Terminator III oder ein handgeschriebener Songtext von Noel Gallagher überhaupt noch finanziellen Wert haben werden. »Bei uns«, sagt Maycock, »bieten Leute, von denen viele ihre Passion gerade erst entwickeln. Diese Märkte sind in Bewegung, das macht das Geschäft so spannend.«

Neue Märkte und Kunden zu pflegen, haben sich auch die anderen Häuser zur Aufgabe gemacht. Sotheby's bemüht sich zum Beispiel mit dem »New Collectors«-Club um junge solvente Klienten. Handverlesen war die Gesellschaft, an die im Mai 2000 die ersten Einladungen ergingen. Der Reiz des Elitären funktioniert: Von der Premiere an genossen die Partys der »New Collectors« den Ruf des Exklusiven, massenweise kamen Anfragen der Londoner Jeunesse dorée, die um Aufnahme baten.

»Diese jungen Leute«, sagt ein Mitarbeiter von Sotheby's, »sind eine ideale Zielgruppe. Sie haben ihre ersten Häuser gekauft und finden bei uns Bilder für die leeren Wände, den Verlobungsring oder die erste Lage Wein.« Wer jung und reich ist, sich aber mit Wein, Juwelen und Kunst nicht auskennt, kann bei Sotheby's gleich die passenden Vorträge belegen, damit der Neukunde auch weiß, wofür er wie lange seine Brauen im Auktionssaal heben sollte. Sotheby's schaffe damit, heißt es aus der Presseabteilung, »eine einzigartige Kontaktbörse«. Besonders interessant für all jene, die noch nicht wissen, für wen sie den Verlobungsring ersteigern sollten. Jemand aus dem »New Collectors«-Club brächte zumindest ein gewisses finanzielles Polster mit in die Beziehung. Wer nichts ersteigert, nicht wenigstens ab und zu mal bietet, um Interesse zu zeigen, wird allerdings irgendwann höflich gebeten, den Club zu verlassen. Man ist zwar gern Gentleman, aber es geht ums Geschäft.

Karl Grün

WO MAN ANDERER LEUTE GELD ZU GELD MACHT

Der Blick geht weit zurück: Gentlemen in Nadelstreifen und mit Melone eilen durch die City, um ihren Geschäften nachzugehen. London ist der größte und bedeutendste Finanzplatz der Welt. Eine Meile nur im Quadrat, aber – so konstatiert der Wirtschaftsjournalist Karl Grün voller Respekt: ein Zentrum von Tradition und Verlässlichkeit. Wie gesagt: Das ist lange her …

Einträchtig hängen die Porträts der großen Vier im Goldsaal bei N. M. Rothschild & Sons in der St. Swithin's Lane beisammen. Es handelt sich um die Monarchen Österreichs, Preußens, Russlands und Englands zur Zeit des Wiener Kongresses. »Ich möchte annehmen«, so der junge Mann der Bank in einem betont lässigen Versuch zur Erklärung dieser eindrucksvollen Gemäldeversammlung, »sie hängen hier, weil ihre Wechsel zu Protest gingen.« In der Londoner City hat man sich außer einer sehr selbstbewussten Erinnerung an bessere Zeiten eine nüchterne Distanz zu allem bewahrt, was in dieser Welt von Bedeutung zu sein scheint – bis auf eine Ausnahme: zum Geld. Was sich in Dollar, D-Mark, Yen oder Pfund ausdrücken lässt, das kann getrost darauf rechnen, hier auf irgendeine Weise Notiz zu finden. Finanzplätze von internationaler Bedeutung mag es viele geben. Doch wer die Welthauptstadt des Geldes lokalisieren will, muss mit seiner Suche in London beginnen.

»Ich erachte London immer noch als finanziellen Angelpunkt Europas«, meint dazu ein deutscher Bankier. Einer seiner Kollegen, dessen Bank sich soeben entschloss, das internationale Geschäft stärker als bisher zu pflegen, kann sich den Eintritt in die neue Geschäftsphase nicht anders vorstellen als mit der Eröffnung eines Büros in London. In London präsent zu sein, ist ein Muss.« Und jener Amerikaner, dessen Firma ganz sicher nicht die allerletzte Geige im internationalen Eurodollar-Orchester spielt, drückt derartige Hochachtung vor der Rolle Londons mit einem Hinweis aus, der im Zeitalter der Fernschreiber und Roten-Telefon-Standleitungen beinahe wie ein Anachronismus wirkt: »Wenn wir innerhalb kurzer Zeit eine Entscheidung – sagen wir: über eine dreistellige Millionen-Anleihe – brauchen, ist es gut zu wissen, dass die 100 größten Banken der Welt allesamt mit Leuten der ersten Garnitur in London vertreten sind. Ein paar Telefonverabredungen, und innerhalb von 60 Minuten kann man, nach einem Fußweg die Straße rauf oder runter, zur entsprechenden Blitzkonferenz zusammenkommen.«

Groß ist sie tatsächlich nicht. In bequem 20 Minuten lässt sich die berühmte »Quadratmeile« der City von London durchqueren. Die räumliche Konzentration all jener Funktionen, wie sie in einem internationalen Finanzzentrum erwartet werden müssen, ist eines der äußeren Hauptmerkmale in der City-Geographie. Nicht viel mehr als 5000 Menschen wohnen hier ständig. Wochentags, wahrend der Bürostunden, schwillt die Zahl der hier Beschäftigten auf eine halbe Million. Was sie alle verbindet, ist das Geld.

Wer sich der City etwa vom eleganten West End her nähert, spürt spätestens beim Passieren der St. Paul's-Kathedrale, dass sich mit enger werdenden Häuserschluchten auch menschliche Zielsetzungen verengen. Hier und da der Vorplatz einer Wren-Kirche vielleicht, welche vom Bombenhagel des Zweiten Weltkrieges verschont blieb, oder die Fassade eines Dickens'schen Weinhauses. Doch ansonsten nüchterne und meist schmucklose Zweckbauten, in den letzten Jahren haben sich, entlang der Fluchtlinien mittelalterlicher Straßen mit so klangvoll-merkantilen Bezeichnungen wie Lombard Street, Cornhill, Cheapside oder Threadneedle Street, jene gläsernen Bürotürme dazwischengeschoben, wie man sie von überall dort her kennt, wo Grund und Boden kostbar sind. Die Geschäftsraummieten in unmittelbarer Nähe der Bank von England, dem Mittelpunkt der City, werden nur noch von denen in Hongkonger Spitzenlagen übertroffen.

London – das ist der Zahl der hier gehandelten Wertpapiere nach die größte Wertpapierbörse der Welt. Eine bei Lloyds in London geschriebene Police setzt jene Maßstäbe, denen sich anderswo beheimatete und möglicherweise finanziell viel gewichtigere Versicherungsgiganten in beinahe sklavischer Imitation beugen. Eine Flutkatastrophe in Indien oder Hamburg, ein Wirbelsturm in Amerika, ein Erdbeben im Fernen Osten, Tankerunglücke, gebrochene Filmstarbeine, die unerwartete Bestätigung der Existenz eines Loch-Ness-Monsters – bei Lloyds gibt es nahezu nichts, gegen dessen materielle Konsequenzen man sich nicht versichern oder wenigstens rückversichern lassen kann. Die Fülle der in London konzentrierten Warenmärkte macht den Platz darüber hinaus zum hochempfindlichen Anzeigeinstrument für das Auf und Ab in der Weltwirtschaft. NE-Metalle, Gold, Platin, Diamanten, Pelze, Getreide, Kaffee, Kakao, Kautschuk – die viele Orte der Welt berührenden Nervenstränge für die Stimmungen an den meisten Rohstoffmärkten laufen in London zusammen. Der Londoner Frachtenmarkt vermittelte einst Segelschiffe, heute werden an ihm die Raten für Öltankerladungen und Charterflüge bestimmt.

Eine derart definierte Drehscheibe für Waren, Kapital, Versicherungen und sonstige für den Welthandel wichtige Dienstleistungen entsteht nicht über Nacht. Niemand hat je verfügt, dass London das erste unter den internationalen Finanzzentren zu sein habe. Es gibt keine Gründungsurkunde für den Finanzplatz London, genauso wie es keine geschriebene Verfassung des Vereinigten Königreichs gibt. Gewiss: Der Ruhm des Marktplatzes London reicht weit zurück. Bereits Tacitus hat ihn erwähnt. Die wechselhafte Geschichte der Handelsmetropole während des Mittelalters mündete mit der Entwicklung des Empire und den politischen und wirtschaftlichen Umwälzungen auf dem Kontinent im Gefolge der napoleonischen Kriege in eine eindeutige weltweite Führungsrolle. Das London des 19. Jahrhunderts war der Prototyp des idealen Finanzzentrums, bedingt und gefördert durch die Pionierrolle Englands in der industriellen Revolution.

Doch vergangene Verdienste allein können den heutigen Rang Londons nicht hinreichend erklären. Im Gegenteil: Mutet es nicht paradox an, dass London nach zwei schweren europäischen Kriegen, nach dem Rückzug Großbritanniens aus einem einstmals stolzen Empire, in einer Zeit einer beinahe chronischen Malaise der britischen Wirtschaft und ihrer Währung die alte Rolle nicht nur hat erhalten, sondern sogar noch hat ausbauen können? Der Anteil Großbritanniens am Welthandel ist ständig gesunken. Das Pfund Sterling ist schon lange nicht mehr voll konvertibel. Devisenländer müssen, wenn sie ihr Geld außer Landes anlegen wollen, einen amtlich verordneten Aufpreis entrichten. London verdankt seine Rolle als Welthauptstadt des Geldes heute außer den hier versammelten fachlichen Qualifikationen der geographisch günstigen Meridian-Lage auf halbem Wege zwischen den Märkten des Fernen Ostens und den ostamerikanischen Bürostunden sowie der beruhigenden Zuverlässigkeit eines erprobten und international respektierten Rechtssystems.

Die Nachkriegsblüte Londons beruht auf der Entwicklung des inzwischen auf 330 Milliarden Dollar gewachsenen Eurodollarmarktes durch ausländische Banken. Das Herz dieses Marktes, der – mit einem Minimum amtlicher Reglementierungen – die unterschiedlichsten Adressen von der Bank of America bis zu den östlichen Staatshandelshäusern, von der Commercial Bank of Malawi bis zur japanischen Dai-Ichi-Kangyo Bank, von General Motors über die Ölscheichs bis zu skandinavischen Stadtgemeinden oder kapitalhungrigen Entwicklungsländern als Anbieter und Nachfrager zusammenbringt, ist London. Hier war es, wo vornehmlich nicht-englische Banken im Verein mit der ohnehin vorhandenen lokalen Expertise zuerst ein feines Gespür dafür entwickelten, dass man bei der Suche nach den jeweils kürzesten und von bürokratischen Barrieren möglichst wenig behinderten Wegen für die internationalen Geld- und Kapitalströme selber eine Menge Geld verdienen kann. S. G. Warburg, eine der in diesem Zusammenhang führenden Londoner Merchantbanken, ist eine Gründung von Einwanderern aus Deutschland. Die Citybank aus New York und – ironischerweise – die staatseigene Moscow Narodny Bank werden ebenfalls zu den Pionieren am Londoner Eurodollarmarkt gezählt.

In der City wird in einer für den Laien gelegentlich schwer verständlichen Weise Geld verdient.

Da verabreden sich irgendwelche Leute an der Börse oder am Telefon, tauschen irgendwelche mehr oder weniger formellen Notizzettel aus und bestätigen später ihre meist nur mündlich über beträchtliche Summen abgeschlossenen Verträge per Brief oder Fernschreiber. Und, so meint Anthony

Sampson, »während Industrieunternehmen dahinsiechen oder Pleite machen, kann die City, die selbst nichts produziert, immer noch Geld aus dem Wohlstand anderer Länder machen«.

ROYALITY

Die Londoner und ihr Königshaus

Reiner Luyken

EIN HERZ FÜR DIE KRONE

Die königliche Krone ein bittersüßer Zuckerguss auf dem Alltag dieser Stadt – was für ein Bild! Und ein paar Putzfrauen, die ihrer Queen den Kosenamen »Schätzchen« zurufen – was für eine Szene! Reiner Luyken ist Deutscher und lebt schon lange in Großbritannien: beste Voraussetzungen, den Landsleuten seiner alten Heimat die Monarchie doch noch irgendwie näherzubringen.

Das gleich zur Klärung vorab. Wenn über dem Eingang eines Geschäfts kein Schild mit der Aufschrift »By appointment to Her Majesty The Queen« oder zumindest »His Royal Highness The Prince of Wales« hängt, trete ich gar nicht erst durch die Tür. Zum Glück können sich fast alle ehrenwerten Läden Londons solchermaßen als Hoflieferanten ausweisen. Man schreite nur Piccadilly entlang: der Buchladen Hatchards, gegründet 1797, das Delikatessengeschäft Fortnum & Mason, gegründet 1707 und, wenn man Richtung St. James's Palace abbiegt, der Schuster John Lobb, gegründet 1849. Der fertigte schon Schuhwerk für Edward VII. an. In der guten alten Zeit, als Gentlemen noch wussten, dass man nach sechs Uhr nicht braun und an zwei aufeinanderfolgenden Tagen nie dasselbe Paar trägt.

Die gute alte Zeit hat in London ziemlich ausgedient. Das will ich gar nicht bedauern. Wie viel aufregender die Stadt ist, seit die halbe Welt hier ethnische Enklaven gegründet hat und man derart viele Sprachen hört, dass man sich hin und wieder mit einem Blick auf die roten Omnibusse vergewissern muss, wo man ist. Natürlich geraten auch viele traditionelle Werte unter die Räder. Exhibitionismus verdrängt die berühmte, nicht aus der Fassung zu bringende Haltung, das in der Queen versinnbildlichte Markenzeichen des Landes. Gute Manieren sind nicht mehr modern. Und modern zu sein, jedem Zeitstil und jedem Fimmel zu frönen, gilt als höchstes Ziel.

Manche Änderungen sind dennoch unvorstellbar. Zum Beispiel, dass auf einem Parteitag der Labour Party kein Antrag eingebracht würde, die Monarchie abzuschaffen. Das ist fast ein Ritual. Doch die Royals werden bleiben. Da mögen noch so viele Genossen wettern, dass eine sozial gerechte Gesellschaftsordnung unmöglich sei, solange die Krone wie ein mediävaler Brodem über dem Land schwebt.

Was sie überhaupt nicht tut. Die Krone ist vielmehr der bittersüße Zuckerguss auf dem Londoner Alltag. Gäbe es den exzentrischen Prinz Charles nicht, müsste man ihn erfinden, diese Melange aus Paternalismus, Perfidie und ökologischer Frömmigkeit. Die Palastbürokratie vermarktet ihn als modernen Dienstleister, der sich in einer an Mehrwert orientierten Welt durch Leistung legitimiere. Der Thronfolger, heißt es im königlichen Jahresbericht, sei der führende »Wohltätigkeitsunternehmer« Großbritanniens. Unter der Marke »Duchy Originals« auf seinem biologisch-dynamischen Landgut Highgrove erzeugte Kekse, Würste und Schinken, Gartenmöbel und Weihnachtsstollen machten einen Profit von einer Million Pfund, die er einer von ihm betriebenen wohltätigen Einrichtung zukommen ließ, ebenso wie eine weitere Million aus seinem Privateinkommen von 16 061 000 £. Insgesamt habe er 2003 Spenden von 100 Millionen £ aufgetrieben.

Wenn man den Prinzen einen Tag durch London begleitet, sticht aber doch weniger das unternehmerische Element ins Auge als eine zuweilen befremdliche und zuweilen liebenswerte Schrulligkeit. »Tun sie das nicht immer?«, fragt er den Architekten, der ihn mit Ausführungen darüber langweilt, dass die im Innenhof eines progressiven Wohnprojektes gepflanzten Bäume aus Holland stammen. Und die Leiterin eines Instituts für Phytobiophysik in der Klinik seines Leibarztes Doktor Mosaraf Ali, die ihm erklärt, wie sie alle Traumata des modernen Lebens von Stress bis zu toxischer Stoffwechselüberlastung mit Blumen heile, bescheidet er mit der Bemerkung: »Wir behandeln unser Vieh auch nur mit pflanzlichen Mitteln.«

Doktor Ali hat noch keine Plakette, die ihn als Hofarzt auswiese. Dafür schrieb der Prinz ihm das Vorwort zu einem Buch über alternative Heilmethoden, das in der High Society der Hauptstadt die Gesundheitsbibel ist. Diese Art königliche Patronage ist auch rechten Republikanern ein Dorn im Auge.

Das Volk aber will seine Royals nicht missen. Stundenlang standen die Menschen 2002 Schlange, um am Sarg der Queen Mum vorbeizudefilieren. Nicht nur Omis und alte Jungfern, auch Punks und Studenten. Das Meinungsforschungsinstitut YouGov fand heraus, dass 72 Prozent der 16- bis 25-Jährigen an der Monarchie festhalten wollen. Auch der Diana-Kult ist ungebrochen. Durch den Hyde Park windet sich seit 2004 ein Diana-Gedächtnisbrunnen, an dem Menschen ihren Erinnerungen an die Lieblingsprinzessin nachhängen. Und zur Garden Party der Königin in Buckingham Palace eingeladen zu werden, gehört zu den Höhepunkten britischen Lebens.

Weil die Monarchie jetzt »modern« ist, wird diese Ehre auch einfachen Leuten zuteil. Einer Gruppe Putzfrauen zum Beispiel, die 30 Jahre lang das Rathaus einer Provinzstadt sauber hielt. »Hey, Queeny«, rufen die, als das unnahbar dreinblickende Staatsoberhaupt in einigem Abstand vorüberschreitet. »Queeny, komm hierher, wir wollen mit dir reden, Schatz.« Die so Angesprochene stutzt, winkt etwas erstaunt herüber – und geht ihres Weges.

Andreas Hallaschka

DIE KIRCHE DER KÖNIGE

***W**as wohl die Gemüter mehr erregt hat: Die Krönung eines Eroberers aus der Normandie zum König von England oder exakt 945 Jahre später Pippas Po, der viel Aufmerksamkeit von der Hochzeit des Thronfolgers Prinz William mit seiner Kate auf die schöne Schwester der Braut gelenkt hat? Für Andreas Hallaschka ist Westminster Abbey in jedem Fall die Kirche für die ganz, ganz großen Momente des Königreichs.*

»Wenn ein Besucher für London nur zwei Stunden Zeit hätte, so würde ich ihm sagen: Geh geradewegs nach Westminster!« Das empfahl der englische Romancier Joyce Cary seinen Lesern schon 1957 in MERIAN. Direkt an der Themse gelegen, fänden sich dort das Parlament, Big Ben, der oberste Gerichtshof und vor allem aber »jene große Abtei, die so lebendig erzählt und beleuchtet, wie sich ein Jahrtausend hindurch die Freiheil entwickelte«.

Und weiter schreibt Cary: »Für mich ist Westminster Abbey die ergreifendste Sehenswürdigkeit Londons.« Sie sei zwar »künstlerisch wie historisch ein buntes Gemisch«, im Kirchenschiff herrsche ein wildes Durcheinander von Standbildern, Denkmälern und Gräbern, doch darüber spanne sich die wundervollste, reine Gotik – »darin sehe ich die ganze Fülle des Daseins«.

Das stilistische Kuddelmuddel im Parterre des Gotteshauses hat dem touristischen Stellenwert des um 960 gegründeten Benediktinerklosters nie etwas anhaben können. Im Gegenteil: Die »Stiftskirche von St Peter in Westminster« ist laut *New York Times* auch heute noch die Nummer eins der Sehenswürdigkeiten der Stadt.

Schon früh am Morgen stehen die Touristen in Schlangen vor der relativ klein wirkenden Kirche am Rande des Dean's Yard. Sie prüfen die Akkus ihrer Kameras und zählen das Eintrittsgeld ab, bis sie endlich zur Kasse vorgelassen werden. Als königlicher Eigenbesitz erhält die Abtei kein Geld von Kirche oder Staat. Die jährlich 12,5 Millionen Pfund Unterhaltskosten erwirtschaftet die Kirche selbst aus Eintrittsgeldern und Spenden.

Ebenfalls in der Frühe versammeln sich nicht weit davon die Chorknaben der Westminster Abtei zur allmorgendlichen Gesangsstunde. Die acht bis 13 Jahre alten Jungen singen zur Ehre Gottes, perfekt und klar, und wenn eine hohe königliche Feier ansteht wie eine Hochzeit oder eine Beerdigung, dann dürfen sie vorher nicht einmal ihren Eltern verraten, was sie singen werden. Dafür genießen sie das Privileg, Angehörige der vielleicht elitärsten Schule Englands zu sein, mit nur 34 Schülern und neun Lehrern.

Chef des kleinen Internats und der sechs Geistlichen der Abtei ist der Dekan, Hochwürden John Hall. Insgesamt hat er 200 Angestellte und 400 ehrenamtliche Mitarbeiter. Mitten im Lärm Londons steht er einer Gemeinschaft vor, die in ruhiger Abgeschiedenheit die Traditionen des Klosters fortführt: »Wir feiern hier jeden Tag vier Gottesdienste, sonntags sogar fünf«, sagt Dr. Hall, viele davon als gesungene Liturgie. »Wir bewahren seit 1540 das Erbe der Benediktiner in unseren täglichen Gebeten – und das ist unsere wichtigste Aufgabe.«

Draußen in der Welt hat Westminster Abbey allerdings ein anderes Ansehen. Die Kirche ist der Kulminationsort der britischen Monarchie, oder flapsig gesprochen: so eine Art Eventscheune des Königshauses. Seit Wilhelm dem Eroberer 1066 wurden hier 38 Monarchen gekrönt und nicht weniger als 13 Könige und 17 Königinnen beerdigt. Rund 3300 berühmte Engländer sind im Pantheon Britanniens begraben – darunter viele Dichter, Schauspieler, Politiker, Erfinder und auch ein Deutscher: Georg Friedrich Händel. Bis 1269 und wieder seit 1919 dient Westminster Abbey auch als Hochzeitskirche der Königsfamilie. Kurz: ein Gotteshaus mit allem Pipapo und neuerdings auch mit Pippas Po.

Dabei ist die ursprünglich romanische Kirche für fürstliche Feiern nicht gerade die Krönung. Zwar wurde sie von Henry III. im 13. Jahrhundert eigens als Krönungskirche im gotischen Stil umgestaltet. Doch um schön viel Platz für die Zeremonie zu haben, wurden die Vierung in die Kirchenmitte und die Chorschranke weit nach Westen ins Langhaus gesetzt. In der Feudalgesellschaft des Mittelalters mag das keine Rolle gespielt haben – für die kleine Schar der geladenen Gäste war der Platz ausreichend. Aber seit auch schwule Sänger, Schneider und sogar Fußballspieler samt Gattin zur königlichen Hochzeitsgesellschaft gehören dürfen, hockt der Großteil der illustren Schar ohne Sicht aufs Allerheiligste hinter einer gotischen Sandsteinmauer. Da sitzt man bei ARD und ZDF reihenmäßig definitiv besser.

Die Krönung von Elizabeth II. war 1953 das erste große Fernsehereignis Englands. Damals war die Königin noch Oberhaupt vieler Commonwealth-Staaten mit mehr als 600 Millionen Menschen in aller Welt. Entsprechend viele Repräsentanten mussten in der Westminster Abbey Platz finden. Für sieben Monate wurde die Kirche geschlossen und aufwendig umgebaut. Statt 2000 passten nun 8200 Menschen hinein. Dazu hatte man zwischen den Säulen im Hauptschiff weitere Zuschauerränge und Tribünen in die Höhe gebaut, die von außen über Gangways durch die Kirchenfenster erreichbar waren. Damit die wie Sardinen gestopften Gräfinnen und Herzöge nicht kollabierten, erhielt die Kirche eine Klimaanlage (die später wieder ausgebaut wurde). Längs in das Kirchenschiff wurde sogar ein Gleis für eine Güterbahn gelegt, mit der das Baumaterial an seinen Platz kam. 2000 Sessel mit Elizabeths Initialen mussten für den Hochadel angefertigt und aufgestellt werden, desgleichen 5701 Polsterstühle für die übrigen Gäste und Tausende Meter Teppich und Stoffe.

Lange war unklar gewesen, ob die Kameras der BBC in der Kirche überhaupt zugelassen würden. Der Dekan von Westminster, Hausherr der Kirche, hatte große Vorbehalte. Auch Premierminister Churchill war dagegen. Alle Fehler und Missgeschicke würden für die Ewigkeit dokumentiert, das würdige Ereignis entweiht. Auf keinen Fall sollte es zum Beispiel Fernsehbilder von einer Abendmahlsfeier geben.

Die junge Königin teilte die Vorbehalte. Die BBC bot einen Kompromiss an: keine Nahaufnahmen der Königin und keine Bilder ihrer Salbung. Währenddessen wurde ein Bild des Altarkreuzes eingeblendet. Auch die Segnung und die Verteilung der Abendmahlsgaben wurden zur Wahrung der Würde nicht übertragen. Viele Briten kauften sich trotzdem den ersten Fernseher ihres Lebens. So verhalf die Krönung dem neuen Medium zum Durchbruch, und die Monarchie wurde zum ersten Mal für die breite Masse im Königreich sichtbar.

Dabei waren Krönungen nicht immer so eine choreographierte, ehrwürdige Veranstaltung wie heute. Im 18. Jahrhundert ähnelte die königliche Festgesellschaft mehr dem Fanauftrieb bei Bundesligaspielen: Man aß und trank und benahm sich nicht besonders anständig. Der Hannoveraner George IV. hatte bei seiner Krönung seine Gattin (und Cousine) Caroline sogar aussperren lassen, weil er ohnehin längst auf eine Scheidung aus war. Die wütende Braunschweigerin donnerte an die Pforten der Westminster Abbey. Vergebens. Rannte zur nächsten Tür und lärmte auch dort weiter. Die Akten in der beeindruckenden Bibliothek der Abtei verzeichnen viele weitere Vorkommnisse. So verdienten sich die Bediensteten der Kirche immer wieder Geld damit, bei Krönungen Plätze auf der Orgelempore mit guter Sicht für viel Geld zu verkaufen. Das war zwar illegal, aber lukrativ.

Sogar der berühmte Komponist und Organist der Abtei, Henry Purcell, wurde einmal bei einem solchen Schwarzhandel mit den besten Plätzen im Westminster ertappt. Doch dem Nachruhm des *orpheus britannicus* tat das keinen Abbruch. Er wurde hoch geehrt direkt neben der Orgel in der Westminster Abbey begraben, in der Hoffnung, dass »er nun zu dem einzigen Ort gelange, wo seine Harmonien übertroffen werden können«.

Hugh Jarse

MONARCHEN WIE DU UND ICH

Unruhige Zeiten auch für das Königshaus. Die schöne Diana zeigt erste Zeichen von Verdrossenheit, der Prinzgemahl hat einen blauen Fleck an der Nase. Der Zeitung lesende Teil der Nation spekuliert über Prinzessin Fergies Körbchengröße, die Queen ist mal wieder not amused, und die Königinmutter süffelt sich mit doppeltem Wacholder in die Herzen der Untertanen. Hugh Jarse muss einer heißen, der sich darüber lustig macht.

Es war einer jener Tage, wie sie die Lungenfachärzte Englands lieben – kalt, windig und von jener schneidenden Nässe, die selbst gesundheitlich robusten Naturen schon am nächsten Tag den Rotz in Zwillingsströmen aus der Nase treibt. Ohne Unterlass brach der Regen aus den Wolken über Schloss Balmoral, das in Schottland und dort in der Mitte von Nirgendwo liegt.

Dort versammelt war, wie jedes Weihnachten seit Victorias Zeiten, das gesamte Personarium der Königlichen Familie von Großbritannien. Und wie jedes Jahr wurde, nachdem das Christmas-Dinner abgeräumt und der Plumpudding angeschnitten war, Rat und launig Rede gehalten über das, was sich im Laufe der vergangenen zwölf Monate an Denkwürdigem zugetragen hatte: den Zusammenstoß der Queen mit moderner Kunst zum Beispiel, bei dem die Knolle der

Königin an einer abstrakten Bronze Schaden nahm, die Reaktionen der Öffentlichkeit auf die Erkenntnis von Prince Philip, dass Prostituierte vorteilswerte Unzucht betrieben und daher als unternehmerisch tätig anzusehen seien; oder die diätetischen Bemühungen der Duchess of York (vulgo: Fergie), von deren Folgen sie das britische Volk dahingehend unterrichtet hatte, dass ihr Busen kleiner geworden und nunmehr lediglich der Stützung durch ein C-Körbchen bedürfe.

Den größten Heiterkeitsausbruch aber – und auch hier stützt sich unser Wissen um die Geschehnisse auf Schloss Balmoral vertrauensvoll auf Berichte der britischen Boulevardpresse – bescherte der royalen Runde die Erinnerung an die Sache mit der Nase, die den Wirbel des Jahres verursacht hatte: Das ganze Land erging sich damals in anteilnehmender Spekulation, ob die auffällige Blaufärbung, die der linke Nasenflügel von Prince Charles aufwies, auf niedere Gewalteinwirkung seitens seiner Frau Diana zurückzuführen und mithin als Zeichen tiefgehender Zerrüttung der ehelichen Verhältnisse zu werten sei – *Good heavens, no*, hatte der Thronfolger öffentlich dementieren müssen, das Missgeschick sei beim morgendlichen Schnäuzen entstanden, sozusagen auf pneumatischem Wege.

Im Großen und Ganzen aber, so konnten die Royals im Zuge ihrer Rückschau resümieren, war auch das 39. Regierungsjahr der Queen ein gutes und erfolgreiches: Nach wie vor glauben nur acht Prozent der Briten, monarchischer Dienste entraten zu können: 88 Prozent schätzen ihre Queen, fast ebenso viele deren Sohn Charles, der sich von einem segelohrigen Objekt des Gespötts zu dem entwickelt hat, was er sich unter einem Denker vorstellt: 79 Prozent sind mit Princess Diana einverstanden, deren Mitteilung, intensiver Klavierunterricht habe sie nunmehr in die Lage versetzt, auf dem Piano eine Handvoll Misstöne zusammenzuklauben, zahlreiche Eleven aus den niederen Schichten zu Jammerschreiben nötigte.

68 Prozent der Briten, immerhin, haben nichts gegen Prince Edward, den jüngsten Spross der Queen, der sich trotz nunmehr anderthalbjähriger Erfahrungssuche als Regieassistent immer noch nicht dafür entscheiden kann, was er mehr liebt – das Theater oder seine Schauspieler. Selbst Anne, die Arrogans der königlichen Familie, kam diesmal auf erträgliche Sympathiewerte: 65 Prozent Zustimmung, vor allem von Frauen, die sie dafür bewundern, dass die Princess ihren Mann Mark vor die Türe gesetzt und einen anderen zum Liebhaber genommen hat.

Kein Mitglied des Hauses Windsor jedoch verehren die Briten mehr als die Queen Mother. Sie sei, so jedenfalls meinen über 90 Prozent des Volkes, der Inbegriff aller englischen Tugenden, was auch immer diese sein mögen: Die Königinmutter jedenfalls ist eine gewohnheitsmäßige Wettliesl und ein aufrechter Wacholdersüffel obendrein: »Sie trinkt nichts unter einem doppelten Gin«, bezeugt ihr ehemaliger Butler Larry Alderman. »Und wenn eines ihrer 42 Pferde ein Rennen verloren hat, verbreitet sie bei allen Bediensteten ein Höchstmaß an Niedergeschlagenheit« – die dann in ihrem Palast um sich greifende Stimmung vermag nur nachzuvollziehen, wer jemals einem Wanderzirkus angehörte, dem gerade das rechnende Pferd weggestorben ist. Welch großer Beliebtheit sich die Bagage aus dem Buckingham Palace erfreut, dokumentiert sich jedes Jahr aufs Neue, wenn die gesamte Königsfamilie in offenen Galakaleschen zur Eröffnung der Rennwoche von Ascot vorfährt. Zehntausende säumen dann die Straßen, unablässig hurrat es aus Volkes Kehle, der sich, bei dieser Gelegenheit unvermeidlich auch der Wunsch entringt, die Königin möge sich eines langen Lebens erfreuen – ein Augenblick und Geschehen, das von seinem natürlichen Zuhause im 19. Jahrhundert disloziert zu sein scheint und daher republikanisch gesinnte Schafsköpfe unweigerlich zum Blöken veranlasst.

Bei solchen handelt es sich in der Regel um Menschen von außerhalb, denen zum tieferen Verständnis des britischen Wesens empfohlen sei, ihr Augenmerk auf den Kopfputz zu richten, der zum Anlass der Rennwoche auf den Häuptern der weiblichen Royals wippt und wogt: Hüte, besteckt mit Maßliebchen, Veilchen und anderen Kindern der Flora: Hüte, die auf ein jähes Fischreihersterben hindeuten: Hüte aus einer Kombination von Fliegengitter und gefrostetem Beerenobst - sie alle künden von der Vorliebe des Inselvolkes, Gegenstände, die der Schmückung dienen, dort anzubringen, wo sie am meisten stören: eine Eigenart, die es beispielsweise auch den vor dem Buckingham Palace Wache stehenden Welsh Guards ermöglicht, den Kinnriemen ihrer Bärenfellmützen unter der Nase zu tragen.

Vor allem aber an dem Juhu, das bei Erscheinen eines Wesens aus dem Hause Windsor allfällig aufbrandet, erweist sich immer wieder jene Wahrheit, die der britische Nationalökonom und Verfassungsrechtler Walter Bagehot vor mehr als 100 Jahren so formuliert hat: »Solange das menschliche Herz stark und der menschliche Verstand schwach ist, werden konstitutionelle Monarchien stärker und Republiken eher schwächer sein, weil sich Letztere nur an den Verstand wenden.« In der Tat rühmen auch moderne Massenpsychologen eine intakte Monarchie geradezu als Therapie gegen Staatsverdrossenheit und Totalitarismus. Gleichsam teelöffelweise in konstitutionellen Dosen verabreicht, absorbiere das Königtum auf politisch ungefährliche Weise jenen Trieb der Völker, den alle Theoretiker der Demokratie seit den Zeiten von Jean-Jacques Rousseau übersehen haben: das irrationale Verlangen des Menschen, zu verehren und zu bewundern. Wie keine andere Königsfamilie verstehen es die Windsors, das Staatstheater der Monarchie zu inszenieren:

eine Mischung aus Royal Shakespeare Company und Royal Road Show, mit der sie ihrem Volk und dem Rest der Welt mit viel Pomp und Tschingderassabum die guten alten Zeiten vergangener Größe vorspielen. Einer, der vom Fach etwas verstand, zeigte sich beeindruckt von dieser Dramaturgie: »Im Jahr 2000 wird es nur noch fünf Könige geben – die vier im Kartenspiel und den von England«, sagte der ägyptische König Faruk kurz nach seinem wohlverdienten Sturz. Gewiss, da gibt es noch den Harald (Norwegen) und den Carl Gustaf samt seiner Olympiahostess (Schweden), nicht zu vergessen die nette Beatrix aus den Niederlanden, die in Aussehen und Habitus zunehmend an eine Stationsschwester im Kreiskrankenhaus erinnert – *bicycle monarchs* nennen die britischen Royals ihre Berufskolleginnen vom Kontinent, die ihren Hochwohlwertesten in aller Öffentlichkeit auf den Fahrradsattel stülpen oder bisweilen sogar das Wasser in öffentlichen Anlagen abschlagen (wie unlängst erst einer aus Dänemark). »Wenn sich Monarchen benehmen wie die Leute von nebenan«, kommentiert der britische Soziologe Anthony Sampson, »dann verliert die Monarchie ziemlich schnell ihren Reiz.«

Andererseits hält eine Monarchie wie die englische natürlich eine Art von Aristokratie am Leben, wie man sie in anderen Ländern schon längst nicht mehr vermisst – arrogant und durchweg von der Überzeugung beseelt, besser zu sein als das, was man in ihren Kreisen die *smelly socks brigade* nennt, die Stinkstiefel aus dem gemeinen Volk. Deren Mitglieder wiederum fliegen, nur zu konsequent in einem so gearteten Sozial- und Prestigegefüge, auf Titel wie die Finken auf den Leim. Selbst die Erhebung in den nicht erblichen Ritterstand, der nichts Erheblicheres zur Folge hat als das Präfix »Sir« oder »Dame« vor dem Bürgernamen, gilt vielen Briten als Lebensziel; gar nicht zu reden von einer Peerswürde, die zum Tragen des Titels »Lord« sowie zur Teilnahme an den Sitzungen des

Oberhauses berechtigt. Doch all das Streben nach Aufstieg aus den Niederungen des Volkes – *it's bloody useless*. Denn die wirkliche Aristokratie, der vergleichsweise kleine Klüngel des alten Erbadels nämlich, schützt sich mittels mannigfaltiger Verhaltens- und Sprachcodes davor, von den *up starts*, den Aufsteigern, penetriert zu werden. Als Erkennungszeichen dient der Upperclass, neben Gestik und Habit, vor allem eine ausnehmend manierierte Aussprache des englischen Mutterlauts – als hielte der Sprechende eine heiße Kartoffel im Mund: Wenn etwa Princess Diana von ihrem Trauscheingefährten spricht, dann hört sich das an wie *Pritz Chuls*: Einkaufen geht sie bei *Mawx end spinsah* (Marks & Spencer) oder *Fart nemmen meesen* (Fortnum & Mason), ihre Schwiegereltern besucht sie im *Bar-king-hem pel-arse* (Buckingham Palace). Mühsam versuchen die Emporstrebenden, sich dieses sogenannte Queen's English in *elocution courses* (ellouk-jusch'n koh-sess, *if you please*) anzueignen. Doch selbst wem es gelingt, das Originalgeschnösel der Aristokratie zu imitieren, der hat nichts gewonnen. Denn darüber hinaus bedient sich die Oberschicht einer Vielzahl ganz bestimmter Wörter und Redewendungen, die einer, der nicht aus der Kiste kommt, im Nachhinein nie und nimmer lernt. So entsorgt sich Charles nicht auf der *toilet*, sondern auf dem *lavatory*, Diana schminkt sich vor dem *looking glass*, nicht dem *mirror*. Beim Abendessen (das sie in der Regel wie jedermann *dinner*, unter ganz bestimmten Umständen aber auch *supper* nennen) benützen die beiden nicht die *serviette*, Gott bewahre, sondern das gute alte *napkin*. Und wenn es um das geht, was der gemeine Mann und seine Frau euphemistisch als *love making* bezeichnen, dann redet der Aristokrat nicht lange drum herum: »*Fornication! It's fornication all over the Palace!*«, schrie etwa Prince Philip, als er damals aus der Presse erfahren musste, sein Sohn Andrew habe die Nacktrice Koo Stark mehrfach zum Souper à deux in den Palast geladen.

Jedoch, diese Zeiten sind längst vorbei – sehr zum Bedauern des internationalen Publikums, das immer wieder gerne und mit Ergötzen daran teilhatte, wenn Charles oder Andrew oder gar deren Tante Margaret sich in jenem schmalen Spannungsfeld verirrten, das sich zwischen der *Venus verticor* (der Wenderin der Herzen zu Zucht und Sitte) und der *Venus vulgata* erstreckt. Heute kümmert sich Andrew, der im Laufe der Ehejahre etwas rundlich geworden ist und mit seinen aufgeblasenen Wangen aussieht wie das cherubinische Symbol eines Windes, vorbildlich um Familie und Haus – jenes vieldiskutierte 30-Millionen-Objekt, das Spottmäuler in Anlehnung an ein amerikanisches Vorbild Southyork Ranch nennen. Princess Margaret bändigt den Dämon ihrer inneren Nöte nicht mehr mit jüngeren Männern zweifelhaften Leumunds, sondern nur noch mit dem Inhalt eines silbernen Behältnisses (Fassungsvermögen: 0,4 Liter), das sie stets mit sich führt.

Prince Charles schließlich lebt inzwischen weitgehend nach Art eines Eremiten, der sich von Kräutern und Weisheit nährt. Mindestens einmal im Jahr zieht sich der Kronprinz in die Ödeneien der Kalahari zurück, wo er unter Anleitung seines geistigen Mentors, des ebenso greisen wie mystischen Anthropologen Laurens van der Post, über die Fäulnis der Welt nachdenkt. Zurückgekehrt, teilt er dieser dann das Ergebnis seiner Gedankenarbeit mit – beispielsweise die Vermutung, dass englische Füchse lieber eines natürlichen Todes stürben, als von einer Hundemeute in Stücke gerissen zu werden. Zu Hause in Highgrove, dem Landsitz seiner Familie, spricht Charles begütigend auf Brunnenkresse, Petersilie und Schnittlauch ein, die er in seinem Kräutergärtlein zieht – das täte, daran glaubt er fest, den Pflanzen gut. Ansonsten ärgert sich der Kronprinz öffentlich über den Berufsstand der Architekten (»Tyrannen der Moderne«), oder er informiert das Volk über seine Erfahrungen mit dem allgemein

Menschlichen: »Die Ehe«, so seufzte er kürzlich, »ist keineswegs der Erfüllungsort romantischer Gefühle.«

Oft geht er alleine nach draußen, in die von keines Menschen Spur gestörte Einsamkeit des schottischen Hochlandes, während die auf Schloss Balmoral versammelte Familie ihrer bevorzugten Feiertagsbeschäftigung nachgeht: dem Pfänderspiel und, Ehrenwort, dem Topfschlagen. Gelegentlich eines dieser Spaziergänge durch den Dauerregen überkam den englischen Thronfolger eine der wohl revolutionierendsten Erkenntnisse seit damals, als bekannt wurde, alle Menschen seien gleich: »Ich glaube nicht«, so teilte er mit, »dass wir Royals anders oder gar etwas Besseres sind.«

AUTORENVERZEICHNIS

Thilo Bode (1918–2014) ging nach dem Krieg, den er als U-Boot-Kommandant überlebte, zunächst für den Auswärtigen Dienst nach Indien und Singapur und berichtete anschließend als Auslandskorrespondent für die *Welt*, später für die *Süddeutsche Zeitung* aus Südostasien. Von 1972 bis 1984 war er Korrespondent der *SZ* in London. Immer war seinen Texten anzumerken, dass die britische Lebensart seinem eigenen Stil als Offizier und Gentleman perfekt entsprach.

In Südafrika geboren, in den USA aufgewachsen, Studium in Oxford, wohnhaft im Londoner Stadtteil Islington: Es braucht wohl diese Mischung aus Nähe und Distanz, um das Wesentliche von Störgeräuschen zu unterscheiden und das Typische als typisch zu erkennen. ***Justin Cartwright***, Jahrgang 1945, ist ein Schriftsteller und Filmemacher, der sich auch politisch zu Wort meldet. Er drehte Werbefilme und Dokumentationen, beriet die Liberal Party im Wahlkampf und wurde dafür zum Member of the Order of the British Empire ernannt. Seine Romane wurden ausgezeichnet und verfilmt. Der jüngste von ihnen, *Das Geld anderer Leute*, schildert sehr scharf beobachtet das Milieu der englischen Finanzwelt.

Wer London ergründen will, braucht ein Gespür für das Eigenwillige. Für ***Julia Grosse***, geboren 1976 in Mainz, lag darin sieben Jahre lang der Reiz ihrer Arbeit: Als Kulturkorrespondentin für das *SZ-Magazin*, die *taz* und die *Frankfurter Allgemeine Sonntagszeitung* durchforschte die Kunsthistorikerin die Stadt, und immer wieder begegneten ihr Menschen und Geschichten, die alles andere als normal waren – und gerade deshalb typisch für das Lebensgefühl Londons. Inzwischen lebt die Journalistin in Berlin. Ihr Buch *Versteh mich nicht falsch* illustriert am Beispiel wortloser Gesten, dass Kommunikation nur auf Vereinbarung beruht.

Der Wirtschaftsjournalist ***Karl Grün***, Jahrgang 1933, hatte bei der *Mainpost* in Würzburg über Modenschauen und Bischofspredigten geschrieben - aber als Korrespondent für *Frankfurter Allgemeine*, die *Welt* und die *Börsenzeitung* vom Finanzplatz London zu berichten, war eindeutig spannender. Und näher am Puls der Zeit.

Florian Hanig, Jahrgang 1968, hat das Erzählen selbst zum Thema seiner Arbeit gemacht. Wer als schreibender Reporter die Aufmerksamkeit seiner Leser gewinnen und halten möchte, so lehrt der Absolvent der Deutschen Journalistenschule München in seinen Workshops, der sollte die Dramaturgie und die Erzähltechniken anderer Medien wie Film oder Fernsehen kennen - ihr Tempo, ihre Ökonomie, ihre Schlüssigkeit. Hanig selbst studierte in North Carolina, lehrte an der Universität Hongkong und kümmert sich als Redakteur bei *Geo* um die Themen Asien und Architektur. Neben packend erzählten Reportagen schreibt Hanig auch Drehbücher für Film- und Fernsehdokumentationen.

Englische Privatschule, Literaturstudium an der Eliteuniversität Cambridge, Karriere als Journalist - und dann der Rausschmiss: ***Tom Hodgkinson***, Jahrgang 1968, hat aus den Perversitäten der Arbeitswelt seine Konsequenzen gezogen und kultiviert seither einen Lebensstil aus selbstbestimmter Arbeit und gepflegter Faulheit. Mit großem Erfolg: Seine Bücher *Anleitung zum Müßiggang* und *Die Kunst, frei zu sein* sind Bestseller, seine Zeitschrift *The Idler* (deutsch: der Müßiggänger) genießt Kultstatus - vor allem unter Karrieremenschen mit ihrer unerfüllten Sehnsucht nach dem wahren Leben.

Unser Mann am Zaun von Arsenal? Oder umgekehrt: Der auswärtige Kenner, der englischen Fußballfreunden erklärt, was sich bei Bayern München, Schalke 04 oder dem BVB tut? Beides! ***Raphael Honigstein***, geboren 1973 in München, ist Fußballexperte, lebt seit 20 Jahren in London und berichtet für die *Süddeutsche Zeitung* genauso wie für den *Guardian*, für *11 Freunde*, die *ZEIT*, das englische Magazin

The Blizzard und jede Menge Blogs, Online-Dienste, Rundfunk- und TV-Programme.

Alan Isler (1934–2010) war 18, als er London verließ, doch blieb er auch als Professor für englische Literatur der Renaissance an der City University of New York der Kultur und Erzähltradition seiner Heimat eng verbunden. Sein erster Roman *Der Prinz der West End Avenue* (1994) wurde mit dem National Jewish Book Award ausgezeichnet und in England für den Booker Prize nominiert. Als ständiger Pendler bewahrte sich der Autor ein besonders waches Auge für die Veränderungen in seiner alten Heimat.

Wer nur ein bisschen Englisch versteht und den Namen ***Hugh Jarse*** einmal bedächtig ausspricht, der kommt dem Spaß schnell auf die Schliche: *huge arse,* also großer Arsch – so heißt niemand wirklich. Nur so viel darf verraten werden: Der Autor wurde 1936 geboren und schaute dem munteren Treiben des britischen Königshauses viele Jahre aus der sicheren Distanz des schottischen Hochlandes zu. Und fest steht auch, dass ein gut gewähltes Pseudonym nicht nur für eine ordentliche Portion englischen Humors spricht, sondern dem, der sich dahinter verbirgt, auch manches offene Wort erlaubt.

Kunst liegt in der Familie, und Genießen ist eine Kunst. Also lag es nahe, ein Buch zu schreiben über Künstler, die zum Kochen gefunden haben: *Am Tisch. Die kulinarische Bohème oder die Entdeckung der Lebenslust.* ***Susanne Kippenberger***, Jahrgang 1957, studierte Germanistik, Anglistik und Amerikanistik in Tübingen und den USA, war mit einem Förderstipendium für junge Journalisten beim *Independent* in London und Stipendiatin der Villa Aurora in Los Angeles. Als Redakteurin des *Berliner Tagesspiegel* schreibt sie bevorzugt über Kunst, Kulinarik oder englische und amerikanische Kultur. Am liebsten, wenn alles zusammenkommt. 2007 veröffentlichte sie die Biographie ihres früh gestorbenen Bruders Martin Kippenberger: *Kippenberger. Der Künstler und seine Familien.*

Der Vater aus Pakistan, die Mutter Engländerin: ***Hanif Kureishi***, Jahrgang 1954, kennt das Lebensgefühl der vielen Einwanderer und ihrer Nachkommen in London. Sein Drehbuch *Mein wunderbarer Wasch-*

salon erzählt die Geschichte eines schwulen jungen Pakistaners und wurde für den Oscar nominiert. Sein Roman *Der Buddha aus der Vorstadt* sammelte als Schlüsselwerk einer ganzen Generation zahlreiche Auszeichnungen. Sein jüngster Roman, *The Last Word*, beschreibt das wilde Leben eines greisen Schriftstellers, der unschwer als der Literaturnobelpreisträger V. S. Naipaul zu erkennen ist – und provozierte so viel Empörung und Schenkelklopfen, wie es sich ein Autor nur wünschen kann.

Rudolf Walter Leonhardt (1921–2003) kam zum Studium nach Cambridge und London, blieb als Dozent für Neuere Deutsche Literatur in Cambridge, wurde Mitarbeiter der BBC und verschiedener Tageszeitungen und ging 1955 zur *ZEIT* nach Hamburg. Fast 20 Jahre lang leitete er das Feuilleton und vertrat nun hier die deutsche Literatur, speziell die der Gruppe 47. England blieb ihm immer nah: Er schrieb Glossen und Feuilletons über das Leben dort *(77mal England. Panorama einer Insel)*, veröffentlichte aber auch in der anderen Richtung Betrachtungen über sein eigenes Land: *x-mal Deutschland* oder *This Germany. The Story Since the Third Reich.*

Reiner Luyken, Jahrgang 1951, baute Orgeln und arbeitete als Lachsfischer, bevor er für die *Zeit*, MERIAN und *Geo* als Reporter zu schreiben begann. Da lebte er schon hoch oben im Norden von Schottland, in einem winzigen Dorf namens Achiltibuie, was ihn allerdings nicht daran hinderte, für seine Recherchen den weiten Weg eines Liters Öl von Kuwait bis nach Köln zu verfolgen oder zu beobachten, ob ein Mikrokredit wirklich die Probleme einer Frau in Sierra Leone löst. Seine Reportagen wurden u. a. mit dem Theodor-Wolff-, dem Ernst-Schneider- und dem Preis der Friedrich-und-Isabel-Vogel-Stiftung ausgezeichnet.

New York, Berlin, Rio de Janeiro und London: Als Korrespondent des *Spiegel* und später als dessen Ressortleiter für Kultur berichtete ***Matthias Matussek***, Jahrgang 1954, bevorzugt von Orten, an denen gesellschaftliche Spannung greifbar wurde. Die Kritik streitet über seine politische Inkorrektheit und saftige Polemik, und der Autor – heute Kolumnist der *Welt* – legte fröhlich nach, indem er sich in der Homosexualitätsdebatte oder in der Diskussion um die Moral der katholischen Kirche zu Wort meldete: stets von unerwarteter und gern kontroverser Position. Er schrieb Erzählungen, Polemiken wie *Wir Deutschen. Warum die anderen uns gern haben können* und *Das katholische Abenteuer. Eine Provokation* und wurde mit dem Egon-Erwin-Kisch-Preis ausgezeichnet.

Die Politik der Apartheid vertrieb ***Sandra Naidoo*** und ihre Eltern (der Vater aus Südindien, die Mutter eine weiße Jüdin) 1950 aus Südafrika. Zunächst nach Budapest, wo der Vater für die englische Redaktion des staatlichen Radios arbeitete, später nach London. Welche Schule auch immer sie dort besuchte, so erinnert sich die Journalistin: Sie wurde als Außenseiterin gehänselt. Sie schloss sich der Protestbewegung gegen Rassendiskriminierung und atomare Rüstung an, arbeitete für die BBC als Reporterin mit dem Schwerpunkt Integration und wurde die erste schwarze Nachrichtensprecherin des britischen Fernsehens.

Understatement ist in England so etwas wie eine humorvolle Form der Höflichkeit. ***David Nicholls***, geboren 1966, nennt sich zwar einen »unglaublich schlechten Schauspieler« – doch fest steht, dass er viele Jahre lang selbst auf Londoner Bühnen stand, bevor er sich als Autor von Theaterstücken und Drehbüchern einen Namen machte. Auch seine Romane haben die Qualität von pointierten, oft amüsanten Kammerstücken. Mit *Zwei an einem Tag* gelang Nicholls ein großer Wurf zum Thema Liebe und Freundschaft; auch als Film wurde der Roman ein Welterfolg.

Die Beatles, Pink Floyd und die Sex Pistols, David Bowie, The Fall und Rod Steward – englische Popmusik seit den sechziger Jahren hat einen Namen: ***John Peel***, eigentlich John Robert Parker Ravenscroft (1939–2004), genoss vier Jahrzehnte lang den Status eines ewigen Pioniers der britischen Rock-, Punk-, Heavy-Metal-, Hip-Hop-, Folk- und Reggae-Szene. Als Rundfunkmoderator beim Piratensender *Radio London*, später bei BBC Radio One hielt er sich kompromisslos an seinen eigenen Geschmack – und eroberte damit die Herzen ganzer Generationen von Zuhörern.

Chris Petit kennt sich aus in der Londoner Szene. Jahrelang schrieb der Autor, Jahrgang 1949, für den *Melody Maker* und das Magazin *Time Out*. Sein in Schwarz-Weiß gedrehtes Roadmovie *Radio On* wurde mit seinen langen, von der Musik von David Bowie und Kraftwerk untermalten Einstellungen als Meisterwerk einer jungen Avantgarde des experimentellen Films gefeiert. Sein Film *Kein Job für eine Frau* nahm 1982 offiziell am Wettbewerb der Biennale von Berlin teil. Petit veröffentlichte sechs Romane, schreibt für den *Guardian* über Film, Musik und Literatur und unterrichtet am legendären Goldsmith's College der University of London.

Mal bringt ein Alter Meister bei Sotheby's oder Christie's einen zweistelligen Millionenbetrag, mal zeigt eine ganze Generation junger Künstler dem Establishment den Stinkefinger, und jedes Jahr fragt sich das Publikum, was sich die Royal Academy denn dieses Mal bei der Vergabe des Turner-Preises gedacht hat. ***Hans Pietsch*** kann alles erklären. Der Journalist, Jahrgang 1944, hat in München Theaterwissenschaften und Kunstgeschichte studiert, in Baden-Baden für den Rundfunk gearbeitet, ging als Kulturredakteur zur *BBC* nach London – und berichtet seit 40 Jahren für Medien wie den *Deutschlandfunk* oder das Kunstmagazin *Art* über Kunst und Kultur aus London.

Wer die Welt erfahren will wie ***Matthias Politycki***, der muss sich mit Leib, Seele und manchmal auch mit der Leber auf sie einlassen. In den Pubs von London etwa untersuchte der Literaturwissenschaftler und promovierte Philosoph ein Vierteljahr lang sehr gründlich die Biere und Ales, bevor sich die Erfahrung im Lyrikband *London für Helden* niederschlug. Ebenfalls bei Hoffmann und Campe erschienen Romane wie *Samarkand Samarkand*, die *Jenseitsnovelle* oder *Das Schweigen am anderen Ende des Rüssels*. Polityckis Arbeit wurde mit zahlreichen Preisen ausgezeichnet, er lud ein zu Literaturtagungen, war Kurator beim Literaturfest München, Writer in Residence am Queen Mary College der Universität London und Schiffsschreiber der Reederei Hapag-Lloyd auf dem Kreuzfahrtschiff *Europa*.

Kathrin Sander, Jahrgang 1973, studierte Politik und Volkswirtschaft in München. Sie kennt die Mechanismen und manchmal ruckartigen Bewegungen des Marktes und verzichtete wohlweislich darauf, sich bei ihren Recherchen zu den Londoner Auktionshäusern eine eigene Bieternummer geben zu lassen. Lieber konzentrierte sich die Absolventin der Deutschen Journalistenschule München auf die genaue Beobachtung: Wer bietet für was? Wie entwickeln sich die Preise? Und wie entsteht ein hitziges Bietergefecht? Sander arbeitet als Textchefin der Redaktion MERIAN; 2013 veröffentlichte sie einen Hamburg-Stadtführer für Kinder.

Ganz schwarz sieht ***Will Self*** nicht, egal in welche Richtung die britische Politik das Land treibt. Schlechte Zeiten seien gute Zeiten für die Kunst, sagt der Schriftsteller, Jahrgang 1961, und erinnert an die Young British Artists der achtziger Jahre, deren Kunst dem neoliberalen Zynismus der Ära Thatcher mit rüder Provokation entgegentrat. Der Autor, Mitglied der Punkband The Abusers und berüchtigt für seine Drogenskandale, bleibt wach, misstrauisch und nie verlegen um eine Antwort. Er schrieb Romane (u. a. *Die Kippe, Wie Tote leben, Die schöne Welt der Affen*), Sachbücher (u. a. *On Architecture, Real Meals*), Kurzgeschichten und Essays. Bei Hoffmann und Campe erschien sein jüngster Roman *Regenschirm*.

W. H Auden und Christopher Isherwood waren seine Freunde; er gehörte zum Bloomsbury-Kreis um Virginia Woolf, traf William Butler Yeats und Allan Ginsberg, Joseph Brodsky und Dylan Thomas: ***Stephen Spender*** (1909–1995) war eine Schlüsselfigur im literarischen Leben seines Landes. Nach Reisen durch Deutschland übersetzte er die Werke von Rilke, Hölderlin, Hofmannsthal und Goethe, schrieb eigene Gedichte und den Roman *Der Tempel*, der wegen seiner offenen Darstellungen von Homosexualität erst knapp 50 Jahre später, 1988, erschien. Spender engagierte sich im Klassenkampf und beobachtete den Spanischen Bürgerkrieg für die Kommunistische Partei Englands. Er arbeitete als Professor für Rhetorik und Englisch in London, wurde zum Commander of the Order of the British Empire ernannt und 1983 zum Ritter geschlagen.

Martin Tschechne, Jahrgang 1954, hat an der Emory University in Atlanta Psychologie studiert und das Handwerk des Journalismus an der Henri-Nannen-Schule in Hamburg erlernt. Er war Redakteur beim Kunstmagazin *Art* und Chefredakteur von *Weltkunst*, schrieb für MERIAN, *Architektur & Wohnen* und *Psychologie Heute* und veröffentlichte Bücher über bildende Kunst, Reisebücher und eine Biographie des Psychologen William Stern, der den Intelligenzquotienten IQ erfunden hat. Den Kunstbetrieb mit seinen glamourösen Diven, den distinguierten Kunsthändlern und den selbstdarstellungswütigen Sammlern glaubte er in rund 20 Jahren recht gut kennengelernt zu haben - bis er nach London kam und ein Museum betrat, in dem alles ganz anders ist ...

Die Poesie der Natur und die politische Notwendigkeit, sie zu schützen - das ist der Spielraum, in dem ***Andreas Weber***, Jahrgang 1967, seine journalistische und schriftstellerische Arbeit entfaltet. Der Biologe und Philosoph promovierte mit einer Arbeit über »Natur und Bedeutung« und schreibt seither für MERIAN, *Die Zeit, mare* und das Greenpeace-Magazin über die Unvereinbarkeit eines Lebens in ökologischer Verantwortung und einer Ideologie uneingeschränkten Wachstums in der Wirtschaft. Er veröffentlichte Bücher mit Titeln wie *Biokapital. Die Versöhnung von Ökonomie, Natur und Menschlichkeit* oder *Mehr Matsch. Kinder brauchen Natur.*

Karl-Heinz Wocker (1928-1985) war für den deutschen Journalismus »die Stimme aus England«: 22 Jahre lang berichtete der gebürtige Rheinländer und promovierte Philosoph für NDR, WDR und *Die Zeit* über das politische und kulturelle Leben in London. Seine Biographie der Queen Victoria wurde ein Publikumserfolg, weil er darin, ganz nebenbei, tiefe Einblicke in das Wesen der Briten gab. Für das Fernsehen moderierte er die Talkshow *III nach neun*, die Wissensshow *Kopf um Kopf* und die Spielshow *Spiel ohne Grenzen.*

Reisen in mehr als 70 Länder zwischen Baffin Island im Norden Kanadas und Patagonien, das letzte Interview mit Katharine Hepburn, eine Nacht mit Marianne Faithful oder intime Bekenntnisse von John Updike: ***Simon Worrall***, Jahrgang 1951, ist ein Journalist, der sich von Neugier treiben lässt. Er schreibt für den *Guardian* und die *London Times, National Geographic, BBC News* und den *New Yorker*.

Der Herausgeber

Andreas Hallaschka wurde 1962 in Frankfurt am Main geboren und wuchs in Kassel auf. Nach seiner Schulzeit arbeitete er als Reiseführer in Israel und den USA und begann mit 19 Jahren, in Marburg/Lahn und Göttingen Theologie und Philosophie zu studieren, um nach Familientradition Pfarrer zu werden. 1985 ging Hallaschka als Stipendiat des französischen Außenministeriums an die Journalistenschule CFJ in Paris und Ende desselben Jahres nach Hamburg an die Henri-Nannen-Journalistenschule. Nach Stationen in Bonn und wiederum Paris sammelte er erste Berufserfahrung in der Entwicklungsredaktion des Verlages Gruner+Jahr und als Redakteur des Monatsmagazins *Sports*. Ab 1992 war er als stellvertretender Ressortleiter für die Auslandsberichterstattung und Leiter des Hauptstadtbüros in Berlin für den *Stern* tätig. Ab 2000 Chefredakteur von *Fit for Fun* in der Verlagsgruppe Milchstraße und seit 2002 zunächst Chefredakteur, dann seit 2014 Herausgeber von MERIAN.
Hallaschka hat mehrere Reisebücher, Bildbände und Anthologien veröffentlicht, aber auch ein Sushi-Kochbuch herausgegeben. Sein Interesse gilt der europäischen Geschichte, geistlicher Musik, frankobelgischen Comics und gut erzählter Literatur. Bevorzugte Landschaften sind die Nord- und Ostseeküste, Kurhessen und Waldeck, Israel und Frankreich. Hallaschka hat vier Kinder und ist mit der Wissenschaftsautorin und Dozentin Jutta von Campenhausen-Hallaschka verheiratet.

NACHWEISE

So ist London – Eine Weltstadt, tausend Dörfer

Karl-Heinz Wocker: London Way of Life, in: MERIAN 11/1977
Justin Cartwright: Zwischen vorgestern und übermorgen, in: MERIAN 5/1991
Alan Isler: Starker Strom, in: MERIAN 7/1998
Rudolf Walter Leonhardt: Sehen allein genügt nicht, in: MERIAN 9/1957
David Nicholls: Unbegreiflich liebenswert, in: MERIAN 10/2011

Streifzüge durch die Metropole – Jeder Stadtteil ein eigener Kosmos

Raphael Honigstein: Der Rock-'n'-Roll-Basar, in: MERIAN 10/2011
Will Self: Heute hip: Clerkenwell, in: MERIAN 7/1998
Chris Petit: Mein Soho, in: MERIAN 5/1991
Andreas Weber: God save the green, in: MERIAN 11/2004

Die Einwanderer – Fremde in London? Nein: Sie sind London!

Matthias Matussek: Von Delhi nach Athen, in: MERIAN 11/2004
Hanif Kureishi: Deine Zunge in meinem Rachen, in: MERIAN 5/1991
Sandra Naidoo: Sag deiner Mutter, dass ich mich wasche, in: MERIAN 11/1977

Londons Töchter und Söhne – Genies, Exzentriker, Lebenskünstler

Julia Grosse: Der feine Lord, in: MERIAN 10/2011
Tom Hodgkinson: Die hohe Kunst des Müßiggangs, in: MERIAN 10/2011
Stephen Spender: Virginia Woolf und Bloomsbury, in: MERIAN 9/1957

After hours – Vom guten Leben in London

John Peel: Yeah Yeah Yesterday, in: MERIAN 5/1991
Susanne Kippenberger: Jamie Oliver, in: MERIAN 11/2004
Matthias Politycki: Cheers, mate!, in: MERIAN 10/2011
Thilo Bode: Die Seasons, in: MERIAN 11/1977

London kreativ – Die schönen und die starken Künste

Hans Pietsch: Die mit dem Hai und dem Ei, in: MERIAN 11/2004
Martin Tschechne: Der anonyme Artoholiker, in: MERIAN 10/2011
Simon Worrall: Farben aus purem Licht, in: MERIAN 5/1991

Das große Geld – Finanzmarkt London

Florian Hanig: Glänzende Geschäfte, in: MERIAN 7/1998
Kathrin Sander: Zittern, bis der Hammer fällt, in: MERIAN 11/2004
Karl Grün: Wo man anderer Leute Geld zu Geld macht, in: MERIAN 11/1977

Royalty – Die Londoner und ihr Königshaus

Reiner Luyken: Ein Herz für die Krone, in: MERIAN 11/2004
Andreas Hallaschka: Die Kirche der Könige, in: MERIAN 10/2011
Hugh Jarse: Monarchen wie du und ich, in: MERIAN 5/1991